本书得到
国家自然科学基金面上项目（71874190）
科技部国际科技合作项目（2014KJBMDZM16）
江苏省社科基金重点资助项目（17GLA004）
江苏省教育科学“十二五”规划项目重点资助项目（B-a/2015/01/022）
资助

R&D经费配置对创新绩效的影响研究：基于时滞和创新环境系统视角

党建民　李 强　王晓珍◎著

INNOVATION PERFORMANCE

中国经济出版社
CHINA ECONOMIC PUBLISHING HOUSE
·北 京·

图书在版编目（CIP）数据

R&D经费配置对创新绩效的影响研究：基于时滞和创新环境系统视角／党建民，李强，王晓珍著．--北京：中国经济出版社，2020.12

ISBN 978-7-5136-6395-3

Ⅰ．①R… Ⅱ．①党… ②李… ③王… Ⅲ．①企业管理-技术革新-经费-配置-研究 Ⅳ．①F275.1 ②F273.1

中国版本图书馆CIP数据核字（2020）第229590号

责任编辑 葛 晶
责任印制 马小宾
封面设计 任燕飞工作室

出版发行 中国经济出版社
印 刷 者 北京建宏印刷有限公司
经 销 者 各地新华书店
开　　本 710mm×1000mm 1/16
印　　张 17
字　　数 302千字
版　　次 2020年12月第1版
印　　次 2020年12月第1次
定　　价 78.00元
广告经营许可证 京西工商广字第8179号

中国经济出版社 **网址** www.economyph.com **社址** 北京市东城区安定门外大街58号 **邮编** 100011
本版图书如存在印装质量问题，请与本社销售中心联系调换（联系电话：010-57512564）

前言

提升 R&D（Research and Development，研究与发展）创新绩效，最大限度地刺激经济快速发展，是我国建设创新型国家面临的重要课题，R&D 经费投入规模的科学增量以及配置结构优化等问题成为当前关注的核心。该书以此作为出发点，基于宏观视角，旨在通过优化 R&D 经费配置结构，有效提升我国整体科技创新绩效。

本书作者在了解相关产业、走访调查大量企业和政府部门基础上，深入分析了产业创新环境系统、R&D 经费配置结构与 R&D 创新绩效的理论关系；运用 CiteSpace V 可视化工具剖析了创新环境系统的六大维度构成：研发基础、经济基础、产业结构、市场发育程度、政府支持和区位优势；利用单位根和格兰杰检验对关键指标进行筛选，最终确立了创新环境指标体系。

本书对 R&D 经费投入，特别是不同经费配置结构和产业创新环境共同作用下的产出时滞期进行了测度，并对关键环境影响因素进行识别，结果显示我国高技术产业、医药制造业和医疗器械产业新产品的滞后期分别为 3 年、1 年、3 年，而专利申请数的滞后期分别为 4 年、3 年、3 年；政府支持、市场发育程度和区位优势为影响 R&D 创新绩效及其时滞效应最重要的三个创新环境因素，具体表现为国家区域战略发展规划、市场对外开放程度、所在经济区域及区位优势。

在考虑时滞的情况下，运用 OLS 法分析了创新环境和 R&D 经费配置结构交互作用下 R&D 创新绩效变化情况，结果表明：整体而言，R&D 经费配置结构对创新绩效多呈现 U 型或倒 U 型的非线性影响，且因经费结构类型和创新绩效类型不同而存在明显差异。其中，R&D 经费中政府资金比例多对创新绩效产生明显负向影响。省际经费配置比例大多呈现倒 U 型影响，对三大产业专利申请的影响均呈现显著的倒 U 型，其拐点分别为（0.100，0.087，0.168）；对新产品销售收入的影响在高技术产业及医疗器械产业为倒 U 型，拐点分别为（0.062，0.188），但对医药制造产业呈现明显正向影响。R&D 经费中产业经费配置比例对创新绩效影响大多呈现非线性的倒 U 型影响，且子产业经费配置比例较低时，该指标大多对产出指标产生正向影响；随着比例的提高，往往产生负向影响。

由此，本书基于国家整体、省域组合两个视角构建了集效率测度、预测及 R&D 经费配置结构优化为一体的综合模型，重点对省域组合视角的优化模型进行有效性检验和算例应用。结果表明：我国 2013 年、2014 年和 2015 年的 R&D 经费配置均存在优化空间，R&D 经费投入总额的科学增量分别为 7%、−12.7%、−2.8%；同时发现，北部沿海省市如天津，东部沿海的全部省市即上海、江苏、浙江等发达地区 R&D 经费配置结构存在较大优化空间。最后，本书从创新环境系统建设、R&D 经费科学增量、R&D 经费政府资金比例及省域比例等方面提出了相关建议。

本书尝试将创新环境系统纳入 R&D 经费配置效率的研究中，特别是创新性地将国家区域发展战略规划以量化方式纳入环境系统，探讨了创新环境系统与 R&D 经费配置共同影响下的创新产出、时滞及绩效变化情况，拓展了现有时滞研究，将时滞研究从单纯的投入产出视角拓展至创新环境及创新环境与 R&D 经费配置结构交互作用的时滞效应研究。本书实证对象涉及 3 个产业、59 个指标变量、21 个省域、18 年的历史数据，是典型的高维数据。为此，本书率先将稀疏 Group Lasso 方法引入管理学的研究，将 Group Lasso 从纯粹的理论方法研究拓展至实际运用，实现了该方法从理论到应用的质的跨越，为小样本高维数据的降维处理提供了借鉴。

同时，本书所构建的创新环境指标体系、效率测度、预测及 R&D 经费配置结构优化为一体的综合模型，对于科学测度我国 R&D 经费配置效率，R&D 经费配置科学增量，不同产业、区域以及政府资金比例等问题具有很高的借鉴作用，对于相关产业政策的制定具有重要参考价值。

目录

1 绪论 ······ 001

1.1 研究背景 ······ 001

1.2 主要研究目标及内容 ······ 015

1.3 相关界定 ······ 018

1.4 研究方法及技术路线 ······ 022

1.5 研究意义 ······ 024

2 国内外研究现状及评述 ······ 029

2.1 R&D 经费投入总量对创新绩效的影响研究 ······ 030

2.2 R&D 经费配置结构对创新绩效的影响研究 ······ 031

2.3 R&D 经费配置对创新绩效的时滞影响研究 ······ 040

2.4 R&D 经费配置效率影响因素研究 ······ 042

2.5 文献述评 ······ 044

3 创新环境、R&D 经费配置结构与创新绩效关系的理论研究 ······ 056

3.1 基础理论 ······ 057

3.2 创新环境系统构成分析 ······ 066

3.3 创新环境、R&D 经费配置结构与创新绩效的关系推演 ······ 074

3.4 本章小结 ······ 081

4 创新环境系统因素分析 …… 085

4.1 创新环境系统维度构成分析 …… 086
4.2 创新环境初始指标体系构建 …… 092
4.3 创新环境指标数据搜集与量化 …… 094
4.4 创新环境最终指标体系的确立 …… 105
4.5 本章小结 …… 133

5 R&D 经费配置结构与创新环境对创新绩效影响的实证研究 …… 138

5.1 基于稀疏 Group Lasso 的实证模型构建 …… 139
5.2 实证变量的选择与度量 …… 150
5.3 R&D 经费配置结构与创新环境交互作用下的创新绩效时滞测度 …… 155
5.4 R&D 经费配置结构与创新环境对创新绩效影响变化分析：考虑时滞 …… 159
5.5 本章小结 …… 188

6 考虑时滞和创新环境的 R&D 经费配置结构优化研究 …… 199

6.1 R&D 经费配置结构优化模型构建 …… 199
6.2 R&D 经费配置结构优化模型有效性验证 …… 203
6.3 R&D 经费配置结构优化模型应用 …… 210
6.4 本章小结 …… 216

7 结论及建议 …… 218

7.1 研究结论 …… 218
7.2 相关建议 …… 221
7.3 研究创新点 …… 224
7.4 研究局限 …… 226

附录 …… 229

参考文献 …… 243

图目录

图 1-1 中国 R&D 经费支出情况 …… 003
图 1-2 中国人均 R&D 经费支出 …… 004
图 1-3 部分国家 R&D 经费投入强度趋势 …… 005
图 1-4 部分国家 R&D 经费投入强度与中国之比 …… 006
图 1-5 我国各领域 R&D 支出趋势 …… 009
图 1-6 R&D 经费筹集来源占比趋势 …… 012
图 1-7 技术路线 …… 023
图 2-1 文献综述研究思路图 …… 029
图 3-1 理论框架研究思路 …… 056
图 3-2 创新系统理论 …… 059
图 3-3 资源配置效率理论演化 …… 062
图 3-4 不平衡增长理论：发展极扩散 …… 063
图 3-5 循环累积因果论 …… 064
图 3-6 回波效应和扩散效应 …… 065
图 3-7 文献数量年份分布 …… 066
图 3-8 创新环境研究高产作者可视化结果 …… 067
图 3-9 创新环境研究高产机构可视化结果 …… 069
图 3-10 创新环境文献的共词聚类 …… 070
图 3-11 基础理论内部逻辑关系 …… 075
图 3-12 研究思路的理论推演过程 …… 076
图 3-13 创新环境系统要素的交互关系分析 …… 079
图 3-14 创新环境系统的时间演变推演 …… 079
图 3-15 R&D 经费投入配置、创新环境系统和创新产出的交互关系 …… 080
图 4-1 创新环境系统因素分析思路 …… 085

图 5-1　R&D 经费配置结构与创新环境对创新绩效的影响 ……………… 138
图 5-2　Med. R&DinPercent、Dev. R&DinPercent、ProvPercent 指标年均值 … 153
图 5-3　时滞测度及关键影响因素识别 …………………………………… 155
图 5-4　关键创新环境指标与 R&D 经费配置对创新产出的影响关系系数估计 … 161
图 6-1　R&D 经费配置结构优化研究思路 ……………………………… 199
图 6-2　省域组合视角配置优化模型思路 ………………………………… 202
图 6-3　专家建模器预测效果展示图 ……………………………………… 211
图 6-4　2016 年 R&D 经费配置结构优化计算界面 ……………………… 213
图 7-1　围绕产品创新的环境系统建设 …………………………………… 222
图 7-2　围绕技术研发的环境系统建设 …………………………………… 223

表目录

表 1-1 我国历年 R&D 经费支出情况 …… 002
表 1-2 部分国家 R&D 经费投入强度趋势 …… 004
表 1-3 规模以上工业企业技术引进、消化和购买国内技术支出情况表 … 007
表 1-4 我国各领域 R&D 经费投入结构 …… 008
表 1-5 我国各区域 R&D 经费支出情况表 …… 009
表 1-6 全国 R&D 内部经费来源结构 …… 011
表 1-7 R&D 经费配置结构对创新绩效影响的相关文献梳理 …… 014
表 2-1 滞后期测量结果汇总 …… 042
表 2-2 R&D 创新效率影响因素研究现状 …… 044
表 3-1 文献数量年份分布 …… 066
表 3-2 创新环境研究高产作者及被引最多文献 …… 067
表 3-3 创新环境研究数量分布 …… 068
表 3-4 创新环境共词聚类 …… 069
表 3-5 三大理论主要观点 …… 074
表 4-1 预选创新环境影响因素指标命名 …… 092
表 4-2 指标数据来源 …… 095
表 4-3 八大综合经济区及所辖省域 …… 098
表 4-4 环境影响因素时间独立（Time-independent）指标描述统计 …… 098
表 4-5 国家相关政策整理 …… 100
表 4-6 经济基础环境指标面板单位根检验 …… 107
表 4-7 产业结构指标面板单位根检验 …… 109
表 4-8 市场发育程度指标面板单位根检验 …… 110
表 4-9 研发基础环境指标面板单位根检验 …… 112
表 4-10 政府支持指标面板单位根检验 …… 113

表 4-11　区位优势指标面板单位根检验 …… 114
表 4-12　R&D 创新绩效指标面板单位根检验 …… 115
表 4-13　面板协整检验结果 …… 118
表 4-14　经济基础环境面板格兰杰因果检验结果 …… 126
表 4-15　产业结构面板格兰杰因果检验结果 …… 127
表 4-16　市场发育程度面板格兰杰因果检验结果 …… 128
表 4-17　研发基础环境面板格兰杰因果检验结果 …… 130
表 4-18　政府支持面板格兰杰因果检验结果 …… 131
表 4-19　区位优势面板格兰杰因果检验结果 …… 131
表 4-20　R&D 创新绩效和创新环境变量面板格兰杰检验汇总表 …… 132
表 4-21　创新环境指标体系最终确定表 …… 134
表 5-1　稀疏 Group Lasso 的相关研究 …… 147
表 5-2　关键变量的选择与度量 …… 148
表 5-3　投入产出指标选择 …… 151
表 5-4　R&D 经费配置结构指标 …… 151
表 5-5　Med. R&DinPercent、Dev. R&DinPercent、ProvPercent 指标年均值 …… 152
表 5-6　创新环境影响因素指标命名表 …… 154
表 5-7　BIC 准则下的最优时滞期模型选择 …… 156
表 5-8　最优时滞期及关键环境变量识别 …… 157
表 5-9　关键影响因素识别汇总表 …… 158
表 5-10　新产品销售收入关键影响因素识别结果 …… 159
表 5-11　专利产出关键影响因素识别结果 …… 159
表 5-12　创新环境与 R&D 经费配置对高技术产业新产品销售收入的影响 …… 162
表 5-13　高技术产业新产品销售收入创新环境关键影响因素归纳 …… 163
表 5-14　创新环境与 R&D 经费配置对高技术产业新产品销售收入的影响关系归纳 …… 164
表 5-15　R&D 经费配置对高技术产业新产品销售收入的影响 …… 166
表 5-16　创新环境与 R&D 经费配置对高技术产业专利申请数的影响关系系数 …… 167

表 5-17 高技术产业专利申请数创新环境关键影响因素归纳 …………… 168
表 5-18 创新环境与 R&D 经费配置对高技术产业专利申请数的影响关系归纳 ………………………………………………… 169
表 5-19 R&D 经费配置对高技术产业专利的影响 ………………………… 171
表 5-20 创新环境与 R&D 经费配置对医药制造产业新产品销售收入的影响关系系数 …………………………………………… 172
表 5-21 医药制造产业新产品销售收入创新环境关键影响因素归纳 …… 173
表 5-22 创新环境与 R&D 经费配置对医药制造产业新产品销售收入的影响关系归纳 …………………………………………… 174
表 5-23 R&D 经费配置对医药制造产业新产品销售收入的影响 ………… 176
表 5-24 创新环境与 R&D 经费配置对医药制造产业专利申请数的影响 … 177
表 5-25 医药制造产业专利申请数创新环境关键影响因素归纳表 ……… 178
表 5-26 创新环境与 R&D 经费配置对医药制造产业专利申请数的影响关系归纳 …………………………………………… 179
表 5-27 R&D 经费配置对医药制造产业专利申请数的影响 ……………… 180
表 5-28 创新环境与 R&D 经费配置对医疗器械产业新产品销售收入的影响 ………………………………………………… 181
表 5-29 医疗器械产业新产品销售收入创新环境关键影响因素归纳表 …… 182
表 5-30 创新环境与 R&D 经费配置对医疗器械产业新产品销售收入的影响关系归纳 …………………………………………… 183
表 5-31 R&D 经费配置对医疗器械产业新产品销售收入的影响 ………… 184
表 5-32 创新环境与 R&D 经费配置对医疗器械产业专利申请数的影响 … 185
表 5-33 医疗器械产业专利申请数创新环境关键影响因素归纳 ………… 186
表 5-34 创新环境与 R&D 经费配置对医疗器械产业专利申请数的影响关系归纳 ………………………………………………… 187
表 5-35 R&D 经费配置对医疗器械产业专利申请数的影响 ……………… 186
表 5-36 最优滞后周期及关键环境变量 ………………………………… 188
表 5-37 高技术产业创新绩效关键环境影响因素 ……………………… 189
表 5-38 医药制造产业创新绩效关键环境影响因素 …………………… 190

表 5-39　医疗器械产业创新绩效关键环境影响因素 …………………………… 191
表 5-40　创新绩效影响因素综合分析表 ………………………………………… 192
表 5-41　产品创新绩效（新产品销售）关键环境影响因素 ………………… 193
表 5-42　技术创新绩效（专利申请）关键环境影响因素 …………………… 193
表 5-43　R&D 经费配置结构指标对创新绩效影响（1） ………………………… 195
表 5-44　R&D 经费配置结构指标对创新绩效影响分析（2） ………………… 195
表 5-45　R&D 经费配置结构指标对创新绩效影响分析（3） ………………… 197
表 5-46　R&D 经费配置结构指标对创新绩效影响分析（4） ………………… 197
表 6-1　2013 年实际配置方案与优化配置方案全要素生产率结果比较 … 204
表 6-2　2013 年组合配置方案 ……………………………………………………… 205
表 6-3　2014 年实际配置方案与优化配置方案全要素生产率结果比较 … 206
表 6-4　2014 年组合配置方案 ……………………………………………………… 207
表 6-5　2015 年实际配置方案与优化配置方案全要素生产率结果比较 … 208
表 6-6　2015 年组合配置方案 ……………………………………………………… 209
表 6-7　2016 年投入指标预测模型选择 …………………………………………… 210
表 6-8　2016 年 21 个省份投入指标预测结果 …………………………………… 212
表 6-9　2016 年预测性组合配置方案 ……………………………………………… 213
表 6-10　2016 年高技术产出预测 ………………………………………………… 214
表 6-11　2016 年 R&D 经费配置结构优化方案效果检验 ……………………… 215

1 绪 论

1.1 研究背景

1.1.1 现实背景

（1）科技创新是创新型国家建设的核心

创新型国家是指那些将科技创新作为基本战略，以技术创新为经济社会发展核心驱动力、大幅度提高科技创新能力，形成日益强大竞争优势的国家。早在2006年，时任总书记胡锦涛就提出了2020年建成创新型国家的目标，实现R&D投入强度（R&D支出/GDP）达到2%以上、科技进步贡献率70%以上、对外技术依存度30%以下的目标。“十三五”以来，随着创新水平的不断发展进步，我国在科技创新方面取得了卓越的成果，科技创新在党和国家全局中的地位也日益重要，逐渐成为建设创新型国家的核心。

科技创新是当前和未来我国长期发展的重要战略核心。《中华人民共和国国民经济和社会发展第十三个五年规划纲要》（以下简称《纲要》）的指导思想明确指出“坚持创新是引领发展的第一动力，把创新摆在国家发展全局的核心位置，以深入实施创新驱动发展战略、支撑供给侧结构性改革为主线，全面深化科技体制改革，大力推进以科技创新为核心的全面创新”。《纲要》还针对一些科技创新指标提出了2020年的目标值，例如，综合创新能力需要从2015年的世界第18位上升至第15位，R&D投入强度要达到2.5%等。以上种种表明：科技创新是国家发展的核心动力，以原始创新和重大创新为代表的科技创新是建设创新型国家的必然要求，为此，我国必须提高自主创新能力，通过科技创新取得突破性发展，调整产业结构，真正摆脱粗放型经济增长方式，走集约化发展道路。

（2）R&D 经费投入是自主创新的重要保证

诺贝尔经济学奖得主舒尔茨研究发现，美国战后农业生产的增长中物质资本积累的贡献率仅为 20%，其余 80%出自科学技术进步。科技进步需要大量的资金投入，国家创新能力是在长期内一个国家生产和商业化新技术的能力，从表面上看国家创新能力的差异，90%取决于 R&D 费用的投入（Chandler，1977[1]），R&D 经费投入规模和投入强度是衡量一个国家和地区科技实力和科技进步的重要指标。

①我国 R&D 经费支出总量持续增长

随着“十三五”规划的实施，我国对 R&D 经费的投入力度不断加大，到 2015 年我国 R&D 经费内部支出达到 14220 亿元，投入强度为 2.1%，2016 年为 15676.7 亿元，比 2015 年增加 1456.7 亿元，同比增长 10.6%，R&D 研发强度达到 2.11%，具体数据如表 1-1。

表 1-1　我国历年 R&D 经费支出情况

年份	R&D 经费支出总额（亿元）	支出增速（%）	国内生产总值（亿元）	占国内生产总值比重（%）	按人口平均 R&D 经费支出（元）
1995	348.69	—	60793.73	0.57	28.79
1996	404.48	16.00	71176.59	0.57	33.05
1997	509.16	25.88	78973.03	0.64	41.19
1998	551.12	8.24	84402.28	0.65	44.16
1999	678.91	23.19	89677.05	0.76	53.97
2000	895.66	31.93	99214.55	0.90	70.69
2001	1042.49	16.39	109655.17	0.95	81.70
2002	1287.64	23.52	120332.69	1.07	100.21
2003	1539.63	19.57	135822.76	1.13	119.17
2004	1966.33	27.71	159878.34	1.23	151.26
2005	2449.97	24.60	184937.37	1.32	187.31
2006	3003.10	22.58	216314.43	1.39	228.55
2007	3710.24	23.55	265810.31	1.40	280.87
2008	4616.02	24.41	314045.43	1.47	347.59
2009	5802.11	25.70	340902.81	1.70	434.61

续表

年份	R&D 经费支出总额（亿元）	支出增速（%）	国内生产总值（亿元）	占国内生产总值比重（%）	按人口平均 R&D 经费支出（元）
2010	7062.58	21.72	401512.80	1.76	526.67
2011	8687.00	23.00	473104.05	1.84	644.91
2012	10298.41	18.55	519470.10	1.98	760.59
2013	11906.00	15.61	568845.21	2.09	874.80
2014	13015.6	9.90	634907.32	2.05	951.43
2015	14220	9.20	677142.86	2.10	1039.47
2016	15676.7	10.2	744127	2.11	1133.77

资料来源：1995—2015 年数据来自国家统计局官网相关统计数据；2016 年数据来自《2016 年全国科技经费投入统计公报》。

从我国 R&D 经费内部支出总额情况看，我国 R&D 经费支出呈现出逐年上升的趋势，其增速在 2011 年之前上下波动，且总体增速水平较高；2011 年之后 R&D 经费支出增速开始逐年下降，2015 年增速处于近 15 年最低水平，仅为 9.2%（见图 1-1）。从 R&D 经费投入强度看，20 世纪 90 年代末我国 R&D 经费投入强度增长缓慢，1999 年后这一比值开始迅速提高，2015 年之后我国 R&D 投入强度达到 2.1%；从我国人均 R&D 经费支出额来看，也在 1999 年后出现较为明显的递增（见图 1-2）。

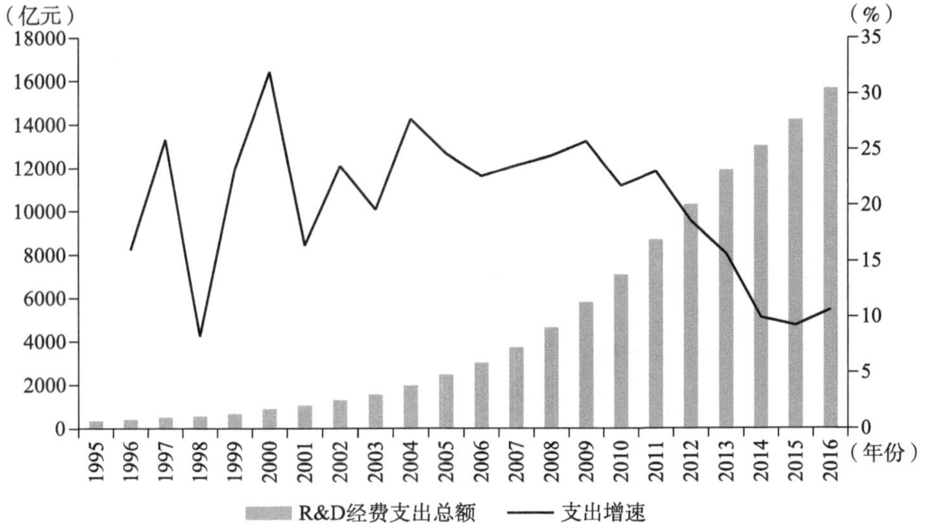

图 1-1　中国 R&D 经费支出情况

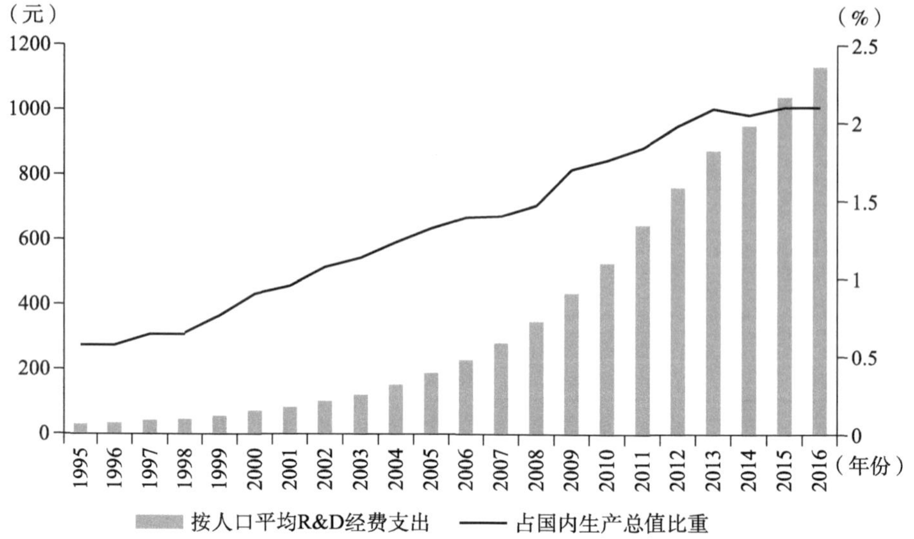

图 1-2　中国人均 R&D 经费支出

②我国 R&D 经费投入强度与科技发达国家相比水平较低

与世界发达国家如 OECD（经济合作与发展组织）成员国中传统创新强国如美、日、法、德以及创新水平发展较快的国家如韩国和斯洛文尼亚等比较发现：我国 R&D 经费投入强度还存在较大差距，具体如表 1-2。

表 1-2　部分国家 R&D 经费投入强度趋势

（%）

国家	2005	2006	2007	2008	2009	2010	2011	2012	2013	2014
中国	1.32	1.38	1.38	1.46	1.68	1.73	1.79	1.93	2.01	2.05
美国	2.51	2.55	2.63	2.77	2.82	2.74	2.76	2.70	2.74	—
法国	2.04	2.05	2.02	2.06	2.21	2.18	2.19	2.23	2.24	2.26
日本	3.31	3.41	3.46	3.47	3.36	3.25	3.38	3.34	3.48	3.59
丹麦	2.39	2.40	2.51	2.78	3.07	2.94	2.97	3.00	3.06	3.05
以色列	4.04	4.13	4.41	4.33	4.12	3.93	4.01	4.13	4.09	4.11
韩国	2.63	2.83	3.00	3.12	3.29	3.47	3.74	4.03	4.15	4.29
奥地利	2.38	2.37	2.43	2.59	2.61	2.74	2.68	2.93	2.96	3.07
德国	2.42	2.46	2.45	2.60	2.73	2.71	2.80	2.87	2.83	2.90
斯洛文尼亚	1.41	1.53	1.42	1.63	1.82	2.06	2.42	2.58	2.60	2.39
瑞典	3.39	3.50	3.26	3.50	3.45	3.22	3.25	3.28	3.31	3.16

资料来源：OECD 网站，http：//www.oecd.org/。

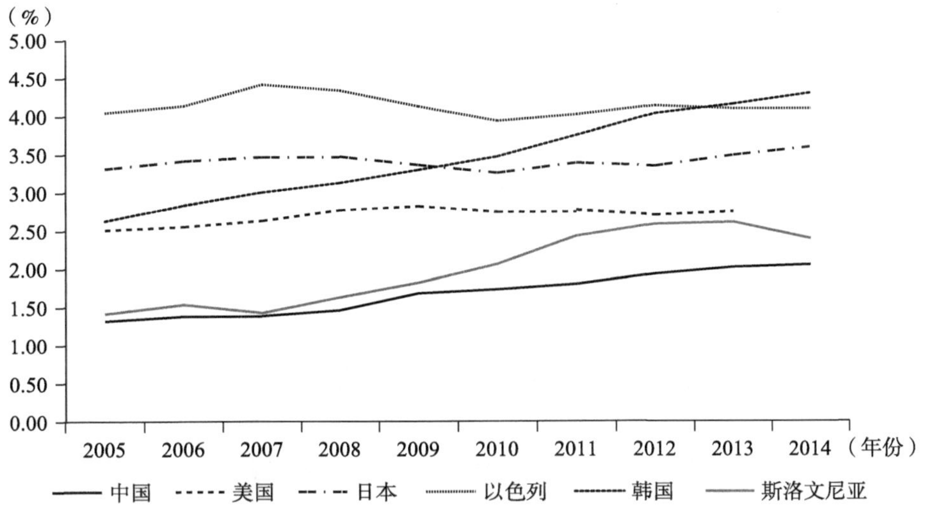

图 1-3 部分国家 R&D 经费投入强度趋势

由表 1-2 可以看出各国 R&D 经费占 GDP 的比重，虽然社会发展程度、国家政策等各不相同，但总体来看世界上研发强度最高的国家是以色列，其平均研发强度超过 4. 13%，这也是近十年世界平均研发强度超过 4%的唯一国家，其次是韩国、日本和瑞典，其平均值分别为 3. 455%、3. 405%和 3. 33%；近十年，中国、韩国和斯洛文尼亚均呈现总体上升的趋势；日本、以色列等国家的研发强度虽在 2009 年和 2010 年呈下降趋势，但 2011 年后又开始缓慢回升；美国近年的 R&D 经费投入强度较为稳定，一直徘徊在 2. 6%～2. 8%。整体来看，作为后起之秀的韩国发展势头最为迅猛，从 2005 年的 2. 69%一跃成为世界上研发强度最高的国家，2014 年研发强度高达 4. 29%，超越了以色列、日本这些传统创新强国，这也是近几年韩国技术创新和经济突飞猛进的根本原因。

我国 R&D 经费投入强度虽然有较大提升，2016 年达到了 2. 11%，但相较于以上这些国家仍然处于较低水平。为了明确我国 R&D 经费投入强度与各国的差距变化，本研究成果根据表 1-2 数据计算出部分国家 R&D 经费投入强度与中国之比，结果如图 1-4。

随着我国 R&D 经费的迅速提高，R&D 经费投入强度（R&D 经费与 GDP 之比）也在稳步增长，从图 1-4 中可以看出，我国与以色列、美国和日本这

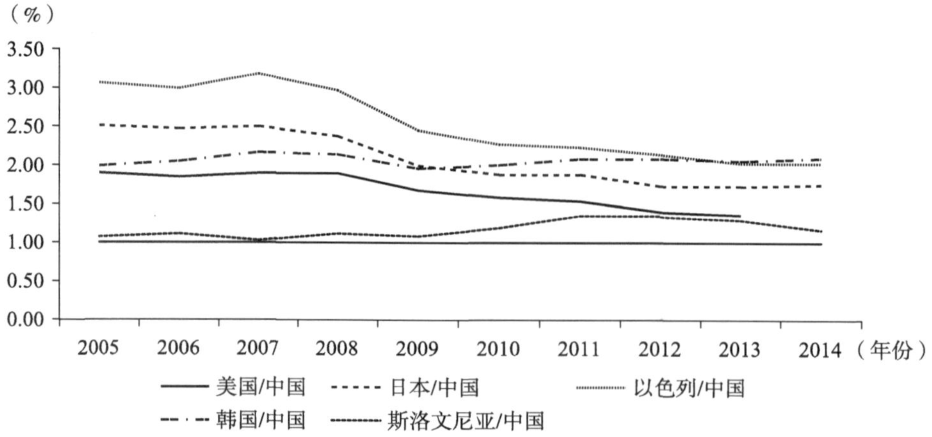

图 1-4　部分国家 R&D 经费投入强度与中国之比

些创新大国之间的差距在逐渐缩小，由原先的 2~3 倍下降到 2 倍左右。但与发展速度较快的韩国相比，R&D 经费投入强度差距基本保持不变，韩国始终保持是我国投入强度的 2 倍左右，2014 年我国 R&D 经费投入强度为 2.05%，不到韩国的一半。

总体来说，我国的科技经费投入强度不仅与美国、日本以及欧盟国家等发达国家之间存在很大差距，而且与以韩国为代表的新型创新型国家之间也存在较大差距。

（3）我国 R&D 经费使用效率低创新能力弱

2016 年 8 月 15 日在瑞士日内瓦发布的《2016 年全球创新指数报告》显示，中国的创新指数位列全球第 25 位，创历史新高。尽管成绩可喜，但也暴露了一些问题：

从专利数量来看，我国很多专利的含金量较低，很多企业是在政府引导下，为了享受补贴、税收优惠而申请的，很多专利科技创新水平低、市场需求不足、转化能力弱，最终形成垃圾专利。国际上通常认为三方专利（欧洲专利局、日本专利局和美国专利商标局共同认可的专利）具有较高的科技含量和经济价值，能更科学地衡量一国的创新水平，而中国在这一指标上远远落后于主要发达国家。根据 OECD 的统计，2013 年中国三方专利数量为 1896，仅占世界三方专利总数的 3.5%，与 2002 年的 0.5%相比，数量上有了较大提升，但与美国、日本这些创新强国相比，仍然存在较大差距。2013 年美国和日本三方专利数量分别高达14211和16196，分别占26.3%和30%，分别是中国的7.5倍和8.5倍。同为发展中国家的韩国三方专利数为3106，是中国的1.6倍。由此可见，虽然我国近年来的创新产出增速已远超很多创新强国，但由于创新起步较晚，与OECD的其他国家相比，创新产出质量和数量差距仍然较大。

从新产品创新看，我国每年的新产品上市数量和创收连年提升，但是产品创新程度较低，原创性、重大社会影响成果、领先国际的核心技术发明等很少。以生物制药为例，作为国家重点支持的高技术产业之一，我国生物制药各企业近年来都非常重视科技经费投入，新产品报批数量连年上升，但其中约90%以上却是仿制药，原研创新产品很少，在很多科技领域与国际先进水平相比仍有着相当大的差距。

从技术对外依存度来看，2015年我国引进国外技术经费支出414.06亿元，是购买国内技术经费支出的1.8倍，与2010年的2倍相比，虽然有了较大提升，但仍存有一定差距。具体数据如表1-3。

表1-3 规模以上工业企业技术引进、消化和购买国内技术支出情况表

单位：亿元

分类	2010年	2011年	2012年	2013年	2014年	2015年
引进国外技术经费支出	422.17	448.99	393.91	393.95	387.51	414.06
引进技术消化吸收经费支出	182.00	202.17	156.84	150.58	143.18	108.39
购买国内技术经费支出	203.41	220.52	201.69	214.38	213.53	229.94

资料来源：中国统计局，http://data.stats.gov.cn/easyquery.htm? cn=C01。

但从关键技术看，我国关键技术自给率较低，对外技术依存度在30%左右，高端产品开发70%技术要靠外援技术，重要的零部件80%需要进口，一些关键的芯片甚至是100%进口，与日本和美国5%的对外技术依存度形成鲜明对比。

由此可见，我国的创新产出和虽在逐年增加，对外技术依存情况也在逐渐改善，但与创新强国相比仍然存在专利产出质量低、原研产品少、关键技术对外依存度高的问题。因此，我国创新能力与美国、日本等创新强国仍然存在较大差距。

（4）经费配置结构是制约创新的重要因素

随着对科技创新重视程度的不断增加，以及科技经费投入总额不断攀升，我国与创新强国在科技经费投入总量上的差距逐渐缩小，但创新能力和科技经费使用效率差距仍然较大，具体表现在创新产出质量差、原研性创新极少等方面。究其原因，一些急需资金的领域和地区面临严重的资金短缺，而一些领域或地区却出现科技经费冗余，科技经费配置结构不尽人意，具体表现如下：

①从创新领域结构看，基础研究和应用研究投入比例不足

虽然我国近几年的科技经费投入总额不断攀升，但我国科技经费配置中代表原创性研究的基础研究和应用研究比例一直很低，而且近几年总体一直处于递减状态，2014 年基础研究和应用研究占 R&D 经费内部支出总额比例分别从 2004 年的 5.96%、20.37%下降为 4.7%、10.7%；企业生产技术获取主要依赖外部引进，每年企业花巨额资金用于先进技术获取，2015 年规模以上工业企业技术引进支出额达到 414.06 亿元，是购买国内技术经费的 1.8 倍。由此可见，我国企业技术对外依存度较高，创新性、原研性科技成果仍然有待提高。

从全国范围来说，我国对基础研究和应用研究的经费投入远低于试验发展的投入，具体情况如表 1-4。

表 1-4　我国各领域 R&D 经费投入结构　　单位：亿元

分类	2010	2011	2012	2013	2014
R&D 经费支出	7062.6	8687.0	10298.4	11846.6	13015.6
基础研究	324.5	411.8	498.8	555.0	613.5
应用研究	893.8	1028.4	1162.0	1269.1	1398.5
试验发展	5844.3	7246.8	8637.6	10022.5	11003.6

资料来源：中国统计年鉴。

2014 年我国 R&D 经费内部支出总额为 13015.6 亿元，其中基础研究支出为 613.5 亿元，占比 5%；应用研究为 1398.5 亿元，占比 11%；试验发展为 11003.6 亿元，占比 84%，而发达国家如日本的基础研究和应用研究占比高达 35%，创新发展较快的韩国两大领域占比更是高达 38%，与之相比，我国 R&D 经费支出严重偏向试验发展，对于基础性研究重视程度明显不够，R&D 经费支出结构较为不合理。从发展趋势来看，我国各领域 R&D 支出趋势均呈

现上升状态，试验发展的斜率明显大于基础研究和应用研究，说明我国对于试验发展的投入增速大于基础研究和应用研究领域（见图 1-5）。

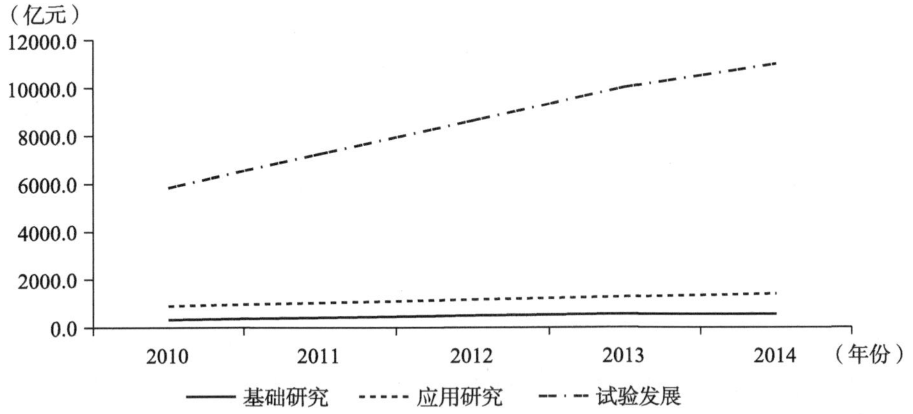

图 1-5　我国各领域 R&D 支出趋势

由此可见，我国不仅现阶段对基础研究和应用研究领域的 R&D 经费投入不足，未来发展趋势也明显偏向于试验发展领域。基础研究是一种探索性研究，具有较强的前瞻性，以产生新理论为主要目标，反映了原始创新能力；应用研究是为了确定基础研究成果可能的用途而进行的创造性研究，反映了对基础研究成果应用途径的探索。这两类研究是国家创新的重要组成，是促进我国原始创新能力提高的重要驱动力，因此，我国科技经费投入应当调整配置结构，适当倾向于基础研究领域和应用研究领域。

②从地域分布结构看，科技经费集中于沿海地区

2013 年全国 R&D 经费支出总量达到 11846.6 亿元，投入强度为 2.08%，但由于我国区域发展不均衡，经济水平和对研发的重视程度存在较大差距，各区域的 R&D 经费支出额和投入强度差异较大，具体数据如表 1-5。

表 1-5　我国各区域 R&D 经费支出情况表　　单位：亿元

区域	省份个数	区域支出总额	平均 R&D 支出强度	各省平均 R&D 支出
东北地区	3	730.40	1.24	243.47
北部沿海	4	3070.80	3.05	767.70
东部沿海	3	3081.50	2.76	1027.17

续表

区域	省份个数	区域支出总额	平均 R&D 支出强度	各省平均 R&D 支出
南部沿海	3	1772. 35	1. 41	590. 78
黄河中游	4	970. 24	1. 30	242. 56
长江中游	4	1260. 81	1. 48	315. 20
西南地区	5	811. 16	0. 99	162. 23
大西北地区	5	149. 34	0. 67	29. 87

资料来源：2014 年中国科技统计年鉴。

本研究的区域划分主要依据国家经济地理常规分类方法中的八大经济区位法，其中东北地区是指辽宁、黑龙江、吉林；北部沿海是指北京、天津、山东、河北；东部沿海是指上海、江苏、浙江；南部沿海是指广东、福建、海南；黄河中游是指陕西、山西、河南、内蒙古；长江中游是指安徽、湖北、湖南、江西；西南地区四川、重庆、广西、云南、贵州；大西北地区是指甘肃、宁夏、青海、新疆、西藏。

如表 1-5 所示，我国 R&D 研发投入区域差异较大，各省市投入严重不平衡。从各省市 R&D 经费支出规模情况看，我国的科技经费大多集中在东部沿海、北部沿海和南部沿海 10 个省市，占全国科技经费支出的 63%，而三个沿海地区的科技经费投入又主要集中在江苏、北京、广东、山东、上海和浙江六个省市，是我国研发的主力军。大西北地区的 5 个省市、自治区的 R&D 经费支出仅占全国的 1%，从均值来看，支出规模较大的沿海地区的各省平均 R&D 经费支出是大西北地区的 34. 4 倍。

从各区域 R&D 投入强度来看，北部沿海最高，达到了 3. 05%；东部沿海其次，也高达 2. 76%；而投入较低的大西北和西南地区仅为 0. 67%和 0. 99%；其余地区基本在 1%～1. 5%。由此可见，东部沿海和北部沿海地区最为注重 R&D 研发，其每年投入的资金量是生产总值的 3%左右。此外，我国的研发活动也大量集中于东部沿海地区和北部沿海地区，这与我国经济发展、基础建设和国家政策对科技投入扶持力度有相当大的关系。从经济发展和基础建设上来看，较西北和西南部地区来说，东部和北部沿海地区有着优越的地理环境和便捷的交通运输，经济发展较快，基础建设也较为完善。经济的快速发展更需要科技的大力支持，而基础建设的完备，使得科技项目有着丰富的项目设施支持，因此科技投入资金的利用率较高。而国家政策对东部和北部沿海地区的支持和引导，也促进了该地区科技的发展，科研项目等情况的增多也加大了东部和北部沿海地区 R&D 经费的投入。

根据规模效率递减规律，沿海地区各省市目前 R&D 经费的资源配置效率和技术效率较高，但 R&D 投入已经超过最优规模，再加大投入势必形成科技资源的浪费和抬高机会成本，从而降低规范效率。而其他非沿海地区正好相反，R&D 配置效率整体虽然很低，但是规模报酬呈递增趋势，存有很大的发展空间，因此加大 R&D 经费投入将会对当地的经济、科技活动产生重大影响。

③从经费来源结构看，R&D 经费融资渠道过于单一

目前，我国 R&D 经费主要源于以下四个部分：企业资金、政府资金（如研发单位）、国外资金以及其他资金。统计数据显示，企业资金与政府资金是我国 R&D 经费筹集的主要资金来源，以 2013 年为例，R&D 经费筹集总额中企业资金与政府资金所占比例超过总经费的 95%，而国外资金与其他资金所占比例仅为 4.3%，融资渠道过于单一，具体数据如表 1-6 所示。

表 1-6 全国 R&D 内部经费来源结构 单位：亿元

年份	经费筹集总额	政府资金	企业资金	国外资金	其他资金
2003	1539.6	460.6	925.4	30	123.8
2004	1966.3	523.6	1291.3	25.2	126.2
2005	2450	645.4	1642.5	22.7	139.4
2006	3003.1	742.1	2073.7	48.4	138.9
2007	3710.2	913.5	2611	50	135.8
2008	4616	1088.9	3311.5	57.2	158.4
2009	5802.1	1358.3	4162.7	78.1	203
2010	7062.6	1696.3	5063.1	92.1	211
2011	8687	1883	6420.6	116.2	267.2
2012	10298.4	2221.4	7625	100.4	351.6
2013	11846.6	2500.6	8837.7	105.9	402.5
2014	——	2636.1	9816.5	——	——

资料来源：《中国科技统计年鉴 2014》和《中国统计年鉴 2015》。

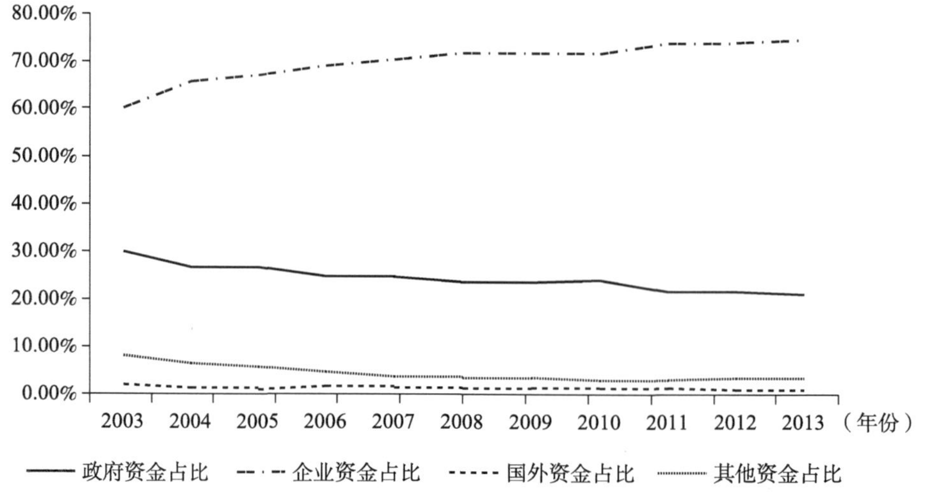

图 1-6 R&D 经费筹集来源占比趋势

从表 1-6 和图 1-6 可以看出，我国 R&D 经费筹集总额逐年上升，企业资金、政府资金、国外资金和其他资金均在不断上涨。其中企业资金是我国 R&D 经费筹集的主要来源，相较于政府资金、国外资金和其他资金，其比重历年均占我国 R&D 经费筹集总额的 50%以上，且近年还处于缓慢上升趋势；政府资金是我国 R&D 经费的次要来源，其比重呈现出逐年小额下降的趋势；而国外资金和其他资金所占比例非常小，历年所占比重不到 10%，近年来的波动也较小。与其他创新强国的 R&D 经费来源相比，2012 年美国政府资金占比达到 30. 8%，其他资金占比达到 10. 1%；奥地利的政府资金占比更是高达 40. 4%，其他资金占比为 15. 8%。

由此可见，我国 R&D 经费来源中政府资金投入和其他资金投入与其他国家相比，还存有一定差距，且近年来政府 R&D 经费投入力度在逐渐减弱，相较于发达国家，我国 R&D 经费投入渠道还有待完善，风险资金等其他资金的进入机制也不健全。

1. 1. 2 理论背景

（1）学术界普遍重视 R&D 经费投入对创新绩效的影响

早在 1977 年，Chandler 的研究就已表明国家创新能力的差异从表面看 90%取决于 R&D 投入，R&D 经费投入规模和投入强度是衡量一个国家和地区科技实力和科技进步的重要指标。此后众多学者进行了后续深入的研究，如 Shefer 和 Frenkel（2005）提出 R&D 投入是企业创新水平的必要条件[2]，R&D 投入总量的增加会提高企业创新绩效（Stokey，1995[3]；Griliches，1995[4]；Hall，1996[5]；Bayoumi 等，1999[6]；Hall 和 Reenen，2000[7]；官建成，2002[8]、2005[9]；杨勇松和吴和成，2008[10]；方福前和张平，2009[11]）。Zhang 等（2003）[12]、程时雄和柳剑平（2014）[13]通过分析中国工业企业数据发现，自主 R&D 投入是提升行业 R&D 产出效率最直接也是最有效的方式。蒋殿春和王晓娆（2015）研究表明：从总体上来看，R&D 投入有利于提高全要素生产率[14]。

（2）R&D 经费投入对创新绩效影响性质的分歧

随着后续更多学者的深入探讨，理论界关于 R&D 经费投入是否能促进创新产出的结论出现了争议，明显的分歧来自 2010 年前后；李燕萍等（2011）[15]；认为研发经费投入对创新绩效的促进作用不明显，甚至负增长，马琳（2014）则认为我国 R&D 经费投入的论文产出效率随着 R&D 投入的增加先上升后下降[16]。Ugur 等（2016）使用英国 37930 家 R&D 活动较为活跃公司的 1998—2012 年数据也证明了这种倒 U 型关系的存在[17]。Han 等（2017）以研发费用、研发人员和累积专利存量为投入变量，以专利申请数和新产品销售收入为产出变量，使用 DEA 模型衡量了五大高技术产业的创新效率，研究发现，研发费用的增加并未提高创新绩效，这可能是规模报酬递减效应造成的[18]。

（3）R&D 经费配置结构对创新绩效的影响

2010 年后，随着研究的深入越来越多的学者开始关注研发经费配置对创新绩效的影响，认为 R&D 资源的配置不当是导致我国 R&D 创新效率偏低的重要原因。此后，众多学者针对 R&D 经费配置结构进行了细化的研究，分别从资金来源结构、创新类型结构、创新主体结构、省域配置结构和行业配置结构等不同经费配置视角进行了深入的研究。如白云朴和朱承亮（2014）研究了大中型工业企业的创新效率问题，发现 R&D 投入强度对 R&D 创新效率产生正效应，而 R&D 经费配置效率对 R&D 创新效率却具有负效应[19]。焦翠红等（2017）采用动态 OP 协方差分解方法，结合中国 2001—2014 年制造业数据测算 R&D 资源配置效率和演变趋势，进一步检验政府创新补贴对 R&D 配置效率演变态势的影响。研究发现，中国 R&D 资源配置整体呈现恶化趋势但恶化速度逐步趋缓，行业间 R&D 资源错配是导致配置效率恶化的主要来源[20]。具体见下表。

表 1-7　R&D 经费配置结构对创新绩效影响的相关文献梳理

时间年代	关注重点		代表作者
1977 年至 20 世纪 90 年代中期	科技经费投入是科技创新的必要条件		Chandler，1997；Stokey，1995[3]；Griliches，1995[4]；Hall，1996 等[5]
20 世纪 90 年代中期至 2010 年	R&D 投入显著影响创新绩效		Bayoumi 等，1999[6]；Hall 和 Reenen，2000[7]；官建成，2002[8]、2005[9]；杨勇松和吴和成，2008[10]；方福前和张平，2009[11]等
2010 年至今	影响性质	正向 负向	王楚鸿和杨干生，2010[21]；马琳，2014[16]；李燕萍等[15]，2011；Ugur 等，2016[17]；Han 等，2017[18]
	R&D 经费配置结构对创新绩效的影响	资金来源结构	王俊，2011[22]；Klette 和 Moen（2012）[23]；白俊红和蒋伏心，2015[24]
		创新类型结构	孙晓华和王昀，2014[25]；黄苹，2015[26]；蒋殿春和王晓娆，2015[14]
		创新主体结构	周正等，2013[27]；Soh 和 Subramanian，2014[28]；Scandura，2016[29]
		省域配置结构	王晓珍，2012[30]；曹霞和于娟，2015[31]；曹贤忠等，2015[32]
		行业配置结构	王晓珍，2012[30]；韩东林和徐晓艳，2015[33]；韩东林和陈晓芳，2015[34]；焦翠红等（2017）[20]

1.1.3　小结

综上，目前学术界多数学者认为 R&D 经费投入总量的增加会促进企业创新（Zhang 等，2003[12]；程时雄和柳剑平，2014[13]；Sher 和 Yang，2005[35]；杨俊等，2007[36]；Hsu 和 Hsueh，2009[37]），少数学者认为 R&D 经费投入的正向影响并非在所有情况下都成立（李燕萍等，2011[15]；王楚鸿和杨干生，2010[21]；马琳，2014[16]），这意味着单纯的增加 R&D 经费投入不是提高创新绩效的有效途径，R&D 经费配置结构对科技产出的影响远超过 R&D 经费总量的影响，换句话说，对创新绩效产生影响的并非 R&D 经费的总量问题而是其自身的结构配置问题（李燕萍等，2011[15]），R&D 资源的配置不当是导致我国 R&D 创新效率偏低的重要原因（白云朴和朱承亮，2014[19]；焦翠红等，2017）采用动态 OP 协方差分解方法，结合中国 2001-2014 年制造业数据测算 R&D 资源配置效率和演变趋势，进一步检验政府创新补贴对 R&D 配置效率演变态势的影响。研究发现：中国 R&D 资源配置整体呈现恶化趋势但恶化速度逐步趋缓，行业间 R&D 资源错配是导致配置效率恶化的主要来源；分行业来看，加工制造业 R&D 资源配置效率正朝优化方向演进，但装备制造业 R&D 配置效率加速恶化；政府 R&D 补贴对 R&D 资源配置效率的作用呈倒 U 型效应，且大部分行业处于倒 U 型左侧[20]。

从我国发展实践看，建设创新型国家是我国持续发展的战略目标，而科技创新又是创新型国家建设的核心。为提高我国自主创新能力，我国科技经费投入逐年增加，但其使用效率仍然较低，我国每年的新产品上市数量和创收虽连年提升，但产品创新程度较低，原创性成果和领先国际的核心技术发明较少（吴中伦，2016[38]），究其原因，在于 R&D 经费配置结构不合理，即 R&D 资源的配置不当导致我国 R&D 创新效率偏低（白云朴和朱承亮，2014[19]；焦翠红等，2017[20]）。如何提升科技经费的使用效率、提升我国科技经费的创新绩效，最大限度地刺激经济的发展是我们面临的一个重要课题，因此科技研发经费投入结构及配置优化研究对于提升我国科技经费使用效率及创新能力具有重要意义。

1.2 主要研究目标及内容

科技创新是建设创新型国家的必然要求，为此我国必须提高自主创新能力，通过科技创新取得突破性发展，调整产业结构，真正摆脱粗放型经济增长方式走集约化发展道路。为提升创新能力，我国 R&D 经费投入逐年增加，但其使用效率仍然较低；近年来虽然新产品上市数量和创收虽连年提升，但产品创新程度较低，原创性成果和领先国际的核心技术发明较少（吴中伦，2016[38]），这就引发了我国科技界和理论界对这一问题的密切关注和讨论，而围绕这一主题的争论一直存在，如 R&D 经费总投入规模是否越大越好、应不应该赶超发达国家？投入总量应不应该与国家创新系统环境挂钩？政府资金投入是不是越多越好？每年的经费总量控制在什么水平是最合适的？总量一定的情况下如何配置经费？关于以上问题，早先的部分学者认为现阶段我国应该加大科技经费投入力度，科技经费投入越多越能刺激企业创新行为；与韩国和其他发达国家相比，我国 R&D 经费投入强度还较低，因此应该加大科技经费总量投入以刺激企业研发。随着理论研究的深入，越来越多的实证研究表明 R&D 经费投入对创新绩效的正向影响并非在所有情况下都成立（李燕萍等，2011[15]；王楚鸿和杨干生，2010[21]；马琳，2014[16]），单纯增加 R&D 经费投入总量并非提高创新绩效的有效途径，反而 R&D 经费配置结构对创新绩效的影响远超过 R&D 经费总量的影响（李燕萍等，2011[15]）。因此，有学者认为 R&D 资源的配置不当是我国 R&D 创新效率偏低的重要原因，科技经费总量投入并不是越多越好，而应该与产业发展阶段和具体创新环境相匹配，优化和调整科技经费的配置结构要比单纯增加总量更有意义（白云朴和朱承亮，2014[19]；焦翠红等，2017[20]）。

综上，科技创新是当前和未来我国长期发展的重要战略核心。《中国国民经济和社会发展十三五规划纲要》明确指出“坚持创新是引领发展的第一动力，把创新摆在国家发展全局的核心位置，以深入实施创新驱动发展战略、支撑供给侧结构性改革为主线，全面深化科技体制改革，大力推进以科技创新为核心的全面创新”。同时，《纲要》还明确提出到 2020 年我国 R&D 经费投入强度要达到 2.5%等，这也就意味着未来几年我国 R&D 经费仍将会持续大量增加。如何科学配置 R&D 经费结构、提升 R&D 经费使用效率、提高我国研发创新能力、最大程度地刺激经济发展是我们面临的一个重要课题，而 R&D 经费配置结构优化的研究就尤为必要和重要。

1.2.1 研究目标

（1）借助创新系统、资源配置效率理论以及不平衡增长理论，厘清 R&D 经费配置结构、创新环境系统和创新绩效的内在逻辑关系，形成本研究成果研究思路和理论框架；

（2）剖析我国创新环境系统维度及具体指标构成，分析我国创新环境系统与 R&D 经费配置结构交互作用下的创新绩效时滞并对关键环境要素进行识别；

（3）测度创新环境系统、R&D经费配置结构交互作用下的创新绩效变化趋势及主要环境影响要素；

（4）在时滞影响和关键创新环境要素识别的基础上构建R&D经费配置结构优化模型；

（5）验证优化模型的有效性，并给出优化方案的具体算例。

1.2.2 研究内容

（1）R&D经费配置结构、创新环境系统和创新绩效关系的理论推演及研究框架

从R&D经费配置总量与创新绩效关系、R&D经费配置结构对创新绩效的影响、R&D经费配置结构对创新绩效的时滞影响，以及R&D经费配置效率影响因素四个方面对现有文献进行梳理总结；在不平衡增长理论、资源配置效率理论和创新系统理论三大理论指导下，将时滞和创新环境系统纳入R&D经费配置结构的优化研究过程中；在文献梳理及CiteSpace可视化分析的基础上归纳出创新环境系统的六大维度构成即研发基础、经济基础、产业结构、市场发育程度、政府支持和区位优势；并从时滞角度构建了R&D经费配置结构与创新环境系统的交互关系模型，厘清R&D经费配置结构、创新环境系统和创新绩效三大变量的逻辑关系，最终形成本研究成果研究思路和理论框架。

（2）创新环境系统分析

第一，在运用CiteSpace分析创新环境系统维度构成的基础上，进一步细化各维度的具体环境要素指标，构建创新环境指标体系。第二，运用单位根检验和格兰因果关系杰检验分析创新环境各指标变量对创新绩效相互影响关系，在格兰杰因果关系检验的基础上完成指标筛选，最终确定本研究成果的创新环境系统要素指标构成即创新环境系统指标体系构建。

（3）创新环境与R&D经费配置结构对创新绩效影响的时滞测度及关键影响因素识别

第一，在前期创新环境指标体系构建基础上，利用稀疏Group Lasso分析创新环境与R&D经费配置结构交互作用下的创新绩效时滞影响；测度高技术产业总体以及生物医药产业和医疗器械产业等子行业的创新绩效时滞期。第

二，基于 OLS 回归分析法识别 R&D 经费配置结构对创新绩效影响的关键创新环境因素。第三，分析创新环境系统与 R&D 经费配置结构交互作用下的高技术产业总体、生物医药产业和医疗器械产业的创新绩效现状、趋势和规律。

（4）R&D 经费配置结构优化模型构建

根据前文有关时滞测度、关键创新环境影响因素识别的研究结论，基于国家整体和省域组合两种视角构建 R&D 经费配置结构优化理论模型；具体而言，国家整体视角的优化模型是基于“效率提高或技术进步情况下的最大化产出”假设，构建“投入总量及配置结构和相比于前一年全要素生产率提高的约束下的产出组合最大”的理论全局配置优化模型；而省域组合视角的优化模型则是考虑到大数据的计算条件，构建以“i 省份为优化对象，其他省份延续前一年的配置方案，实现 DEA-CCR 相对效率最大”为假设的理论局部配置优化模型，最终对优化结果进行检验以判断经费配置方案的科学性。

（5）R&D 经费配置结构优化模型检验和应用

根据前期构建的理论模型，重点对省域组合视角的优化模型进行科学性检验和具体优化，具体思路如下：第一，运用 2012—2015 年的实际数据检测理论模型的有效性。第二，根据验证结果以 2016 年为例对未来 R&D 经费配置方案进行优化。

1.3 相关界定

1.3.1 相关概念界定

（1）配置结构

“配置”一词在百度百科中的基本解释有两个：一是作战时根据任务、敌情、地形将兵力、兵器布置在适当的位置；二是“安排”的意思。在辞海中，“配置”的基本解释为“配备布置”。本研究成果借鉴王晓珍博士 2012 年提出的概念，即“配置”主要指为完成某项目标、任务而进行必要的资源投入以及各资源的配备布置。“结构”一词在现代汉语中有两种衡量方式，一是描述一个组织或者系统内部构成要素及排列组合状态，二是各构成要素的比例、比重。本研究成果中采用“结构”的第二种解释，即各因素所占总体比重，并将“配置结构”界定为，为达到目标而进行的资源投入和结构安排。结合本研究成果研究目标，笔者认为“经费配置结构”主要指为完成创新目标而进行的经费资源的投入和结构安排，即 R&D 经费在不同创新主体和单位的分配；在本研究成果中具体表现为，R&D 经费在不同省域和行业间以及政企资金分配方面的比重问题。

（2）创新绩效

绩效，即绩与效的组合，单纯从语言学角度来看，绩效等于成绩和效益两部分；其中绩就是业绩、成绩、成果；效就是效率、效果、效益等。绩效，用在经济管理活动方面，是指社会经济管理活动的结果和成效，一般体现企业的利润目标；用在人力资源管理方面，指主体行为或者结果中的投入产出比；用在公共部门中来衡量政府活动的效果，则是一个包含多元目标在内的概念。由此可知，绩效是一个组织或个人在一定时期内的投入产出情况；投入指的是人力、物力、财力、时间等物质资源，或个人的情感、情绪等精神资源，产出指的是工作任务在数量、质量及效率方面的完成情况。

因此，创新绩效应包含两部分内容，一部分是以业绩、成果为主的创新产出数量即绝对量，另一部分则是以质量和效率为主的创新投入产出比即相对量。目前关于创新绩效的研究中，提到“创新绩效”多数学者尤其是管理学的研究学者采用了第一层含义即绝对量的创新产出；而经济学的相关研究则更关注的是第二层的含义即创新效率。

本研究成果认为，绩效就是组织或个人的运营成果和产出，既可以理解为业绩、成果、产出等，也可以理解为效果、效应等。两者都是对组织或个人运营结果的评价，区别在于计算方式：前者运用绝对量，考察的是组织或个人的整体产出情况；后者采用相对比，考察的是单位资源产出情况。在投入资源既定的情况下，无论采用哪个概念，本质上最终衡量的都是产出成果的绝对量。结合本研究成果研究目标，本研究成果认为，创新绩效既包含创新产出的绝对量也包含 R&D 经费投入一定前提下创新产出的最大化；R&D 经费配置结构优化的最终目标是通过调整经费的不同省域和行业的分配比例，从而实现创新产出更大的提升，从另一个角度讲通过调整 R&D 经费结构获得更多的创新产出也就是创新效率的提升。因此，本研究成果在前期创新环境系统分析、创新绩效影响实证以及时滞测度等方面的研究多数是采用创新产出指标，而在后期优化模型构建过程中，尤其是省域视角的优化模型构建中优化目标不仅有产出提升还加入了效率约束下的最大产出。

（3）配置效率

配置效率主要指在既定资源投入分配结构情境下的产出绩效问题。结合本研究成果研究内容及对创新绩效的界定，R&D 经费配置效率即为既定 R&D 经费配置结构下的创新绩效问题，可以采用创新产出衡量也可以采用创新投入产出比的效率方式衡量。

（4）时滞

时滞是时间滞后的简称，是指某一行为从启动到产生结果所花费的时间。从系统理论的观点看，任何实际系统的过去状态不可避免地要对当前的状态产生影响，即系统的演化趋势不仅依赖于系统当前的状态，也依赖于过去某一时刻或若干时刻的状态（张冬梅和俞立，2008[16]）。西方经济学界最早明确提出时滞问题的是休谟，随后 Kalecki （1935）[5]第一次正式分析生产和商业周期之间的滞后关系。Hall 等 （1983）[5]进一步指出创新产出过程和一般产品生产过程类似，同样存在时滞。这意味着创新主体的科研绩效不仅取决于当期创新投入的大小，而且取决于前期甚至更前期的要素投入。

本研究成果沿用 Hall 和张冬梅的观点并进一步明确如下：时滞的刻画包含两个方面，既包含当前变量在未来某一时刻对另一变量的影响；也包括过去某时刻一变量对当前另一变量结果的影响。结合到本研究成果的具体研究目标及内容，R&D 经费的时滞不仅包含当前投入配置对未来某一时刻创新绩效的影响，也包含过去某一时刻 R&D 经费投入及配置对当前创新绩效的影响。

1.3.2 实证对象界定

（1）产业锁定

高技术产业发展是近 20 年来国内外新经济增长理论、风险投资理论等相关经济学领域的重要研究对象，世界各国都将高技术产业的发展作为本国产业政策支持的重点。20 世纪后半叶以来，人类社会随着科学技术的飞速发展进入了一个全新的时代，世界各国都凭借高新技术的力量大力发展本国的经济。高新技术的每一次出现都会成为推动经济增长的动力，高技术产业的发展能够提高国民经济的技术含量和集约化程度，降低低级产业在国民经济中的比重，从而推动经济结构的优化升级。事实上，高技术产业的发展水平不仅决定着国际竞争力的强弱，还决定着一个国家在世界经济中的分工地位。由于发达国家对技术的垄断，所以发展中国家在国际分工、利润分配等方面处于极其不利的地位，影响到自身经济的稳定和发展。因此积极发展高技术产业，充分发挥高技术产业对其他产业的作用，对提升我国产业国际竞争力将起到重要的作用。

高技术产业自身创造价值的同时也为传统产业等提供技术基础，是现代经济增长的新动力源泉，是我国建设创新型国家的中坚力量，正在成为知识经济时代的主导产业，以及对推动国民经济发展、调整产业结构、推动产业结构升级、提高劳动生产率和经济效益等方面起着举足轻重的作用。效率和技术创新是高技术产业的生命和竞争力，提高生产效率对高技术产业至关重要。研发活动是高技术产业发展的源泉，对于增强企业竞争力，提高企业生产效率和技术创新能力，促进企业持续快速发展起着关键的作用。

建设创新型国家过程中如何提升科技经费的使用效率、如何提升我国科技经费的创新绩效，如何最大限度地刺激经济的发展是我们面临的一个重要课题，为此科技经费投入规模科学增量以及经费配置结构优化问题一直是政府相关科技人员和理论研究者关注的核心问题。本研究成果以此作为出发点，基于宏观视角，旨在通过调整 R&D 经费配置结构提升国家整体创新绩效。而我国高技术产业具有高技术密集度、高投入、高风险、高产出的特征，是一个新兴的、发展迅速的产业，R&D 活动具有创造性和新颖性，较高的 R&D 强度是我国高技术产业与其他产业差异的主要标准。鉴于高技术产业对 R&D 经费的高依赖性特征以及在创新研发和我国创新型国家建设中的地位和作用与本研究成果的研究目标契合，因此本研究成果将研究对象界定为高技术产业。

（2）样本选择

本研究成果的实证对象界定为我国 31 个省（直辖市、自治区）的高技术产业及其子产业；在具体操作中考虑到统计数据的完整性、数据质量以及样本时间序列，本研究成果最终的实证对象界定为 21 个省级单位的高技术产业以及医药制造产业和医疗器械产业。具体而言，通过调整 R&D 经费在不同省域、不同产业的配置结构，同时考虑到政府资金与企业资金的配比结构，最终达到提升我国 R&D 经费配置效率和创新绩效的研究目标。

1.4 研究方法及技术路线

1.4.1 研究方法

（1）采用定性和定量相结合的方式识别 R&D 经费配置效率影响因素

对很多问题的研究单纯采用定性或定量方法都难以客观反映现实问题，本研究在分析科技经费配置效率影响因素时，首先通过文献分析法运用 CiteSpace 分析影响科技经费配置的主要创新环境因素，然后利用技术产业整体数据运用格兰杰因果关系检验方法验证各指标对创新产出的影响关系，最终识别出影响科技经费配置的创新环境要素。

（2）运用单位根检验和格兰杰因果关系检验构建创新环境系统指标体系

运用单位根检验和格兰杰因果关系检验分析环境各要素变量对创新产出的相互影响关系，最终确定本研究成果的环境系统要素指标构成。

（3）利用 Group Lasso 研究 R&D 经费配置与创新环境系统交互作用下的创新产出时滞

稀疏 Group Lasso 是通过构造一个惩罚函数获得一个精练的模型，这种算法实现了指标集合精简的目的，是一种处理具有复杂共线性数据的有偏估计方法。本研究成果利用稀疏 Group Lasso 测算 R&D 经费配置与创新环境系统交互作用下的创新产出滞后期。

（4）采用数学建模法构建 R&D 经费配置优化模型

通过分析测度 R&D 经费不同配置结构对创新绩效的影响，基于“国家整体”和“省域组合”两个视角构建了 R&D 经费配置优化的理论模型。其中，“效率约束下产出最大化”视角对应的是以“效率提高或技术进步情况下的最大化产出”为假设的理论全局配置优化数学模型，“效率最大化”视角对应的是以“效率最大”为假设的局部配置优化数学模型；前者对应“国家整体”视角，后者对应“省域组合”视角。

1.4.2 技术路线

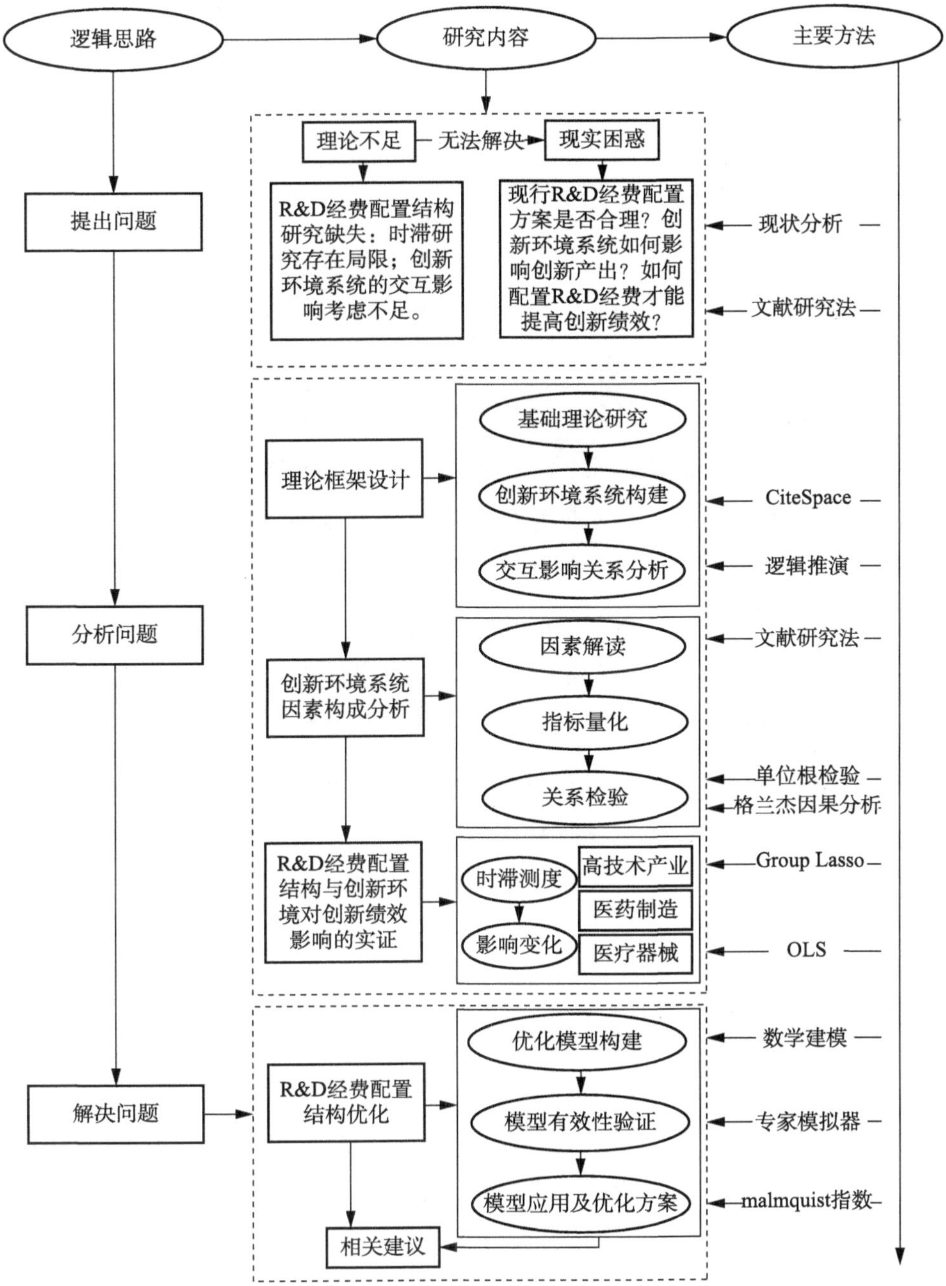

图 1-7 技术路线

1.5 研究意义

1.5.1 现实意义

科技创新是建设创新型国家的必然要求，为此我国必须提高自主创新能力，通过科技创新取得突破性发展，调整产业结构，真正摆脱粗放式经济增长方式走集约化发展道路。近年来我国科技创新投入连年增加，研发强度明显提升，2015 年超过 2%；随着科技经费的大量投入，我国的科技创新产出也取得了很大的成就。2016 年 8 月 15 日在瑞士日内瓦发布的《2016 年全球创新指数报告》显示，中国的创新指数位列全球第 25 位，是有史以来最高的排名。虽然成绩可喜，但也暴露了一些问题：即我国的创新产出和新产品销售收入虽在逐年增加，对外技术依存情况也在逐渐改善，但与创新强国相比仍然存在专利产出质量低、原研产品少、关键技术对外依存度高的问题。因此，我国创新能力与美国、日本等创新强国相比仍然存在较大差距。

为提升我国的创新能力和创新绩效，提升我国在国际创新中的地位，政府相关科技人员和理论对科技经费的投入、使用及配置结构进行了密切的关注。长期以来，我国科技理论界和国家政策制定部门一直在关注和争论以下问题：科技经费总投入规模是否越大越好、应不应该赶超发达国家？投入总量应不应该与国家创新系统环境挂钩？政府资金投入是不是越多越好？每年的经费总量控制在什么水平是最合适的？总量一定的情况下如何配置经费？关于以上问题，部分学者认为现阶段我国应该加大科技经费投入力度，科技经费投入越多越能刺激企业创新行为；与韩国和一些发达国家相比，我国研发强度还较低，因此应该加大科技经费总量投入以刺激企业研发。与之不同，部分学者持相反观点，认为 R&D 资源的配置不当是导致我国 R&D 创新效率偏低的重要原因，科技经费总量投入并不是越多越好，而应该与产业发展阶段和具体创新环境相匹配，优化和调整科技经费的配置结构要比单纯增加总量更有意义（白云朴和朱承亮，2014[19]；焦翠红等，2017[20]）。

（1）本研究的开展和完成解决了 R&D 经费投入的科学增量的计算依据问

题，使得国家 R&D 经费的投入与当前创新环境相匹配，有利于提升我国的 R&D 经费使用效率。

（2）将创新环境系统纳入我国 R&D 经费配置结构优化研究中，充分考虑了不同省域和行业的特征，使得研究方案更具有针对性和可实施性。

（3）本研究的完成有利于国家制定基于行业和省域层面的 R&D 经费有效配置的理论政策框架和长效机制，为国家相关部门如国务院政策办公室、科技部、财政部、教育部以及发改委等制定中长期发展战略和 R&D 经费配置使用规划等提供参考；为国家相关部门制定产业发展规划和相关科技经费配套引导管理政策法规提供参考，从而提升我国 R&D 经费配置效率和总体市场创新绩效；同时也可以为不同省域科技创新发展战略规划制定以及重点扶持产业对象选择、经费配套和资金引导等方面相关办法和法律法规的制定提供参考。

1.5.2 理论意义

（1）拓展了现有时滞研究，以往的研究往往只考虑投入产出的时滞，本研究成果将创新环境要素引入和 R&D 经费配置结构的交互影响纳入时滞研究。现有少量关于时滞研究的文献基本都是从投入产出的视角进行的定性和定量分析（王晓珍等，2012[30]），尚未发现将创新环境要素纳入时滞研究的相关文献；细化了现有时滞研究，时滞周期的研究细化到创新活动不同阶段即技术创新（技术研发）和产品创新（技术转化）两个阶段；同时将科技经费时滞研究从总量细化到创新环境要素影响下的经费配置结构对市场创新绩效的滞后影响。

（2）首次将稀疏 Group Lasso 方法引入管理学的研究，将稀疏 Group Lasso 方法从纯粹的方法理论研究拓展至实际运用，为小样本高维数据的降维处理提供了借鉴。

国内关于稀疏 Group Lasso 的资料较少，2014 年后有极少数学者对 Group Lasso 给予了关注。截至目前，国内外能够检索到的密切相关文献仅有 7 篇，均属于对稀疏 Group Lasso 的原理、性质等的介绍和推理及算法扩展证明等方面的研究，即该方面的研究仍然处于统计或数学意义上的纯理论方法研究阶段，尚未发现该方法的应用研究方面成果。本研究成果首次将稀疏 Group Lasso 引入到我国 R&D 经费配置结构的优化中，利用其稀疏性、高维性以及对小样本高维数据降维的有效性特征对影响 R&D 创新绩效的关键影响因素进行识别。本研究成果稀疏 Group Lasso 的成功运用将该方法从理论研究阶段推广到实际运用，将该方法的研究推动一大步；事实证明稀疏 Group Lasso 对于管理类中类似的高维大数据的降维具有很好的适用性，也为后续相关研究提供了思路和方法借鉴。

（3）以往研究或基于产业或基于省域的单维度比较，本研究成果将 R&D 经费配置优化从国家整体层面深化到区域、产业以及资金来源结构（政府资金和企业资金）交互配置的多维度研究。这种同时考虑国家、省域和产业以及政企资金构成的多维优化配置使问题变得较为复杂，同时也增加了优化配置模型的构建难度。本研究成果如能完成即为我国科技经费的有效配置提供了理论支持和实际决策支持。

参考文献

［1］Chandler A D. The visible hand：the managerial revolution in American Business［M］. Cambridge Mass：The Belknap Press of Harvard University Press. 1977.

［2］Shefer D，Frenkel A. R&D，firm size and innovation：an empirical analysis［J］. Technovation，2005，25（1）：25-32.

［3］Stokey N L. R&D and economic growth［J］. The Review of Economic Studies，1995，62（3）：469-489.

［4］Griliches Z R&D and productivity：econometric results and measurement issues［J］. P. Hand-book of the Econometric of Innovation and Technological Change，1995.

［5］Hall B H. The private and social returns to research and development［J］. Technology，R&D，and the Economy，1996（140）：162.

［6］Bayoumi T，Coe D T，Helpman E. R&D spillovers and global growth［J］. Journal of International Economics，1999，47（2）：399-428.

［7］Hall B，Van Reenen J. How effective are fiscal incentives for R&D? A review of the evidence［J］. Research Policy，2000，29（4）：449-469.

［8］刘顺忠，官建成．区域创新系统创新绩效的评估［J］．中国管理科学，2002（1）：

75-78.

[9] 官建成，何颖．基于 DEA 方法的区域创新系统评价［J］．科学学研究，2005（2）：265-272.

[10] 杨勇松，吴和成．基于改进 DEA 的我国各地区大中型工业企业 R&D 效率实证分析［J］．科学学与科学技术管理，2008（7）：34-38.

[11] 方福前，张平．我国高技术产业的投入产出效率分析［J］．中软科学，2009（7）：48-55.

[12] Zhang A，Zhang Y，Zhao R. A study of the R&D efficiency and productivity of Chinese firms［J］. Journal of Comparative Economics，2003，31（3）：444-464.

[13] 程时雄，柳剑平．中国工业行业 R&D 投入的产出效率与影响因素［J］．数量经济技术经济研究，2014（2）：36-51.

[14] 蒋殿春，王晓娆．中国 R&D 结构对生产率影响的比较分析［J］．南开经济研究，2015（2）：59-73.

[15] 李燕萍，许颖，吴绍棠．不同省域科研投入产出效率及其影响因素的实证研究［J］．经济管理，2011，33（2）：23-30.

[16] 马琳．中国研发投入及其产出效率省际比较研究［D］．长春：吉林大学，2014.

[17] Ugur M，Trushin E，Solomon E，et al. Inverted-U relationship between R&D intensity and survival：Evidence on scale and complementarity effects in UK data［J］. Research Policy，2016，45（7）：1474-1492.

[18] Han C，Thomas S R，Yang M，et al. Evaluating R&D investment efficiency in China's high-tech industry［J］. Journal of High Technology Management Research，2017.

[19] 白云朴，朱承亮．R&D 创新效率偏低的原因：投入不足抑或配置不当［J］．科技与经济，2014，27（5）：15-19.

[20] 焦翠红，孙海波，董直庆．R&D 资源配置效率演化及研发补贴效应——来自制造业的经验证据［J/OL］．山西财经大学学报，2017，39（02）：58-71.

[21] 王楚鸿，杨干生．全国高校科技经费投入产出效率分析——基于 1992—2007 年面板数据的研究［J］．科技管理研究，2010，30（13）：125-129.

[22] 王俊．政府 R&D 资助与企业 R&D 投入的产出效率比较［J］．数量经济技术经济研究，2011（6）：93-106.

[23] Klette T J，Moen J. R&D investment responses to R&D subsidies：A theoretical analysis and a microeconometric study［J］. World Review of Science，Technology and Sustainable Development，2012，9（2-4）：169-203.

［24］白俊红，蒋伏心．协同创新、空间关联与区域创新绩效［J］．经济研究，2015（7）：174-187.

［25］孙晓华，王昀．何种类型的研发投资更有利于提高一国生产率？——来自 OECD 国家的经验证据［J］．科学学研究，2014，32（2）：203-210.

［26］黄苹．不同活动类型技术创新单要素效率研究［J］．科研管理，2015，36（11）：64-70.

［27］周正，尹玲娜，蔡兵．我国产学研协同创新动力机制研究［J］．软科学，2013，27（7）：52-56.

［28］Soh P H，Subramanian A M. When do firms benefit from university-industry R&D collaborations? The implications of firm R&D focus on scientific research and technological recombination ☆［J］．Journal of Business Venturing，2014，29（6）：807-821.

［29］Scandura A. University-industry collaboration and firms' R&D effort ☆［J］．Research Policy，2016，45（9）：1907-1922.

［30］王晓珍．科技经费配置对市场创新绩效影响测度及结构优化研究［D］．徐州：中国矿业大学，2012.

［31］曹霞，于娟．创新驱动视角下中国省域研发创新效率研究——基于投影寻踪和随机前沿的实证分析［J］．科学学与科学技术管理，2015，36（4）：124-132.

［32］曹贤忠，曾刚，邹琳．长三角城市群 R&D 资源投入产出效率分析及空间分异［J］．经济地理，2015，35（1）：104-111.

［33］韩东林，徐晓艳．长江经济带高技术产业 R&D 投入产出效率评价［J］．南都学坛，2015，35（6）：95-100.

［34］韩东林，陈晓芳．中国大型制造业企业 R&D 投入产出效率行业差异分析［J/OL］．安庆师范学院学报（社会科学版），2015，34（6）：68-73.

［35］Sher P J，Yang P Y. The effects of innovative capabilities and R&D clustering on firm performance：the evidence of Taiwan's semiconductor industry［J］．Technovation，2005，25（1）：33-43.

［36］杨俊，李晓羽，杨尘．技术模仿、人力资本积累与自主创新——基于中国省际面板数据的实证分析［J］．财经研究，2007，33（5）：18-28.

［37］Hsu F M，Hsueh C C. Measuring relative efficiency of government-sponsored R&D projects：A three-stage approach［J］．Evaluation and program planning，2009，32（2）：178-186.

［38］吴中伦．中国工业企业产品创新效率的综合评价与分析［J］．工业技术经济，2016，35（10）：102-108.

2 国内外研究现状及评述

R&D 经费投入是影响我国科技创新能力的重要因素之一，其中 R&D 经费配置结构不当是我国 R&D 创新效率偏低的重要原因。目前学术界针对 R&D 经费配置的研究主要集中在以下问题：R&D 经费投入总量的增加是否能够有效地提高创新绩效？应当如何进行 R&D 经费配置，才能充分发挥区域和产业优势？哪些因素显著影响 R&D 经费配置效率？同时，学者们已经开始较多的将时滞效应引入 R&D 经费配置结构对创新绩效影响的研究中，对 R&D 经费的时滞期进行了验证和测度。因此，为了充分了解现有研究进展情况，明晰现有研究重点关注的领域和相关研究结论，进而厘清未来研究方向，本章分别从 R&D 经费投入总量与创新绩效的关系、R&D 经费配置结构与创新绩效的关系、R&D 经费配置对创新绩效的时滞影响和 R&D 经费配置效率影响因素四个维度对现有文献进行了梳理总结，挖掘本研究成果理论价值，并为后文的创新环境系统因素研究和 R&D 经费配置结构优化提供研究思路。

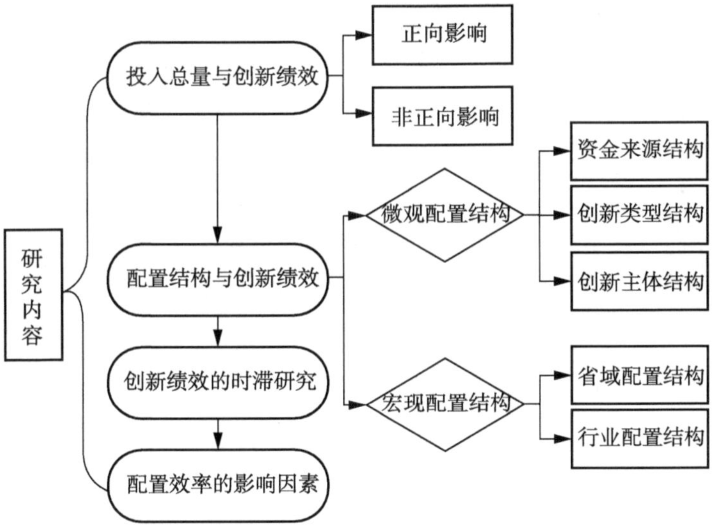

图 2-1 文献综述研究思路图

2.1 R&D 经费投入总量对创新绩效的影响研究

2.1.1 观点一：正向影响

R&D 经费投入是企业创新水平的必要条件（Shefer 和 Frenkel，2005）[2]。大量研究表明，R&D 经费投入总量的增加会提高企业创新绩效（Stokey，1995[3]；Griliches，1995[4]；Hall，1996[5]；Bayoumi 等，1999[6]；Hall 和 Reenen，2000[7]；刘顺忠和官建成，2002[8]；官建成和何颖，2005[9]；杨勇松和吴和成，2008[10]；方福前和张平，2009[11]）。例如 Zhang 等（2003）[12]、程时雄和柳剑平（2014）[13]通过分析中国工业企业行业数据发现，自主 R&D 经费投入是提升行业 R&D 产出效率最直接也是最有效的方式。Sher 和 Yang（2005）以台湾集成电路（IC）产业为实证对象发现高强度 R&D 经费投入是提升公司业绩的预兆，且创新能力与企业绩效呈正相关[35]。杨俊等（2007）使用 1996—2004 年的空间面板数据研究有利于我国经济增长的技术进步途径以及由技术模仿到技术创新所需要的人力资本，结果表明外商投资和国内的 R&D 经费投入都对技术创新有显著的推动作用[36]。最新研究如蒋殿春和王晓娆（2015）也证明了从总体上来看，R&D 内部支出有利于提高全要素生产率[14]。

Branstetter 和 Nakamura（2003）进一步论证了 R&D 经费不足会降低国家创新能力，而高 R&D 经费投入则会带来大量创新产出，他们通过对比美国和日本 1991—1999 年的制造业 R&D 经费投入产出绩效发现：日本不足 10%的 R&D 经费投入增长导致本国经济的长期低迷和 1994 年以来专利被引用数量的大幅下滑；而美国私人部门近 50%增长的 R&D 经费投入带来 100%专利产出以及 250%专利技术应用投资项目的增长[39]。Hsu 和 Hsueh（2009）研究发现公司规模、行业和 R&D 经费预算的公众补贴率显著影响台湾当局资助的研发项目的技术效率。在控制了这些外部变量之后发现，技术效率在第三个阶段的均值提升显著，明显异于第一阶段。此外，政府政策制定者必须建立初创企业研发预算补贴的上限比率，以避免公共资金的无效率使用[37]。

2.1.2 观点二：非正向影响

一些学者持不同意见，他们发现在一些情况下，R&D 经费投入对创新绩效的促进作用不明显，甚至呈负相关。李燕萍等（2011）使用我国30个省（自治区、直辖市）2003—2008年省级面板数据对科研投入产出效率进行了测算与比较研究，结果发现R&D经费投入对效率的影响不显著[15]。马琳（2014）则认为我国R&D经费投入的论文产出效率随着R&D投入的增加先上升后下降[16]。Ugur等（2016）使用英国37930家R&D活动较为活跃公司的1998—2012年数据也证明了这种倒U型关系的存在[17]。Han等（2017）以研发费用、研发人员和累积专利存量为投入变量，以专利申请数和新产品销售收入为产出变量，使用DEA模型衡量了五大高技术产业的创新效率，研究发现：研发费用的增加并未提高创新绩效，这可能是规模报酬递减效应造成的[18]。

综上所述，多数学者认为R&D经费投入总量的增加会促进企业创新（Zhang等，2003[12]；程时雄和柳剑平，2014[13]；Sher和Yang，2005[35]；杨俊等，2007[36]；Hsu和Hsueh，2009[37]），少数学者认为R&D经费投入的正向影响并非在所有情况下都成立（李燕萍等，2011[15]；王楚鸿和杨干生，2010[21]；马琳，2014[16]），这意味着单纯的增加R&D经费投入不是提高创新绩效的有效途径，R&D经费配置结构对科技产出的影响远超过R&D经费总量的影响，换句话说对创新绩效产生影响的并非R&D经费的总量问题而是其自身的结构配置问题（李燕萍等，2011[15]）。

2.2 R&D经费配置结构对创新绩效的影响研究

科技创新的高投入、高成本特性使得R&D经费成为影响国家创新水平的重要因素，因此我国不断加大R&D经费投入以缩短与创新强国之间的技术差距。但从创新产出视角来看，我国每年的新产品上市数量和创收虽连年提升，但产品创新程度较低，原创性成果和领先国际的核心技术发明较少（吴中伦，2016[38]）。这种R&D经费投入与创新成果产出严重不匹配现象使得如何提高R&D经费配置效率成了亟待解决的问题。

众多研究也证实了资源配置会对企业效率产生显著影响（Bakay等，2011[40]）。白云朴和朱承亮（2014）研究了大中型工业企业的创新效率问题，发现R&D经费投入强度对R&D创新效率产生正效应，而R&D经费配置效率对R&D创新效率却具有负效应[19]。由此可见，R&D经费的配置不当是我国

R&D 创新效率偏低的重要原因。因此，如何更有效地利用科技研发资源，使 R&D 经费配置和使用效率达到最优，是今天科技创新发展必须要解决的重要问题（彭宇文，2009）[41]。目前关于 R&D 经费配置结构的研究主要聚焦于经费来源结构、创新类型结构、创新主体结构、省域配置结构和行业配置结构五大方面。

2.2.1 经费来源结构的视角

目前普遍认为 R&D 经费来源主要有三条途径：政府投入、私人（企业）投入和金融机构投入。针对这三条经费来源途径，目前学术界从两个研究视角进行探讨：一是以政府投入与私人（企业）投入之间的关系为研究视角，这些学者大多认为政府投入通过影响私人投入来影响创新效率（王俊，2011）[22]，且私人投入对主体创新效率的影响普遍表现为促进作用；二是对比不同 R&D 经费来源对企业创新绩效的影响，以此达到优化经费来源配置的目的。

（1）政府投入与私人投入的关系研究

政府投入与私人投入的关系一直是学术界研究的焦点，目前主要分为两个流派，分别是促进流派和挤出流派。促进流派学者认为，政府 R&D 投入能促使企业加大研发投入（Hamberg，1966[42]；Feldman，2006[43]）。Hsu 和 Hsueh（2009）[37]、Klette 和 Moen（2012）[23]分别使用美国 437 家企业的业务数据、中国台湾初创企业的 9 年及 127 个研发项目数据、挪威高新技术企业的数据证实了促进效应的存在。在对航空业以及民用空间技术进行的研究中，Mowery（1985）[44]和 National Research council（1999）采用了不同的方法，研究了公共科技资金与企业研发投入之间的关系，依旧得到了互补的结论。Leyden 等（1989）进一步计算出政府投入对私人投入的促进程度，他们考虑到了政府 R&D 经费投入对私人 R&D 预算的直接作用和知识共享产生的间接作用，采用结构方程模型计算出私人投入与政府投入之间的弹性系数约为 0.34[45]。

与上述研究结论相反，一些学者的研究发现，随着企业所接受的政府 R&D 资助的增加，用于研究的私人投入比例降低，由此可以解读为产生了“挤出效应”（Higgins，1981[46]；Link，1982[45]）。Busom（1999）分析了西班牙对私人 R&D 经费投入及对雇用科技人员提供补贴性贷款计划的效果，认为30%的企业可能会出现完全的挤出效应[47]。Goldfarb（2008）以政府R&D资助为对象研究了R&D经费的不同来源对科学产出的影响问题，通过相应的调查发现：政府资助对象选择并非取决于企业或研究人员的学术优势，对于短期商业或学术价值而言，学术产出的引用数和刊物发表情况等指标经常不太实用。结果显示研究人员和企业的职业发展和创新产出（论文）与政府关系的亲密程度呈反比[48]。Wallsten（1999）以美国小企业创新研究计划为对象，进一步研究了政府R&D资助的替代比例，发现公共研发拨款以将近1：1的比例替代了私人研发投入[49]。Catozzella和Vivarelli（2014）利用意大利企业级别的数据样本，最后得出在不考虑企业的异质性的情况下，政府R&D经费资助和企业投入产出为负相关的结论[50]。Montmartin和Herrera（2015）在此基础上，加入了政府R&D经费资助方式和补贴率两个控制变量，通过动态空间面板数据研究了25个OECD成员国的1990—2009年的数据，验证了政府R&D经费直接资助和间接资助都会对企业R&D经费投入产生挤出效应[51]。

以上两种看似不同的结论，究其原因在于样本数据、研究对象、变量选择等存在差异。已有研究表明不同政府R&D经费资助时期（Dominique，2000[52]）、不同滞后期选择（姜宁和黄万，2010[53]）以及不同区域（肖丁丁，2013[54]）等因素的差异都会导致研究结果产生不同。因此未来研究应当更关注于政府R&D经费资助效果的影响因素，通过对政府R&D经费资助效用影响因素的研究帮助政府控制资助金额和筛选资助对象，优化资助结构。现有文献已经呈现出重点探究该问题的趋势，尤其是关于企业规模（Cerulli和Potì，2012[55]；Meuleman和Maeseneire，2012[56]）对政府资助效用的影响，但研究结论却不尽相同，需要之后的学者更深入地挖掘。

（2）不同R&D与创新绩效的关系研究

一些学者通过实证研究论证了R&D经费来源不同会导致创新绩效产生差距（李成刚和吴涛，2007[57]）。这是因为不同来源的研发经费对企业研发具有不同的监督和激励效用，因此应当优化各种经费来源的结构比例，以提高企业的研发效率（Huang和Xu，1998[58]）。

已有研究表明，尽管政府研发经费和私人研发经费都对企业创新活动具有重要影响，但相对于政府资金来说，私人资金的产出弹性更高（Huang等，2014[59]），梁莱歆等（2009）利用我国大中型工业企业的数据对比了企业自有资金、政府资金和金融机构资金三种资金来源途径对创新绩效的影响，研究发现企业自有资金对技术创新具有显著的促进作用，而金融机构融资和政府资金比重过大却对企业技术创新具有一定的抑制作用[60]。这与 Rajan（1992）[61]、郑军和翟华云（2012）[62]、白俊红和蒋伏心（2015）[24]的研究结论类似，他们指出，金融机构的信息收集和处理优势远大于其他组织机构，因此创新主体可能会通过不正当手段从金融机构获取信息以谋取利益，而非通过创新来获取收益，这阻碍了企业创新。

也有一些学者持不同意见，他们认为完善的金融市场体系可以通过甄别和帮助那些具有市场前景和发展潜力的企业来实现经营绩效进而促进技术创新（Schumpeter，1912[63]）。金融机构为企业提供了长期贷款，这些 R&D 经费投入不仅缓解了企业资金压力，同时也为企业提供了风险保障，分散了科技企业发展的金融风险，在国家创新发展中发挥着重要作用（Goldsmith，1970[64]；King 和 Levine，1993[65]）。例如，Kortum 和 Lerner（2000）通过对美国风险投资对促进科技创新的效率的实证研究发现，在美国经济中风险投资对科技创新的支持效率比传统的企业投资要高得多[66]。George 和 Prabhu（2003）以印度和芬兰为例证明了金融机构在提高科技企业技术创新方面和国家整体创新方面的重要性，且资本市场的完善程度对企业发展的影响[67]至关重要。Hall（2000）发现风险资本对创新的影响不仅在于资金支持，更重要的是这种融资渠道缓解了企业创新的高道德风险和信息不对称问题[68]。

综上所述，政府投入、私人投入和金融机构投入不仅对创新绩效的影响存在差异，三者之间也存在相关性。私人投入对创新绩效的影响多数情况下表现为促进作用；政府投入通过影响私人投入来影响创新绩效，且其影响效果尚存在分歧；而金融机构投入与创新绩效的关系也尚无定论。究其原因在于研究对象存在差异，例如，区域差异会导致 R&D 经费来源对创新绩效发挥不同作用（刘顺忠，2004[69]；刘俊杰和刘家铭，2011[70]），因此，不仅要研究经费来源结构对创新绩效的影响，更应当关注其中的影响因素。

2.2.2 创新类型结构的视角

一般来说，创新可分为三大类型，分别是基础研究、应用研究和试验发展。其中基础研究是不带有任何专门的或者特定应用目的而进行的实验性或理论性研究，其成果以科学论文和科学著作为主要形式，反映了知识的原始创新能力。应用研究是为了确定基础研究成果可能的用途而进行的创造性研究，其成果形式多以原理性模型或发明专利为主，反映了对基础研究成果应用途径的探索。试验发展则是将基础研究、应用研究和实际经验所获得的知识进行产业化的过程（孙晓华和王昀，2014[25]）。

早在21世纪之前，学者就证明了基础研究会提高社会回报率（Griliches，1958[71]；Evenson 等，1979[72]；Norton 和 Davis，1981[73]；Huffman，1994[74]），在此基础上 Toole（2012）、Guellec 和 Van（2003）等采用求偏指标弹性法，计算了基础研究对不同产业创新成果的弹性系数[75][76]。随后，国内学者也开始关注不同创新阶段研发投资的作用，温珂和李乐旋（2007）、李宾（2010）指出我国的 R&D 投资存在基础研究投入比重偏低、企业对基础研究投资不足的问题[77][78]，这种结构性“比例失调”对产业核心技术创新产生了消极影响（柳卸林，2011[79]）。这个结论得到了大量学者的支持，例如杨立岩和潘慧峰（2003）通过构建一个经济增长模型，发现基础研究更有利于经济长期增长[80]。而关于基础研究的强度，肖广岭（2005）认为一个国家的基础研究强度与经济水平、中央政府 R&D 经费资助比例，以及科研院所和机构在整个国家 R&D 经费执行结构中占比呈正相关[81]。Czarnitzki（2011）等将 R&D 活动分为“R”和“D”两部分，即基础创新和实践创新，他通过 OECD 调研中得到的 1999—2007 年比利时企业数据，发现政府补贴对企业 R&D 投入具有促进作用，且对于基础创新类项目作用效果更好[82]。与 Czarnitzki（2011）[82]不同的是，Clausen（2009）运用挪威的数据，研究发现政府对企业的“研究补贴”（research subsity）起到促进作用，而“发展补贴”（development subsity）却会产生挤出效用[83]。

近年来，国内学者也开始关注基础研究、应用研究和试验发展经费投入结构对创新绩效的影响，王金妹等（2011）通过对福建省 R&D 经费配置结构研究发现，在不同科技活动类型配置中基础研究对科技活动产出影响最大，实验发展次之，应用研究影响较小[84]。严成樑和龚六堂（2013）构建了一个同时包含基础研究和应用研究的 R&D 驱动经济增长模型，发现基础研究支出占 R&D 总支出的比例越高，经济增长率越高。并在此基础上通过实证研究验证了该结论[85]。孙晓华和王昀（2014）构建了反映基础研究、应用研究、试验发展与生产率关系的理论模型，并以 OECD 的 23 个国家 1996—2010 年的面板数据为样本，检验了不同研发投资对生产率的异质性影响，结果发现：从作用时期来看，试验发展对当期全要素生产率增长具有显著的正效应，应用研究和基础研究的功能发挥则存在一定的时滞，且基础研究的滞后期更长；从影响效果来看，基础研究的偏效应大于应用研究，而试验发展的作用显现虽然非常迅速，但其对生产率的带动效果相对较弱。因此，过多地依靠应用研究和试验发展投资并不是提高一国生产效率的有效途径，应充分重视基础研究的投入和积累，以发挥其在促进生产率中的核心地位和长效作用[86]。黄苹（2015）使用随机前沿生产函数估算了各地区不同活动类型技术创新要素投入的单效率，结果显示：基础研究的各创新要素投入单效率高于应用研究和试验发展的要素投入单效率[26]。与这些研究不同，蒋殿春和王晓娆（2015）测算了 R&D 投入对全要素生产率的影响，并发现 R&D 投入对试验发展的效果最强，余下依次为基础研究和应用研究，这是因为，基础研究和应用研究更多的是创新产出，而非生产效率[14]。

综上所述，从创新效率视角来看，大量研究表明，基础研究对企业创新绩效的影响效果明显大于应用研究与试验发展（Czarnitzki，2011[82]；Clausen，2009[83]；黄苹，2015[26]）；从经济发展视角来看，一些学者认为基础研究的滞后期过长（孙晓华和王昀，2014[86]），因此试验发展的 R&D 投入对经济的促进作用更明显（蒋殿春和王晓娆，2015[14]）。这些研究多是对比分析了不同创新类型的 R&D 经费投入效率，并为政策向基础研究倾斜提供理论依据，但针对 R&D 资金在创新的三种类型中应当如何配置，每个阶段的配置比例如何，并未做出科学的回答和解释。因此，未来学者应当在各阶段效率测度的基础上，对 R&D 资金的配置结构进行研究，从而实现 R&D 资金的优化配置。

2.2.3 创新主体结构的视角

关于不同创新主体 R&D 投入绩效的评价研究。大多数研究认为，在高等院校、科研机构和企业三大研发主体中，高等院校的 R&D 效率最高，科研机构的 R&D 活动无效率，企业的 R&D 效率有待提高。例如张浩和孟宪忠（2005）运用 DEA 方法对 1996—2001 年科研院所、企业和高等院校三类机构 R&D 效率进行的评价和比较分析表明，1996—1998 年高等院校的 R&D 效率最高；科研机构 R&D 活动无效率，但在 1999 年之后有所改善；企业的资金和人员投入最多，但效率却最低且随着投入的增加无明显改进，说明投入不足并不是造成 R&D 效率低下的关键因素[87]；余晓等（2010）从总量和结构等角度对浙江省三大研发主体 R&D 投入状况及相对效率所做的评价分析表明，浙江省 R&D 投入在全国处于领先位置，高等院校、科研机构和企业的 R&D 效率都较高，但高等院校和科研机构的效率规模报酬递增明显，而企业呈现下降趋势[88]；樊维等（2011）运用 DEA 方法对 2003—2008 年科研机构、高等院校和企业三大研发主体 R&D 投资结构与效率进行的比较分析认为，高等院校的 R&D 效率最高，企业的 R&D 效率在 2008 年达到了有效水平，科研机构的 R&D 效率始终处于无效状态[89]。也有一些学者持不同意见，他们认为高等院校和科研机构对区域创新能力的带动作用弱于企业。如吴玉鸣（2006）运用空间计量经济学的相关模型研究全国 31 个省份高等院校的科研能力以及企业资本对区域创新能力的影响，结果表明，科研机构和高等院校的研发投入对区域创新产出的作用不显著，高等院校与企业研发结合尚没有发挥增强区域创新能力的作用，而企业研发投入对区域创新产出具有明显的贡献[90]。王楚鸿和杨干生（2010）以全国高校 1992—2006 年 R&D 经费投入和 1993—2007 年科技产出面板数据为依据，采用 AHP、DEA 等方法，分析了全国高等院校 R&D 经费投入的产出效率。结果发现：1992—2006 年，全国高等院校 R&D 经费投入产出效率整体偏低且波动较大，且适当减少经费投入有利于提高高等院校的科技效率[21]。

在此基础上，最新研究已经不单单对三大创新主体的创新效率做出评价，而是更关注于产学研合作方向，也即高等院校、科研机构和企业的协同创新。产学研协同创新机制的形成是基于多元主体彼此间核心能力的互补与融合，充分发挥企业在市场和管理方面的优势，引导高等院校的知识成果符合市场需求，高等院校和科研机构利用丰富的基础资源为企业创新提供强有力的技术支撑，三者核心能力的互补与融合，能够充分释放彼此间创新要素活力，提高创新效率（周正等，2013[27]）。国外的一些研究也证明了这一观点，例如 Soh 和 Subramanian（2014）认为企业与高等院校和科研机构合作可以提高企业专利水平，而相对于理论研究，技术重组性创新的合作效果更好[28]。Scandura（2016）研究了高等院校和企业的研发合作对企业创新效率的影响，他认为研发合作之所以能够促进创新是因为高等院校—企业合作相当于共享了 R&D 人员，而 R&D 人员的增加会提高企业创新绩效[29]。

综上所述，针对创新主体的 R&D 经费投入效率研究，一些学者对比了高等院校、研究机构和企业三大主体的创新效率，大多数研究发现高等院校的创新效率最高，科研机构无效率，企业的创新效率有待提高（张浩和孟宪忠，2005[87]；余晓等，2010[88]；樊维等，2011[89]）；一些学者在此基础上提出了产学研协同创新模式，认为高等院校、科研机构和企业应当充分发挥自身的核心能力合作创新，实现资源互补和创新效率的提升（周正等，2013[27]；Soh 和 Subramanian，2014[28]；Scandura，2016[29]）。这些研究虽在一定程度上对国家 R&D 政策制定和提高创新效率具有指导意义，但在产学研体系中，R&D 经费在三大创新主体间如何分配、如何控制创新资源在主体间的流动都有待进一步探讨。

2.2.4 省域配置结构的视角

学者在研究 R&D 经费配置效率时，往往会分区域研究，最常见的分区方式就是分省域研究。大量学者对比分析了不同省域的 R&D 经费投入的产出效率，例如，王晓红等（2009）运用面向投入的 C2R 模型和超效率 DEA 模型，实证分析了我国“十五”期间 30 个省（自治区、直辖市）的 R&D 效率，结果显示：“十五”期间我国各省市的 R&D 效率整体处在下行区间，且省（自治区、直辖市）间差异先扩大再减少，但整体差异仍较为显著[91]；曹霞和于娟（2015）选用 2003—2011 年中国 30 个省（自治区、直辖市）的面板数据也得出了类似的结论，她们认为中国省域研发效率处于较低水平，存在较大的无效率现象，且各省域研发创新效率差异性较大，发展不均衡[31]；曹贤忠等（2015）从投入产出效率视角，构建研发资源投入产出评价指标体系，运用 DEA 中的 CRS、VRS 模型和 Malmquist 指数方法，测度了长三角城市群研发资源的投入产出效率、变化趋势以及空间分异特征，结果表明，从空间格局上来看，江苏研发资源投入产出效率显著高于上海和浙江，且长三角城市群研发资源投入产出效率分异程度正在逐渐缩小[32]；宗声（2014）也承认了这种 R&D 投入效率的空间差异性，并认为这是 R&D 投入规模和资源利用效率不同，技术效率、规模效率、拥挤程度和纯技术效率的差异导致的[92]。

在上述学者对比分析 R&D 经费投入产出效率的省域差距的基础上，一些学者对 R&D 经费内部配置结构做了进一步探究。如肖泽磊等（2012）在此基础上利用改进 SBM 方向性距离函数测算了 2000—2010 年我国高技术产业的 R&D 效率和经济绩效，不仅对比了各地区的投入产出效率，更是对资金配置结构进行了研究，发现中西部和东北地区研发的无效率因素中政府冗余投入最大，因此在这些地区应当适当降低政府投入比例[93]；王晓珍等（2013）使用谱分析和网络 DEA，以医疗器械产业和医药产业为例分省域测度了科技经费配置效率，并对未来各省域在这两个行业之间的资金配比情况提供了政策建议[94]；王晓珍（2012）以高技术产业为例，更深入而具体的研究了科技经费在国家、省域和产业之间的三级配置情况，并提出了资金配置方案[30]。

综上所述，由于我国统计数据大多以省域为单位，目前较多的学者们分省域研究了 R&D 经费配置效率的空间差异性，并普遍承认我国 R&D 效率的空间差异较为显著，由此可见，我国省域之间的 R&D 经费配置不均衡，存在较大的可优化之处，这也为本研究成果研究省域之间的资金配置优化方案提供了理论基础。此外，目前也有一些学者在对比分析的基础上进行了资金配置研究（肖泽磊等，2012[93]；王晓珍，2013[94]），但大多研究也仅是对资金配置倾向提供了建议，鲜少有学者回答了如何配置，具体配置方案如何设计这一问题。

2.2.5 行业配置结构的视角

大多数学者在分产业研究 R&D 经费投入产出效率时，均以高技术产业及其五大子产业为研究对象进行研究，例如吴瑛和杨宏进（2006）考虑科技资源投入的滞后性与累积性，用 R&D 经费存量值代替当年值，以此用 DEA 模型计算出 1995—2004 年我国高技术产业的科技资源配置效率[95]。结果表明，高技术产业下不同行业的结构变化将会影响整个产业的科技配置效率；孟卫东和孙广绪（2014）使用类似的方式，以 R&D 经费存量代替当年值，采用 Malmquist 指数法对 2000—2011 年中国高技术产业各行业资源配置效率进行实证研究，研究表明：我国高技术产业各行业资源配置效率整体呈上升趋势，但各行业技术效率和技术变化指数不同，导致各行业的稳定性存在明显差异[96]；王晓珍（2012）运用道格拉斯生产函数和回归分析证明了升级和产业间的不同配置结构显著影响创新[30]；韩东林和徐晓艳（2015）利用 2009—2013 年长江经济带高技术产业的统计数据，采用 DEA 模型评价比较后也发现，高技术产业五个子行业的 R&D 效率差异较大[33]；曹勇和苏凤娇（2012）运用 Pearson 相关分析、改进的 Griliches-Jaffe 知识生产函数模型和逐步回归分析等方法，通过对比分析 1995—2008 年我国高技术产业下属五个典型行业的 R&D 投入效率也得出了相似的结论，并进一步深入剖析了差距成因[97]。

单春霞（2011）更是通过对比分析高技术产业中五类制造行业的 R&D 投入产出效率，明确指出我国高技术产业存在 13.6%的投入资源浪费，应进一步合理配置资源[98]。

除高技术产业外，一些学者以制造业为研究对象进行了 R&D 创新绩效对比分析，例如，韩东林和陈晓芳（2015）认为大型制造业企业是我国经济创新的重要推动力，提高大型制造业企业的投入产出效率有利于促进经济创新，并采取 DEA 模型对我国大型制造业企业 20 个行业的 R&D 投入产出效率进行定量评价发现，我国大型制造业企业 R&D 投入产出效率普遍低下，不同行业之间的效率差异大[34]。焦翠红等（2017）采用动态 OP 协方差分解方法，结合我国 2001—2014 年制造业数据测算 R&D 资源配置效率和演变趋势，进一步检验政府创新补贴对 R&D 配置效率演变态势的影响。研究发现：我国 R&D 资源配置整体呈现恶化趋势但恶化速度逐步趋缓，行业间 R&D 资源错配是配置效率恶化的主要来源；分行业来看，加工制造业 R&D 资源配置效率正朝优化方向演进，但装备制造业 R&D 配置效率加速恶化；政府 R&D 补贴对 R&D 资源配置效率的作用呈倒 U 型效应，且大部分行业处于倒 U 型左侧[20]。

综上所述，我国 R&D 创新效率整体偏低，不同行业的 R&D 经费配置效率差距较大，因此为了提高我国投入产出效率水平，缩小行业间的差距，必须优化资源的配置结构，发挥优势行业的带动作用，以此提高整体行业 R&D 效率。

2.3 R&D 经费配置对创新绩效的时滞影响研究

研发活动完成后并不能立即生产出技术产品并产生效益，这中间存在着一个时间滞后，即研发投入对企业绩效的影响存在滞后效应，如何测算研发投入产生作用的滞后性是研究创新绩效的难点之一（谢强华，1998[99]）。这与蔡虹等（2004）的观点类似，他们认为从研发投入到获得新技术知识，并将其用于生产要经过一定的时间，这就是研究开发的时滞[100]。

此后，一些学者验证并测量了研发投入对研发产出的时滞周期。姚佐文和陈信伟（2012）基于我国 1987—2010 年的 FDI 和 R&D 数据验证了我国技术创新存在滞后现象[101]。陈劲等（2013）在研究产业集聚对高技术产业创新绩效的影响时，选择滞后 2 年的新产品销售收入作为创新产出，但未说明 2 年滞后期的由来[102]。

Guellec（2003）通过分析 OECD 的 17 个成员国的数据，实证结果表明政府补贴在短期（1 年内）和长期（4 年外）会产生促进效果，但是在中期（3 年左右）会产生挤出效果[76]。这与白云飞和潘忠志（2015）研究结果类似，他们应用时间序列的 VAR 模型，对我国 2000—2011 年 R&D 投入与科技创新能力的数据进行动态分析，证明 R&D 投入影响期为 1～4 年[103]。姜宁（2010）在研究中也加入了滞后期这一变量，结果显示，在无滞后期的情况下，政府投入对企业 R&D 投入无显著影响，加入 1 年的滞后期时，政府补贴对 R&D 投入具有显著促进作用[53]。曾春媛等（2014）利用 2002—2010 年的数据考察了北京地区 R&D 活动与中关村科技园创新绩效之间的关系，结果表明全国高校 R&D 知识溢出效应存在 1 年的滞后期[104]。方文中和罗守贵（2016）使用 2008—2012 年上海高新技术企业数据，分别测度了滞后一年、两年的 R&D 资本投入回归情况，发现滞后 1 年的资本投入对企业全要素生产率有显著的促进作用[105]。Pakes 和 Schankerman（1984）得到的机械和电子工业的研发投入的滞后期大约为 2 年[106]，这与 Kuen-Hung Tsai 和 Jiann-Chyuan Wang（1985）的研究结果比较一致，他们发现在台湾地区研发投资对专利产生显著影响的时间也是两年[106]。梁莱歆和张焕凤（2005）在对上市公司研发投入绩效进行实证研究中也发现，研发投入的产出效应具有明显的滞后性，并提出企业研发投入见效一般需要 2 年以上的时间[107]。郭研和刘一博（2011）使用北京中关村高新技术企业数据测算出企业绩效滞后研发投入 2 年[108]。王晓珍（2012）创新性的引用物理学的谱分析法，以高技术产业整体和其中的两个子产业为例，测算出了科技经费投入的时滞周期，结果显示短周期基本在 2~3 年，中周期一般在 5~8 年，长周期可达到 10~12 年[30]。

此外，一些学者又研究了研发投入对经济产出的滞后期。何玮（2003）把一个两年累积的研发支出变量作为研发投入指标，对研发投入的滞后效应进行实证研究，并指出在大型工业企业中，研发支出大致在 3 年左右的时间内对企业的产出存在影响[109]。Akira 和 Kazuyuki（1989）的研究得出各行业的研究开发滞后期为，电器机械、电子设备零部件、通信设备、金属制造器械都是 2 年，医药行业是 5 年，其他行业是 3 年[110]。Lev 和 Sougiannis（1996）采用实证研究的方法，以大量的来源于不同行业的高研发密度的企业为样本，研究每年研发支出与下一年经营收入的关系。研究表明：研发投入产生效益具有明显滞后性，各行业的效益持续期有明显的不同，从化工医药行业的 9 年到科研机构的 5 年不等[53]。徐东林和郭云南（2007）认为我国 R&D 投入对于经济的综合影响大致从其投入起 8~15 年表现最为显著[111]。

表 2-1 滞后期测量结果汇总

研究对象	滞后期	代表学者
创新投入对创新产出	1~4 年	Guellec（2003）、白云飞和潘忠志（2015）
	1 年	姜宁（2010）、曾春媛等（2014）、方文中和罗守贵（2016）
	2 年	Pakes 和 Schankerman（1984）、Kuen-Hung Tsai 和 Jiann-Chyuan Wang（1985）、梁莱歆和张焕凤（2005）、郭研和刘一博（2011）、王晓珍（2012）、陈劲等（2013）
创新投入对经济产出	3 年	何玮（2003）
	2~5 年	Akira 和 Kazuyuki（1989）
	5~9 年	Lev 和 Sougiannis（1996）
	8~15 年	徐东林和郭云南（2007）

综上所述，学者们普遍承认 R&D 经费投入产出存在滞后现象，但由于研究数据的口径不一，所选取的研究对象不同，学者们测算出的滞后期也存在差异，总结来看，R&D 经费投入对创新产出的滞后周期在 1~2 年，而对经济产出的滞后期则更长，一般达到 3~15 年不等。目前普遍使用的时滞测度方法有两种，一种是 VAR 模型（白云飞和潘忠志，2015[103]）；一种是对多年的投入产出做回归分析，选取影响最为显著的年份作为时滞期（方文中和罗守贵，2016[105]）。这些研究虽在一定程度上解释和测算出了 R&D 经费的时滞期，但创新行为受外界环境系统的干扰较大，未考虑创新环境系统的时滞期测算是否合理有待进一步商榷。

2.4 R&D 经费配置效率影响因素研究

随着研究的深入，有关学者发现无论是 R&D 经费投入总量，还是 R&D 经费配置结构对创新绩效的影响效果均会随着外部因素或内部因素的变化而变化。因此，R&D 经费配置效率的影响因素成为理论界讨论的又一话题。李培楠等（2014）重点研究了政府支持的作用阶段，发现政府支持在不同创新阶段影响不同，在技术开发阶段对产业创新绩效产生负向影响，在成果转化阶段，政府支持与产业创新绩效呈“正 U 型”。因此，政府不能一味进行创新投入，而应当通过适当的投入激励企业自主创新，把握政府投入时机和总额，是发挥政府功能的关键[112]。Calomiris 等（2010）认为市场发育程度高的产业或地区，市场调节在资源配置过程中发挥着重要作用，使研发实力较强或创新活力较高的企业优先获得创新资源，进而最大限度发挥创新资源作用，资源配置效率较高[113]。杨勇松和吴和成（2008）在考虑滞后期的基础上，对我国 30 个地区大中型工业企业进行 R&D 效率总体评价，结果表明不同区域的 R&D 经费利用效率存在较大的差距[10]。孙晓华等（2014）通过中国制造业数据发现，产业结构对 R&D 经费配置效率产生显著影响，相对于劳动密集型产业而言，技术密集型产业对 R&D 的依赖性更大[86]。刘焕鹏和严太华（2014）运用高技术产业数据发现企业技术创新能力越高[114]，其 R&D 投入越多，创新绩效越高。綦良群等（2014）将 R&D 效率影响因素分为内生因素和外生因素，内生因素主要从人、财、物三方面衡量；外生因素有产业因素和环境因素，其中产业因素包括企业规模、市场结构、产权结构、技术—产品转化渠道、产业 R&D 意愿等，环境因素包括政府部门资金支持、政府部门政策支持、金融机构资金支持、科技机构技术支持、科技中介服务支持等[115]。程时雄和柳剑平（2014）在构建 R&D 产出效率模型时，综合考虑了人力资本、贸易开放度、技术距离、行业竞争程度、物质资本存量、行业技术水平、产权结构等因素在其中的作用[13]。Wang 和 Huang（2007）使用了三阶段 DEA 方法测算 R&D 投入在 30 个 OECD 国家和非 OECD 国家的产出效率，他们的文章使用 R&D 资本存量和人力资本作为投入要素，使用专利数和学术出版物作为产出要素，同时还考虑了外部环境因素如大学入学率、电脑普及率和该国是否以英语为官方语言对 R&D 产出效率的影响[116]。Wang（2007）在此基础上还增加了经济自由度这一影响因素，并证明其对 R&D 效率也产生显著影响[117]。Etzkowitz（1997）R&D 过程又嵌入在外部环境中，会受到政策、经济发展水平、人口素质等一系列外部环境因素的影响[118]。左铠瑞和宫建成（2016）在研究区域 R&D 效率时，选取了四个影响因素，即人均 GDP、市场开放程度、政府支持、金融环境[119]。

表 2-2 R&D 创新效率影响因素研究现状

时间	学者	影响因素
1997	Etzkowitz	政策、经济发展水平、人口素质
2007	Wang 和 Huang	大学入学率、电脑普及率和该国是否以英语为官方语言
2007	Wang	经济自由度
2008	杨勇松和吴和成	区域
2010	Calomiris 等	市场发育程度
2014	李培楠等	政府支持的作用阶段：技术开发阶段和成果转化阶段
2014	孙晓华等	产业结构：劳动密集型产业和技术密集型产业
2014	刘焕鹏和严太华	企业技术创新能力
2014	綦良群等	内生：人、财、物 外生：产业因素和环境因素
2014	程时雄和柳剑平	人力资本、贸易开放度、技术距离、行业竞争程度、物质资本存量、行业技术水平、产权结构
2016	左铠瑞和宫建成	人均 GDP、市场开放程度、政府支持、金融环境

综上所述，随着现有研究的不断深入，学者发现无论是 R&D 经费投入总量，还是配置结构对创新绩效的影响效果均会随着外部因素或内部因素的变化而变化。因此，R&D 经费配置效率的影响因素是理论界讨论的重点话题。目前学术界关于 R&D 经费配置效率影响因素的研究可总结为研发基础（綦良群等，2014[115]；刘焕鹏和严太华，2014[114]）、经济基础（Etzkowitz，1997[118]；Wang，2007[117]）、产业结构（孙晓华等，2014[86]；程时雄和柳剑平，2014[13]）、市场发育程度（左铠瑞和宫建成，2016[119]；Calomiris 等，2010[113]）、政府支持（Etzkowitz，1997[118]；李培楠等，2014[112]；左铠瑞和宫建成，2016[119]）和区位优势（杨勇松和吴和成，2008[10]）六大方面。

2.5 文献述评

2.5.1 现有研究发展演进

随着研究的不断深入和细化，根据 R&D 经费配置对创新绩效影响的研究内容，可将相关研究发展过程划分为三个阶段：第一阶段主要集中于 R&D 经费投入总量与创新绩效关系研究；第二阶段主要探讨了 R&D 经费配置结构与创新绩效的关系问题；第三阶段则是在前人研究的基础上，深入挖掘 R&D 经费配置效率影响因素。

（1）R&D 经费投入与创新绩效关系研究阶段

科技创新逐步成为国家发展的核心，理论界开始尝试论证 R&D 经费投入的增加是否会促进企业创新这一问题。多数学者研究表明 R&D 经费投入总量的增加会促进企业创新，也有少数学者认为其正向影响并非在所有情况下都成立，有时甚至会出现负相关现象。这些初期研究大多通过对国家、地区或产业的面板数据分析得出结论，却因国家、地区和产业不同而存在差异（Stokey，1995[3]；Griliches，1995[4]；Hall，1996[5]；李燕萍等，2011[15]；马琳，2014[16]）。这意味着单纯的研究 R&D 经费投入总量与创新绩效的关系已经不能解释我国与发达国家创新能力差距成因，有些学者甚至认为 R&D 经费配置结构对市场创新的影响程度远超过 R&D 经费投入量的影响（彭宇文，2009[41]；李燕萍，2011[15]；王晓珍，2012[30]；白云朴和朱承亮，2014[19]）。

（2）R&D 经费配置与创新绩效关系探讨阶段

此后，学者研究重点发生转移，试图论证不同经费来源、不同创新类型、不同创新主体的 R&D 经费配置结构对创新绩效的影响，但研究结论仍然存在分歧。

现有关于 R&D 经费来源机构配置结构与创新效率的研究表明，R&D 经费主要来源于政府投入、私人投入和金融机构投入，三者对创新绩效的影响存在显著差异。私人投入对创新绩效的影响多数情况下表现为促进作用；政府投入通过影响私人投入来影响创新绩效，且其影响效果（促进/挤出）尚存在分歧；同时，金融机构投入与创新绩效的关系也尚无定论。

针对不同创新阶段的 R&D 经费投入效率，从创新效率视角来看，大量研究表明，基础研究对企业创新绩效的影响效果明显大于应用研究与试验发展；从经济发展视角来看，一些学者认为基础研究的滞后期过长，因此，试验发展的 R&D 投入对经济的促进作用更明显。这些研究多是对比分析了不同创新阶段 R&D 经费投入效率，并为政策向基础研究倾斜提供理论依据，但针对 R&D 资金在创新的三个阶段应当如何配置，每个阶段的配置比例如何，这些问题并未作出科学的回答和解释。因此，未来学者们应当在各阶段效率测度的基础上，对 R&D 资金的配置结构进行研究，从而实现 R&D 资金的优化配置。

针对不同创新主体的 R&D 经费投入效率，一些学者对比了高等院校、研究机构和企业三大主体的创新效率，大多数研究发现高校的创新效率最高，科研机构无效率，企业的创新效率有待提高；一些学者在此基础上提出了产学研协同创新模式，认为高校、科研机构和企业应当充分发挥自身的核心能力合作创新，实现资源互补和创新效率的提升。这些研究虽在一定程度上对国家 R&D 政策制定和提高创新效率具有指导意义，但在产学研体系中，R&D 经费在三大创新主体间如何分配、如何控制创新资源在主体间的流动都有待进一步探讨。

（3）R&D 经费配置效率影响因素深入挖掘

随着研究的深入，学者们发现无论是 R&D 经费投入总量，还是配置结构对创新绩效的影响效果均会随着外部因素或内部因素的变化而变化。因此，R&D 经费配置效率的影响因素成了理论界讨论的又一话题。大量研究证明政府支持、市场发育程度、区位优势、经济基础、产业结构和研发基础是影响 R&D 经费配置效率的六大因素，这为本研究成果构建影响 R&D 经费配置效率的创新环境系统提供了理论依据。

2.5.2 现有研究主要结论

（1）增加 R&D 经费投入不一定促进企业创新绩效，R&D 经费投入总量与创新绩效呈现倒 U 型关系

多数学者认为 R&D 经费投入总量的增加会促进企业创新，少数学者认为 R&D 经费投入的正向影响并非在所有情况下都成立。目前，除一些学者认为我国 R&D 经费投入对创新效率的影响不显著外（李燕萍等，2011[15]），更多的学者认为 R&D 投入总量与创新效率之间呈倒 U 型关系（马琳，2014[16]；Ugur 等，2016[17]；Han 等，2017[18]）。正是因为这种倒 U 型关系存在，使得学者的研究结论有明显差异，研发经费投入不足的产业和地区处于倒 U 型左侧，多表现为促进作用；而出现非正向影响的地区和产业一般处于倒 U 型右侧，这在一定程度上表明该地区或产业出现了科研活动投入冗余或产出不足现象，这些地区和产业的科技资源的配置与利用、科技宏观管理方面还存在着问题。

（2）R&D 经费配置结构显著影响创新产出效率

从微观配置结构层面来看，大量研究证明，相对于应用研究和试验发展，基础研究的创新产出效率最高。这是因为这些研究多是以论文和专利产出作为创新绩效的衡量标准，而基础研究是一种实验性或理论性研究，其成果多以科学论文和科学著作为主要形式，反映了知识的原始创新能力，故而在以论文和专利为目标导向的研究中表现出较高效率。而在生产率方面，试验发展效率更高。

在研发主体创新效率的对比研究中，学者大多认为相对于科研机构，企业和高校的创新效率更高，且目前企业创新效率提升空间仍然较大。这是因为企业的 R&D 经费配置不合理，一些企业创新投入存在冗余现象，而一些企业则存在创新投入不足现象，因此，不仅应当优化 R&D 经费在高校、科研机构和企业之间的配置结构，还应当优化企业配置结构，使其创新效率达到最优。

政府投入与私人投入的关系一直是学术界研究的焦点，目前主要分为两个流派，分别是促进流派和挤出流派。促进流派学者认为，政府的研发资金能促使企业加大研发支出。另一些学者的研究发现，随着企业所接受的公共 R&D 资助的增加，用于研究的私人投入比例降低，由此可以解读为产生了“挤出效应”。这是因为在研发项目投资总额一定前提下，政府 R&D 投入会使私人资金从原有预支中挤出，导致政府资金因为私人投资的减少而失去作用。

从宏观配置结构来看，省域和行业的异质性也会导致创新效率产生差异。目前较多的学者分省域对比分析了 R&D 经费配置效率的空间差异性，并普遍承认我国 R&D 效率的空间差异较为显著。此外，目前也有一些学者在对比分析的基础上进行了资金配置研究（肖泽磊等，2012[93]；王晓珍，2013[94]），但大多研究也仅是对资金配置倾向提供了建议，鲜少有学者回答了如何配置，具体配置方案如何设计这一问题；针对行业配置效率的研究大多集中在高技术产业和制造业这两大产业，并普遍认为我国 R&D 创新效率整体偏低，不同行业的 R&D 经费配置效率差距较大，因此为了提高我国投入产出效率水平，缩小行业间的差距，必须优化资源的配置结构，发挥优势行业的带动作用，以此提高整体行业 R&D 效率。

（3）R&D 经费投入对创新产出的影响存在时滞效应

学术界普遍承认 R&D 资金投入产出存在滞后现象，但由于研究数据的口径不一，所选取的研究对象不同，学者们测算出的滞后周期也存在差异。国内目前关于创新产出的时滞效应研究主要采用两种方法：脉冲响应函数（VAR）和回归分析，总结来看，R&D 经费投入对创新产出的滞后周期在 1~2 年，而对经济产出的滞后周期则更长，一般达到 3~15 年不等。

（4）R&D 经费配置效率受政府支持、市场发育程度、区位优势、经济基础、产业结构和研发基础影响

R&D 经费配置效率受外界环境因素影响较大，总结现有研究，可将这些因素划分研发基础、经济基础、产业结构、市场发育程度、政府支持和区位优势六大类。其中一些因素正向影响 R&D 经费配置效率，如研发基础等；一些却在特定条件下，可能对 R&D 经费配置效率产生负向作用，如政府支持等。

2.5.3 现有研究不足

（1）现有研究多是对各类 R&D 资金配置方式进行效率测度，鲜有针对 R&D 配置结构的优化研究，尤其缺乏行业、省域等的配置

目前理论界虽然较为关注 R&D 资金配置问题，但对于最优化 R&D 资金配置结构和如何配置 R&D 资金这些具体问题还有待进一步探究。现有学者多是对比分析了不同资金配置情况下的 R&D 经费投入效率，并对哪种资金配置方式的创新效率更高这一问题做出了回答。例如，一些学者研究发现基础研究对企业创新绩效的影响效果明显大于应用研究与试验发展，因此应当将更多的 R&D 资金投向基础研究领域（Czarnitzki，2011[82]；Clausen，2009[83]；黄苹，2015[26]）。这些研究虽指明了未来 R&D 资金的最佳流向，并为未来政策的倾向性提供了理论依据，但并未对资金配置提供具体的结构优化方案，对于各类 R&D 资金的配置比例也并未做出回答。

尤其是在区域和产业发展不平衡的当下，如果 R&D 资金总是流向创新基础较好、效率较高的地区和产业，那么这种不平衡现象会进一步加剧，这就是我们在理论基础章节将会讨论的“循环累积因果论”的主要观点。在这种

情况下，国家和政府不仅需要了解哪些区域和产业创新效率更高，而且更急需明了如何在这些区域和产业中进行 R&D 资金分配，而现有研究并未解决这一问题，同时也并未对如何解决这一问题提供清晰的思路和方法。

本研究成果将研究重点聚焦于 R&D 资金配置结构，基于区域和产业双重视角，在各区域和产业效率测度的基础上，探索 R&D 资金结构的最佳比例，并制定资金分配方案，以期为政策制定提供理论依据。

（2）现有研究在测度 R&D 资金投入滞后期时，未考虑创新环境系统

目前，学术界虽然已普遍承认 R&D 经费投入产出存在滞后效应，但专门针对 R&D 投入时滞的研究仍然较少，大多都是在衡量 R&D 创新效率前，对 R&D 投入做简单的滞后处理。一些学者在研究 R&D 经费投入产出效率时，虽引入了时滞期，但未说明该时滞期的来源依据；另一些学者通过 VAR 或回归分析，虽然明确测算出了时滞期，但究竟是 1 年还是 2 年，甚至更长时间，结论尚未统一，究其原因可能是未将创新环境系统（R&D 经费配置效率影响因素）纳入考虑范围。总体来看，关于 R&D 投入时滞期的研究有待进一步深入，未来应当充分考虑环境要素对时滞期的干扰，同时也需要考虑创新环境变量本身的时滞期，例如当年的政府政策对 R&D 经费配置效率的影响可能会在第二年或第三年体现出来，这就是政府政策因素的时滞效应。

基于此，本研究成果在测算创新绩效的时滞期时，创新性地将创新绩效的众多影响因素所构成的创新环境系统纳入考虑范围，使用 Lasso 回归计算出 R&D 资金和创新环境系统共同作用下的时滞期，相较以往仅针对创新投入（R&D 资金）时滞期的研究，在时滞期测算上更为科学，所得结果也更为合理。

（3）在研究 R&D 资金配置效率时，未考虑 R&D 资金与创新环境系统的交互作用

目前学术界在探讨 R&D 资金配置效率问题时，往往会结合一些效率影响因素进行研究，例如区域因素、经济因素等。一些学者将这些因素作为影响 R&D 资金投入的前因变量，也有一些学者将其作为影响创新效率的关键因素，但鲜有学者研究 R&D 资金投入与这些影响因素之间的交互作用。这种交互作用体现在，由 R&D 资金配置效率影响因素所构成的创新环境系统，在影响

R&D 资金投入及资金配置效率的同时，与 R&D 资金的投入总量和配置又共同作用于创新产出，而这一交互影响作用在目前的研究中并未得到充分解释。

基于此，本研究成果将 R&D 资金配置效率的各类影响因素作为创新环境系统纳入研究模型，并在现有关于 R&D 资金投入与创新环境系统研究的基础上，深入挖掘两者之间的交互关系，将目前学者关注较多的单方向影响延伸至两者的交互影响，测算两者共同作用下的创新绩效，并提出 R&D 资金配置优化方案，更科学而系统的解决 R&D 经费配置效率问题。

参考文献

[1] Branstetter L, Nakamura Y. Is Japan's innovative capacity in decline? [R]. National Bureau of Economic Research, 2003.

[2] Bakay A, Elkassabgi A, Moqbel M. Resource Allocation, Level of International Diversification and Firm Performance [J]. Level of International Diversification and Firm Performance (January 20, 2011), 2011.

[3] 彭宇文. 基于资金投入和资源配置的中国农业科技发展研究 [D]. 无锡：江南大学. 2009. 12.

[4] Hamberg, D., R&D: Essays on the Economics of Research and Development [M], New York: Random House. 1966, 9.

[5] Feldman M P, Kelley M R. The ex ante assessment of knowledge spillovers: Government R&D policy, economic incentives and private firm behavior [J]. Research Policy, 2006, 35 (10): 1509-1521.

[6] Mowery, D. C., Rosenberg, N. Technology and the Pursuit of Economic Growth [M]. Cambridge University Press: New York. 1989: 57-58.

[7] Leyden D P, Link A N, Bozeman B. The effects of governmental financing on firms' R&D activities: a theoretical and empirical investigation [J]. Technovation, 1989, 9 (7): 561-575.

[8] Higgins R S. Federal support of technological growth in industry: Some evidence of crowding out [J]. IEEE Transactions on Engineering Management, 1981, EM-28 (4): 86-88.

[9] Busom, L, An Empirical Evacuation of the Effects of R&D Subsidies, Working Paper, Universitat Autonomy de Barcelona, 1999, No. B99-05.

[10] Goldfarb B. The effect of government contracting on academic research: Does the source

of funding affect scientific output? [J]. Research Policy, 2008, 37 (1): 41-58.

[11] Wallsten, S. J., Do Government-industry R&D Programs Increase Private R&D? The Case of the Small Business Innovation Research Program. Department of Economics Working Paper. Stanford University 1999: 82-100.

[12] Catozzella A, Vivarelli M. The possible adverse impact of innovation subsidies: some evidence from Italy [J]. International Entrepreneurship & Management Journal, 2014: 1-18.

[13] Montmartin B, Herrera M. Internal and external effects of R&D subsidies and fiscal incentives: Empirical evidence using spatial dynamic panel models [J]. Research Policy, 2015, 44 (5): 1065-1079.

[14] Dominique Guellec. The impact of public R&D expenditure on business R&D * [J]. Economics of Innovation & New Technology, 2000, 12 (3): 225-243.

[15] 姜宁，黄万. 政府补贴对企业 R&D 投入的影响——基于我国高技术产业的实证研究 [J]. 科学学与科学技术管理，2010，31 (7): 28-33.

[16] 肖丁丁，朱桂龙，王静. 政府科技投入对企业 R&D 支出影响的再审视——基于分位数回归的实证研究 [J]. 研究与发展管理，2013，25 (3): 25-32.

[17] Cerulli G, Potì B. The differential impact of privately and publicly funded R&D on R&D investment and innovation: the Italian case [J]. Prometheus, 2012, 30 (1): 113-149.

[18] Meuleman M, Maeseneire W D. Do R&D subsidies affect SMEs' access to external financing? [J]. Research Policy, 2012, 41 (3): 580-591.

[19] 李成刚，吴涛. 技术创新投入结构与创新绩效的关系研究 [J]. 技术经济，2007，26 (12): 23-27.

[20] Huang H, Xu C. Soft Budget Constraint and the Optimal Choices of Research and Development Projects Financing ☆, ☆☆ [J]. Journal of Comparative Economics, 1998.

[21] Huang Y, Wang Q, Liu Z. Comparison on the Impact of Two Types of R&D Funds on Innovative Outputs in the Industry-University System [J]. 2014, 2 (1): 96-101.

[22] 梁莱歆，马如飞，田元飞，等. 科技经费投入结构与企业技术创新——基于我国大中型工业企业的实证研究 [J]. 科学学与科学技术管理，2009，27 (7): 89-93.

[23] Rajan R G. Insiders and Outsiders: The Choice Between Informed and Arm's-Length Debt [J]. The Journal of Finance, 1992, 47 (4): 1367-1400.

[24] 郑军，翟华云. 企业、政府、金融机构科技投入与高校科技产出的关系研究 [J]. 科技进步与对策，2012，29 (6): 18-21.

[25] 约瑟夫·熊彼特，熊彼特，何畏，等. 经济发展理论：对于利润资本信贷利息和

经济周期的考察［M］. 北京：商务印书馆，1990.

［26］Michèle S M. Goldsmith （R.） -Financial Structure and Development. ［J］. Revue Économique，1970 （21）：491-492.

［27］King R G，Levine R. Finance，entrepreneurship and growth：Theory and evidence ［J］. Journal of Monetary Economics，1993，32 （3）：513-542.

［28］Kortum S，Lerner J. Assessing the Contribution of Venture Capital to Innovation ［J］. Rand Journal of Economics，2000，31 （4）：674-692.

［29］George G，Prabhu G N. Developmental financial institutions as technology policy instruments：implications for innovation and entrepreneurship in emerging economies ［J］. Research Policy，2003，32 （1）：89-108.

［30］David P A，Hall B H，Toole A A. Is public R&D a complement or substitute for private R&D? A review of the econometric evidence ［J］. Research Policy，2000，29 （4）：497-529.

［31］刘顺忠. 各类区域创新系统科技经费投资来源差异化的研究［J］. 中国科技论坛，2004 （2）：42-44.

［32］刘俊杰，刘家铭. 科技经费投入结构对区域创新能力的影响——基于全国 30 省市区面板数据的实证检验［J］. 广西师范大学学报（哲学社会科学版），2011，47 （5）：18-23.

［33］Griliches Z. Research Costs and Social Returns：Hybrid Corn and Related Innovations ［J］. Journal of Political Economy，1958，66 （5）：419.

［34］Evenson R E，Waggoner P E，Ruttan V W. Economic benefits from research：an example from agriculture. ［J］. Science，1979，205 （4411）：1101-1107.

［35］Norton G W，Davis J S. Evaluating Returns to Agricultural Research：A Review ［J］. American Journal of Agricultural Economics，1981，63 （4）：685-699.

［36］Huffman W E，Just R E. Funding，Structure，and Management of Public Agricultural Research in the United States ［J］. American Journal of Agricultural Economics，1994，4 （4）：669-675.

［37］Toole A A. The impact of public basic research on industrial innovation：Evidence from the pharmaceutical industry ［J］. Research Policy，2012，41 （1）：1-12.

［38］Guellec D，Van Pottelsberghe De La Potterie B. The impact of public R&D expenditure on business R&D * ［J］. Economics of innovation and new technology，2003，12 （3）：225-243.

［39］温珂，李乐旋. 从提升自主创新能力视角分析国内企业基础研究现状［J］. 科学学与科学技术管理，2007，28 （2）：5-9.

［40］李宾．国内研发阻碍了我国全要素生产率的提高吗？［J］．科学学研究，2010，28（7）：1035-1042.

［41］柳卸林，何郁冰．基础研究是中国产业核心技术创新的源泉［J］．中国软科学，2011（4）：104-117.

［42］杨立岩，潘慧峰．人力资本、基础研究与经济增长［J］．经济研究，2003（4）：72-78.

［43］肖广岭．中国基础研究经费占 R&D 经费的比例多大为宜［J］．科学学研究，2005，23（2）：197-203.

［44］Czarnitzki D，Hottenrott H，Thorwarth S. Industrial research versus development investment：the implications of financial constraints［J］. Cambridge Journal of Economics，2011，35（3）：527-544.

［45］Clausen T H. Do subsidies have positive impacts on R&D and innovation activities at the firm level？［J］. Structural Change and Economic Dynamics，2009，20（4）：239-253.

［46］王金妹，黄敬前，刘欢．福建省科技经费配置结构优化的多元回归分析［J］．福州大学学报（哲学社会科学版），2011，25（3）：27-32.

［47］严成樑，龚六堂．R&D 规模、R&D 结构与经济增长［J］．南开经济研究，2013（2）：3-19.

［48］孙晓华，王昀，郑辉．R&D 影响全要素生产率的行业异质性——来自中国制造业的经验证据［J］．管理工程学报，2014，28（3）：33-41.

［49］张浩，孟宪忠．不同机构类型的 R&D 效率 DEA 评价与比较［J］．科学学与科学技术管理，2005，26（12）：78-82.

［50］余晓，王晓军，王虹．浙江省 R&D 投入现状及不同机构类型 R&D 产出效率评价［J］．工业技术经济，2010（11）：117-121.

［51］樊维，王新红，冯套柱．三大研发主体 R&D 投资结构效率比较分析［J］．西安科技大学学报，2011，31（2）：241-247.

［52］吴玉鸣．空间计量经济模型在省域研发与创新中的应用研究［J］．数量经济技术经济研究，2006，23（5）：74-85.

［53］王晓红，陈浩，孙玮．“十五”期间我国 R&D 效率省域差异的实证研究［J］．评价与管理，2009，7（4）：21-26.

［54］宗声．中国省域工业企业 R&D 效率测度及评价［J］．商业时代，2014（11）：119-120.

［55］肖泽磊，封思贤，韩顺法．我国高技术产业两阶段效率的测算及其提升路径分

析——基于改进 SBM 方向性距离函数的实证 [J]. 产业经济研究，2012 (4)：10-18.

[56] 王晓珍，吉生保，党建民. 基于改进网络 DEA 的战略性新兴产业再审视——以医疗器械产业和医药产业为例 [J]. 山西财经大学学报，2013，35 (5)：69-80.

[57] 吴瑛，杨宏进. 基于 R&D 存量的高技术产业科技资源配置效率 DEA 度量模型 [J]. 科学学与科学技术管理，2006 (9)：28-32.

[58] 孟卫东，孙广绪. 中国高技术产业各行业资源配置效率研究——基于 R&D 存量 Malmquist 指数方法 [J]. 科技管理研究，2014，34 (4)：38-42+79.

[59] 曹勇，苏凤娇. 高技术产业技术创新投入对创新绩效影响的实证研究——基于全产业及其下属五大行业面板数据的比较分析 [J]. 科研管理，2012，33 (9)：22-31.

[60] 单春霞. 基于 DEA-Malmquist 指数方法的高技术产业 R&D 绩效评价 [J]. 统计与决策，2011 (2)：70-74.

[61] 谢强华. R&D 绩效的度量与评价：国外相关领域的研究进展 [J]. 科研管理，1998 (3)：18-23.

[62] 蔡虹，高杰，许晓雯. R&D 投资经济效果的实证研究 [J]. 科学学研究，2004，22 (1)：53-58.

[63] 姚佐文，陈信伟. 滞后效应视角下的 FDI、R&D 对我国技术创新能力的影响及演变 [J]. 预测，2012，31 (2)：44-49.

[64] 陈劲，梁靓，吴航. 开放式创新背景下产业集聚与创新绩效关系研究——以中国高技术产业为例 [J]. 科学学研究，2013 (4)：623-629.

[65] 白云飞，潘忠志. 我国 R & D 投入对于科技创新的时滞效应研究 [J]. 科技管理研究，2015 (4)：1-5.

[66] 曾春媛，范奇伟，单鹏飞，等. 基于知识溢出的 R&D 时滞性理论及实证研究——以北京地区为例 [J]. 北京理工大学学报（社会科学版），2014，16 (2)：47-52.

[67] 方文中，罗守贵. 自主研发与技术引进对全要素生产率的影响——来自上海高新技术企业的实证 [J]. 研究与发展管理，2016，28 (1)：1-9.

[68] 孟庆祥. 研发投入提升企业盈利能力的滞后期研究 [D]. 成都：西南财经大学，2009.

[69] 梁莱歆，张焕凤. 高科技上市公司 R&D 投入绩效的实证研究 [J]. 湖南医科大学学报（社会科学版），2005，11 (2)：232-236.

[70] 郭研，刘一博. 高新技术企业研发投入与研发绩效的实证分析——来自中关村的证据 [J]. 经济科学，2011 (2)：117-128.

[71] 何玮. 我国大中型工业企业研究与开发费用支出对产出的影响——1990—2000

年大中型工业企业数据的实证分析［J］. 经济科学，2003（3）：5-11.

［72］Vol. N. R&D Capital，Rate of Return on R&D Investment and Spillover of R&D in Japanese Manufacturing Industries［J］. Review of Economics & Statistics，1989，71（4）：555-564.

［73］徐冬林，郭云南 . R&D 投入对中国经济增长的动态时滞效应分析［J］. 中南财经政法大学学报，2007，165（6）：36-43.

［74］李培楠，赵兰香，万劲波，等 . 创新要素对产业创新绩效的影响——基于中国制造业和高技术产业数据的实证分析［J］. 科学学研究，2014，32（4）：604-612.

［75］Calomiris C W，Fisman R，Wang Y. Profiting from government stakes in a command economy：Evidence from Chinese asset sales ☆［J］. Journal of Financial Economics，2010，96（3）：399-412.

［76］刘焕鹏，严太华 . 我国高技术产业 R&D 能力、技术引进与创新绩效——基于省际动态面板数据模型的实证分析［J］. 山西财经大学学报，2014（8）：42-49.

［77］綦良群，王成东，蔡渊渊 . 中国装备制造业 R&D 效率评价及其影响因素研究［J］. 研究与发展管理，2014，26（1）：111-118.

［78］Wang E C，Huang W. Relative efficiency of R&D activities：A cross-country study accounting for environmental factors in the DEA approach［J］. Research Policy，2007，36（2）：260-273.

［79］Wang E C. R&D efficiency and economic performance：A cross-country analysis using the stochastic frontier approach［J］. Journal of Policy Modeling，2007，29（2）：345-360.

［80］Etzkowitz H，Leydesdorff L. Universities and the Global Knowledge Economy：A Triple Helix of University-Industry-Government Relations［M］. London：Pinter，1997.

［81］左铠瑞，宫建成 . 中国区域 R&D 效率变化测度及其影响因素研究［J］. 科学学与科学技术管理，2016，37（4）：79-88.

3 创新环境、R&D 经费配置结构与创新绩效关系的理论研究

目前学术界关于 R&D 经费配置对创新绩效影响的相关研究尚未有统一结论，且鲜有学者提出具体的 R&D 经费配置结构优化方案；同时，在创新环境、R&D 经费配置结构与创新绩效的交互关系研究方面也有待深入。首先，本章基于现有相关经典理论，论述了 R&D 经费配置结构优化研究的必要性，为整体研究思路提供了理论依据；其次，在基础理论的指导下，使用 CiteSpace 可视化图谱分析法对现有关于创新环境的文献进行梳理总结，归纳出创新环境系统构成维度；最后，基于基础理论的耦合关系分析和创新环境系统内部逻辑分析，探讨创新环境系统、R&D 经费配置结构和创新绩效的关系，进而构建本研究成果的整体研究框架，具体如图 3-1 所示。

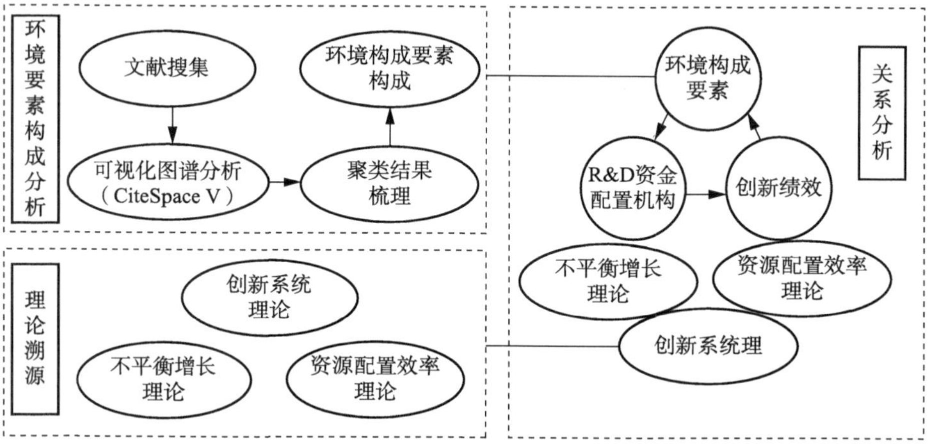

图 3-1 理论框架研究思路

3.1 基础理论

3.1.1 创新系统理论

（1）国家创新系统

创新系统理论起源于 20 世纪 80 年代末 90 年代初，具体可分为国家创新系统、区域创新系统和产业创新系统。Freeman 最先提出“国家创新系统”的概念，他认为国家创新系统的发展和演变对该国的技术进步和技术追赶起着重要的作用。一个国家完全利用纯粹的市场经济体系来发展本国的经济是不够的，政府必须提供某种支持建立并完善国家创新系统。这种系统联系着公共部门和私人部门，从而形成网络结构，通过网络中各种因素的互动使社会资源特别是科技资源达到优化配置，促进全社会技术的变革与扩散（邱建华，2013）[120]。

随后 Lundvall、Nelson、Metcalfe 等对 Freeman 的国家创新系统理论进行了完善补充，他们开始注重研究知识的产生和积累以及对知识传播和人力资本的研究（周青等，2012[121]）。OECD 在 1996 年对国家创新系统进行了明确定义，该组织认为国家创新系统是一组独特的机构，它们分别地或联合地推进新技术的发展和扩散，提供政府形成和执行关于创新政策的框架，是创造、储存和转移知识、技能和新技术的相互联系的机构系统（周青，2012[121]）。这是目前普遍认同的国家创新系统理论，他强调各种正式的机构和制度，如高等院校、科研机构、金融机构、法律制度和社会性管理体制等在区域创新环境方面的重要性。

（2）区域创新系统

区域创新理论是从国家创新理论发展而来，由 Philip Cooke 教授于 1992 年正式提出，他认为区域创新系统是一种区域性的组织系统，由地理上相互分工且有关联性的企业、高校、研究机构组成，该创新系统的功能就是促进区域创新。其中各创新主体间充分的互动交流、资源共享是创新活动的关键。在 Cooke 教授研究的基础上，其他学者如 Asheim 和 Isaksen、David Do loreux

等、Buesa 等也对区域创新系统做出了定义，普遍认为区域创新系统由主体要素、功能要素和环境要素构成。

（3）产业创新系统

20 世纪 90 年代，Malerba 和 Breschi 等在国家创新系统和技术系统研究的基础上，结合演化经济学理论和动态学习理论，提出了产业创新系统概念，他们认为一系列部门在某种产品的创造、生产和销售中，产生了大量的市场和非市场的互动，这种互动就是产业创新系统。产业创新系统中参与者的交互作用，即在创新和生产过程中，各参与者的知识溢出和互相学习是产业创新系统的关键所在。

（4）创新系统理论

国家和区域创新体系是一个国家或区域促进创新的网状结构，是众多创新行为主体及其互动构成的网络体系。行为主体是政府、企业、高等院校、科研机构及中介机构，并强调各行为主体间的相互关联、协同共生。在这个体系中，企业是技术创新的主体，高等院校和科研机构是知识创新的主体及科技知识的供应者和创新源，政府是协调机构及政策支持者和导向者，中介机构为技术转移和扩散提供方便。创新体系的主要任务是启发、引进、改造、传播、应用新知识和新技术，配置创新资源，优化产业和组织结构，促进创新活动和经济发展（徐晓雯，2010[122]）。

科技创新活动可以由不同创新主体不同环节的创新活动组成创新链。从资金来源环节看，由于基础研究的公共产品属性，私人不愿对其进行投入，但是基础研究是整个创新活动的基础，所以政府承担了绝大部分基础研究的投资责任。在应用研究中，共性技术是跨行业、跨产业的交叉技术，能够为多项产品和相关技术的发展提供支持，其高度的效益外溢性也决定了政府必须介入共性技术的研发。而试验、应用和产品市场环节，由于具有私人产品特性，可进入市场由企业和其他机构进行投资。从创新过程看，在创新链前端，高等院校和科研院所等形成的公共科研机构，主要从事基础性科学理论与技术理论的研究，以及应用性的技术研究，很少进行技术和商业化活动；在创新链末端，企业负责将创新链前端的技术知识进行产业应用，从而通过利润实现企业为研发投入的回收和价值增值，通过对政府的税收贡献实现前期高等院校、科研机构等公共科研机构基础研究研发投入的回收和国家层面的价值增值；在创新链中，公共科研机构和企业、中介等通过合作研发共性技术或者技术转移，实现科技知识由理论向产业的转换。

由基础性的科技理论研究—理论的产业应用—产业应用产生利润财富—获取利润和税收—投入到新基础性科技理论创新和技术创新的活动中，这样就形成了国家、区域层面的由科技创新产生财富，再由财富产生技术创新的价值增值的良性循环。

要建立这种良性循环，就必须建立由政府、企业、高等院校、科研机构、中介机构等通过建设性的相互作用构成网络结构，这种网络结构就是国家和区域创新体系。创新各主体之间相互作用越频繁、其联系的网络结构越完善，知识存量和流动速度在创新链上的流动速度就越快，由技术到财富的周期就越短，创新资源的配置效率就越高，整个国家和区域创新体系的绩效也就越高（田军伟，2012）[123]。

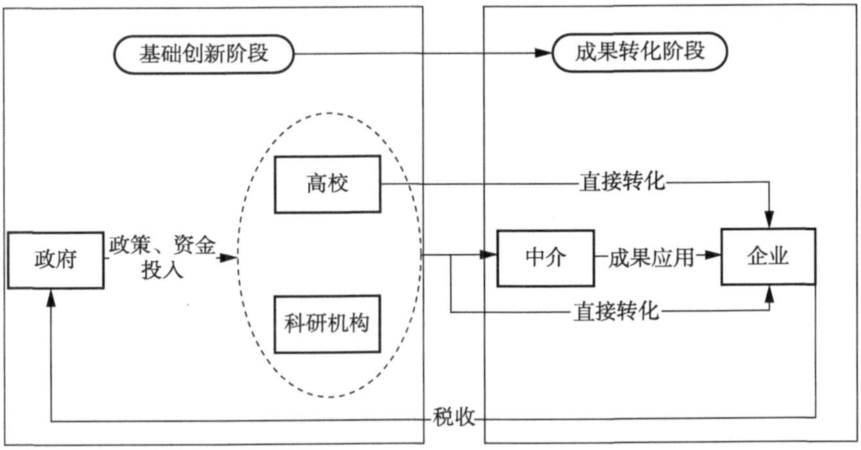

图 3-2　创新系统理论

综上所述，根据创新系统理论，如图 3-2 所示，政府、高校、科研机构、中介机构和企业在创新活动中扮演着不同角色，共同构成了科技创新系统网络。在前期基础理论创新阶段，主要依靠政府 R&D 投入来刺激高校和科研机构进行基础理论创新，然后通过中介服务机构，在企业中实现科技成果转化，而企业通过创新活动所获得的利润又通过税收的形式反馈给政府，以此形成良性循环。在整个创新系统中，R&D 资源在各个主体之间流动、转化，合理的资源配置能够提升整个国家和区域的创新绩效。

3.1.2 资源配置效率理论

在经济活动中，效率可以被描述为在一定技术水平下，通过有限投入来尽可能满足人们需要的程度。因此，强调效率的前提在于资源的稀缺性。资源的稀缺性的广泛存在使资源配置问题成为经济学研究的核心；而效率作为对资源配置状态的描述自然也就成为经济学关注的焦点，并且随着经济学理论的不断发展对效率的认识与理解也处于不断深化和完善的过程之中。

（1）古典经济学与资源配置效率理论

古典经济学认为市场作为资源配置的动力机制，通过利益诱导实现对社会资源的配置，从而有利于资源配置效率的提高。重点强调了市场对稀缺资源的配置，认为在公平竞争条件下，通过市场利益的诱导，能够实现对社会资源的优化配置（孙绪华，2011[124]）。

它对资源配置问题的经典性论述，可追溯到 1776 年亚当·斯密的《国民财富的性质和原因的研究》，其中对“看不见的手”——市场对稀缺资源配置的机理与作用进行了论述。亚当·斯密认为，在经济自由的条件下，自然存在着一种调节机制引导资源的优化配置。他认为人们所处的这种经济自由的条件是指“每一个人，在不违背法律时，都应赋予其完全自由，让他采取自己的方法，追求自己的利益，以劳动和资本与其他人或其他阶级相竞争”。同时，这种自然存在的调节机制源于“个人的利益与情欲，自然会引导人们将社会资本尽可能地按照最适合于全社会利害关系的比例，分配到国内不同的用途上”。上述论述揭示市场作为资源配置的动力机制，通过利益诱导实现对社会资源的配置，从而有利于资源配置效率的提高。

（2）新古典经济学与资源配置效率理论

新古典经济学家认为，只有在完全竞争性的市场环境下才能实现社会资源的最优配置。由于资源稀缺性的存在，人类面临着“资源有限而欲望无限”的矛盾境地，从而优化资源配置成为新古典经济学研究的核心议题。

新古典经济学做了一系列假设：“经济人”的人格假设、“理性选择”的行为假设和“市场完全性”的环境假设。同时假定消费者偏好、生产技术、生产函数、经济体制等为外生既定变量，封闭地分析市场内变量之间的关系，力图证明“市场是一家精巧的机构，通过一系列价格和市场，它无意识地协调者人们的经济活动”从而实现对稀缺资源的有效配置。

意大利边际学派的帕累托首先提出了衡量资源配置是否处于最优状态的标准，这一标准在经济学中被称为“帕累托最优”。他认为，任何一种状态的改变，只有使社会成员的福利增加，而不使任何一个人的福利减少的时候，社会福利才算真正增加；当经济已经处于这样一种状态，其中任何人福利的增加都不可避免地造成他人福利的减少时，经济就达到了资源的最佳配置，社会福利就达到了最大。帕累托最优状态理论可以说是新古典经济学中关于资源配置的综合性理论分析，其主要意义在于理论上的指导性，但其严格的假设、缺乏实际分析的测度方法，使其像“完全竞争市场”模型一样只是一个远离现实的抽象的理论，并没有真正出现过（刘玲利，2007[125]）。帕累托最优状态回避了两个问题：一是没有谈及福利在社会成员中的分配问题；二是其状态不是唯一的，甚至不一定是最好的[126]。

帕累托最优状态要求社会成员任何个人利益的增加都不能以牺牲其他人的利益为代价，从而这种状态虽具有理论上的可行性，但在现时经济中很难实现。因为变革往往会使一部分人受益，同时就不可避免会使一部分人遭受损失。因而，卡尔多、希克斯根据现实中一部分人福利增加而另一部分人福利减少的状态，提出了“补偿原理”，又称“潜在帕累托最优状态”。这种状态的实现需要同时满足以下两个条件：一是通过改变，得者可以补偿失者的损失，并仍觉有所改善；二是不出现这种情况，即失者可以补偿得者，使其不愿做这种改变，而且做出补偿的失者不觉得比改变后更坏。从而政府可以通过对受益者征收特别税而对受损者支付补偿金的办法，使受损者保持原来的福利地位。如果补偿后还有剩余则说明整个社会的福利状况有所改善。但是补偿性原理自身存在着不可克服的内在矛盾，即补偿金大小的确定及其对双方的效用，具体见图3-3。

基于此，本研究成果认为现实生活中资源的稀缺性特征使得关于资源配置结构优化的研究具有重要意义，尤其对于创新活动来说，创新资源的合理

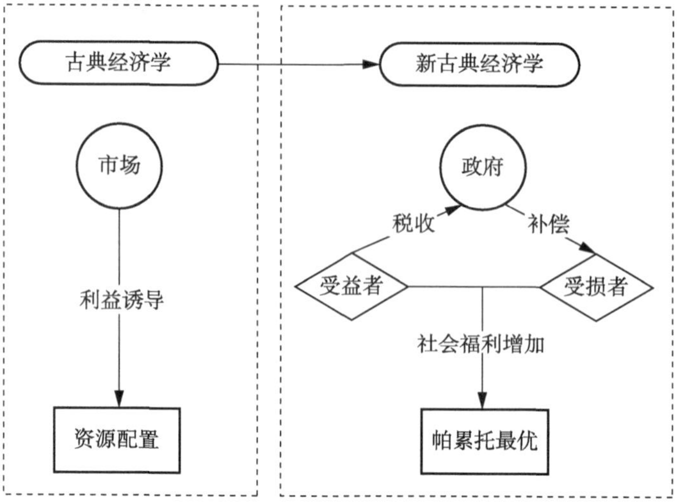

图 3-3　资源配置效率理论演化

分配是提高创新效率的重要途径，这为本研究成果的研究提供了理论基础。同时，新古典经济学又指出，政府在资源配置中发挥着重要的作用，它是创新资源分配的“有形之手”，因此，R&D 经费的有效配置离不开政府的宏观调控，本研究成果通过对 R&D 经费这一创新稀缺资源的优化配置，为政府充分发挥资源调动作用提供了政策依据。

3.1.3　不平衡增长理论

（1）赫希曼的不平衡增长理论

不平衡增长理论（如图 3-4 所示）由德国发展经济学家赫希曼提出，该理论认为发展是一种不平衡的连锁演变过程，在资源有限的情况下，由于地区的经济发展基础存在差异、区位优势不同，社会经济发展应当依据不平衡发展规律，有重点、有差异地选择具有优势条件的地区先行发展，形成“发展极”，周边和其他地区则可通过区域发展极的扩散效应逐步发展。

经济学家 Williamson 在此基础上提出一种倒 U 型理论，进一步论述了不平衡发展的预期结果，区域经济成长是一个从不平衡到相对平衡的演变过程；在区域发展初期，区域经济差异呈拉大趋势，这种不平衡表现在生产要素首先集中在少数点或地区（发展极）上，可以获得较好的效益和发展。在区域成长后期，聚集经济向周边地区扩散渗透，并使得区域经济差异的进一步缩小（王世豪，2005[127]）。

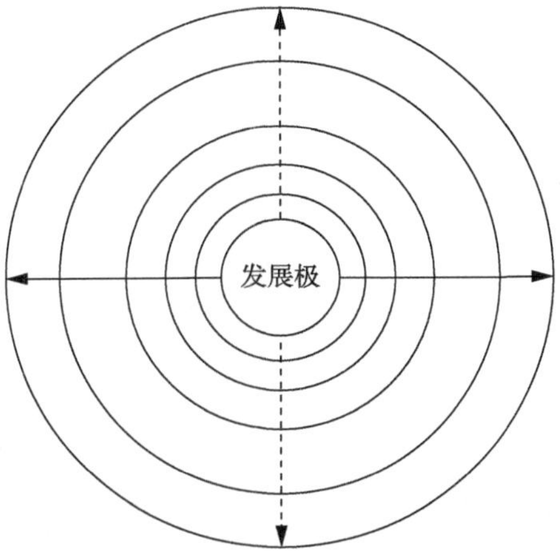

图 3-4 不平衡增长理论：发展极扩散

（2）主导产业论

罗斯托指出，各国近代以来的经济增长，是在各产业增长速度很不相同的情况下取得的，整个经济的增长率常常取决于一些关键产业和部门，这些产业和部门发展的直接、间接效果促进了整个经济的增长，这些产业被罗斯托称为主导产业。罗斯托把经济成长阶段划分为传统社会、为起飞创造前提、起飞、成熟、高额群众消费、追求生活质量六个阶段。罗斯托认为，经济成长阶段的更替表现为主导产业部门的次序变化，现代经济成长过程实际上是主导产业部门的成长过程。经济成长总是由某一部门采用新技术开始，这个部门降低了成本，扩大了市场，增加利润积累，扩大了对其他一系列部门的产品需求，由此推动各个部门成长，带动整个国民经济的持续发展。而当这种持续作用一旦完成，原先的主导部门就让位给新的主导部门，新的主导部门又带动其他部门，进而带动国民经济持续增长（夏锦文和王波，2005[128]）。

从产业部门体系对国民经济的主要作用来说，罗斯托关于主导产业理论，实际上是一种不平衡增长战略，他主张以主导产业带动经济社会发展，与赫希曼的不平衡增长理论所主张的优势区域带动其他地区经济发展的主张不谋而合。

（3）循环累积因果论

1944 年，诺贝尔经济学奖得主冈纳·缪尔达尔在《美国的困境：黑人问题和现代民主》中，第一次提出了循环累积因果论，并运用这一理论说明了“黑人歧视问题的恶性循环”，认为“黑人较低的生活水平”与“白人的黑人歧视意识”密不可分，白人的歧视导致黑人更低的生活水平，而黑人较低的生活和教育水平又引来白人更严重的歧视意识，两者互相强化，恶性循环。

循环累积因果论（如图 3-5 所示）把社会经济作为一个整体，动态分析各相关因素的因果联系，并在分析经济因素时考虑到非经济因素的影响。当某一因素（A）发生变化时，引发另一因素（B）的变化，而 B 因素的变化又反过来影响 A 因素，两者互为因果，不断循环，最终经济社会朝着某一方向不断发展。这种互相影响并非简单的循环运动，而是一种累积性循环，A 因素通过影响 B 因素来加强自身变化程度，形成一种螺旋上升形态，也即循环累积效应。

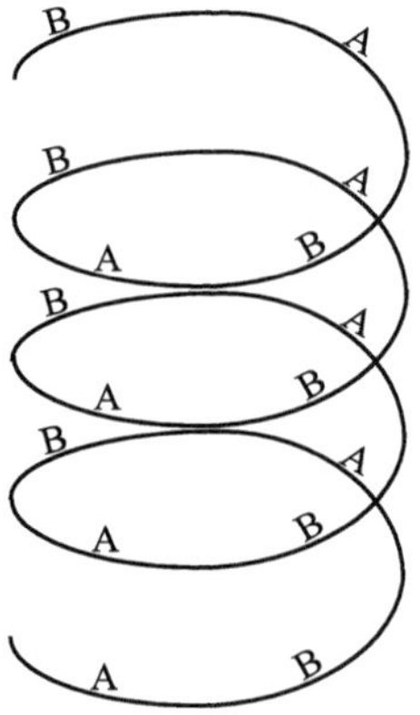

图 3-5　循环累积因果论

在此基础上，1957 年，缪尔达尔在《经济理论和不发达地区》的著作中，提出了“回波效应”（backwash effects）和“扩散效应”（spread effects）这一对概念，如图 3-6 所示，对国民经济发展中的循环累积因果关系进行了说明。“回波效应”是指受收益差异的影响，经济活动扩张地区会吸引周边地区的劳动力、资本、技术等生产要素流入，从而加快该地区的发展，降低周边地区的发展速度，引起地区间差距扩大。“扩散效应”是指当经济活动扩张地区发展到一定程度后，人口稠密、交通拥堵、资本过剩等原因使其生产成本上升、发展速度放缓，导致资本、劳动力、技术等生产要素向周边地区扩散，具有缩小地区之间差距的效果。

尽管这两种效应会同时起作用，但缪尔达尔认为，由于市场机制的作用，回波效应总是先于和大于扩散效应，在连续累积的作用下会带来恶性循环，使经济在空间上出现“二元经济”结构：经济发达地区和经济不发达地区。为此，他指出，政府应该采取可以提高扩散效应的政策，例如，实施土地制度改革、建设社会保障制度、推行平等主义的社会政策等，推动落后地区的经济发展，缩小地区间的经济差距，“使恶性循环发生逆转”（杨龙岗，2014[129]）。

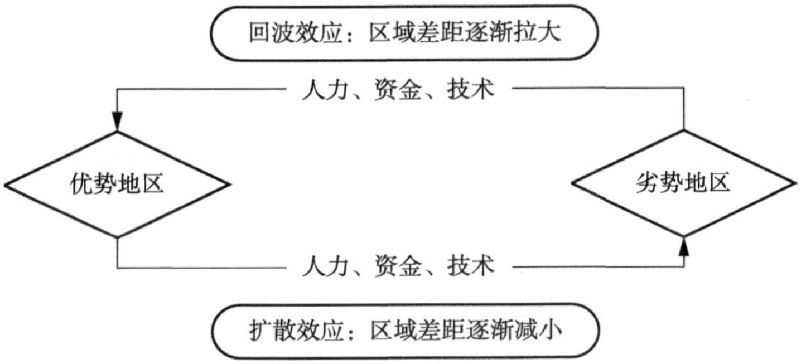

图 3-6　回波效应和扩散效应

根据赫希曼的不平衡增长理论和罗斯托的主导产业论思想，由于不同区域和产业的经济水平和研发基础存在较大差异，所以应当有重点发展优势区域和优势产业，R&D 资源也应当向重点区域和产业倾斜，通过创新的知识溢出和创新成果的社会收益来带动欠发达地区发展。而缪尔达尔的循环累积因果论不仅认同“扩散效应”的存在，而且认为“回波效应”同时存在，也即优先发展优势区域和产业可能会带来两种完全不同的后果：第一种是扩散效应大于回波效应，引发优势区域和产业的创新成果扩散，进而带动劣势区域和产业发展，形成一种累积性的良性循环；第二种是回波效应大于扩散效应，优势区域和产业通过吸收劣势区域和产业的资源快速发展，而劣势区域和产业发展面临严重的资源限制，导致两者之间的差距逐渐扩大，形成一种累积性的恶性循环。

由此可见，单纯的集中 R&D 资源支持优势区域和产业是不可取的，所以如何在各区域和产业间进行合理的 R&D 经费配置，充分发挥优势区域和产业的带动作用的同时又能避免或减少回波效应的发生，成为提高 R&D 经费使用效率，进而提高我国整体创新水平的关键所在。

3.2 创新环境系统构成分析

3.2.1 创新环境系统概述

本研究成果文献数据处理基于 CiteSpace V 可视化工具，该软件是基于 JAVA 程序，用于计量和分析科学文献数据的信息可视化软件。该软件用于捕获不同对象之间关系的细节矩阵，并以可视化的图像直观地展现出来，增强人们对这些抽象信息的认知。

（1）文献时间分布

文献数量的变化情况是衡量该领域研究进展的重要指标。据文献数量年度分布状况制表，如表 3-1；并绘制文献分布曲线，如图 3-7。由于 2017 年文献仅选取到 8 月，所以对文献年份的分布趋势的分析忽略 2017 年。可以发现关于创新环境的文献的数量从 2009 年开始呈现明显递增趋势，特别是在 2012 年后出现大幅增加并且增加的趋势延续到 2016 年，可见创新环境系统对创新绩效的影响是当前学者关注的重点也是未来研究的一个重要课题。

表 3-1　文献数量年份分布

年份	2009	2010	2011	2012	2013	2014	2015	2016
数量	101	113	125	138	177	187	191	191

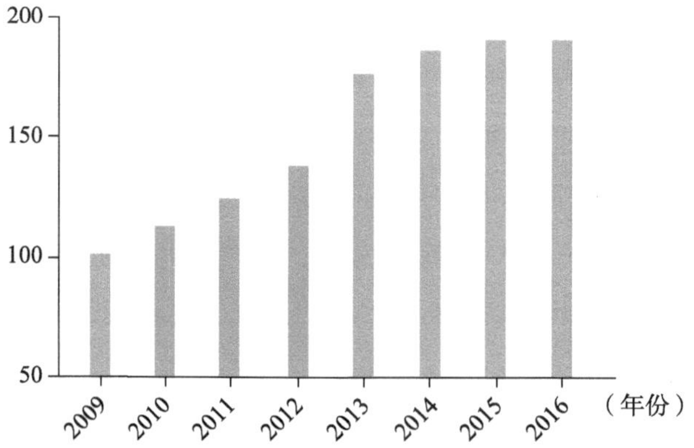

图 3-7　文献数量年份分布

（2）高产作者分布

用 CiteSpace 对以创新环境为主体的高产作者进行分析，如表 3-2、图 3-8。可以发现目前对创新环境问题进行研究的高产作者成果数量仍较少，研究的主要方向是创新环境对创新绩效的影响。发文频次最多的作者张宗益，其被引频次最多的文献是《创新环境对促进我国区域创新能力的影响》，作者从宏观角度以除港、澳、台、西藏外 30 个省级行政单位为研究对象，从宏观角度进行分析。研究发现，创新环境对创新能力具有显著影响，欲增创新能力要积极发挥政府作用、完善市场结构、优化产业结构[139]。张永安(2014)[130]从微观角度进行分析，分析了北京市创新政策对中关村企业创新效率的影响作用。

表 3-2　创新环境研究高产作者及被引最多文献

作者	发文频次	被引频次最多文献
张宗益	6	创新环境对促进我国区域创新能力的影响
邵云飞	5	基于内生增长模型的区域创新能力影响因素研究
刘和东	5	中国区域研发效率及其影响因素研究——基于随机前沿函数的实证分析
廖中举	5	中国区域环境创新绩效评价与研究
张永安	4	区域创新政策对企业创新效率影响的实证研究

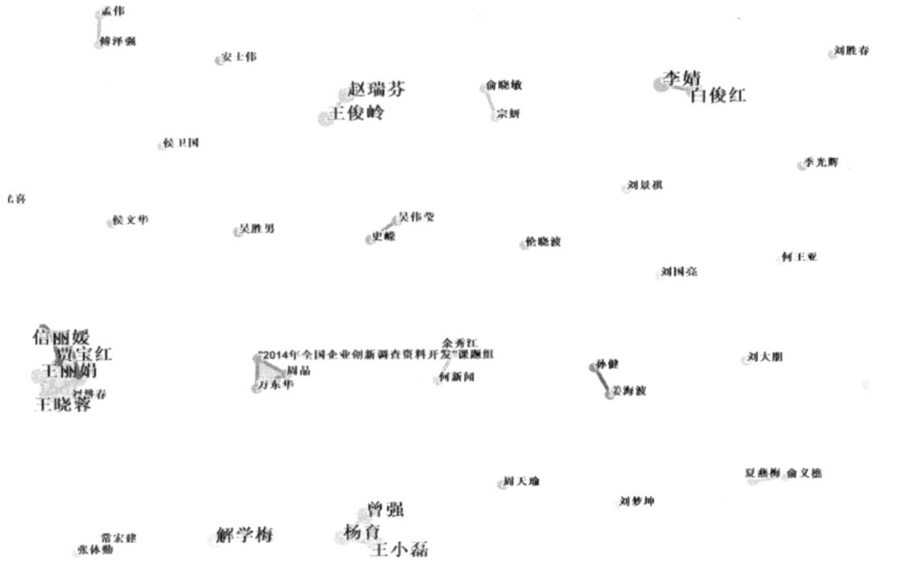

图 3-8　创新环境研究高产作者可视化结果

（3）研究机构分布

国内对创新环境进行研究的机构可视化结果如表 3-3、图 3-9 所示。可以发现对创新环境研究较多的机构大多处于东部和中部地区，其中产出最多的 18 所机构有 12 所位于东部。从节点连接强度来看，连接强度较强的两个机构往往处在相近位置或同一部门中。如北京科技大学和石家庄经济学院、长春工程学院管理学院和吉林省城市建设发展研究中心，中央财经大学商学院和中央财经大学中国民生经济研究中心、浙江大学管理学院和浙江大学公共管理学院。处于相近位置或同一部门中的机构进行合作大大减少了前期的沟通协商等准备工作，同时在一定程度上保证了交流合作的及时有效。但是，这样的协作易受到地域因素的限制，影响合作机构所能获得资源的丰富性，导致创新活动不能充分适应市场需求，在一定程度上不利于产学研相结合。

表 3-3　创新环境研究数量分布

机构	课题数量
哈尔滨工程大学经济管理学院	18
重庆大学经济与工商管理学院	13
南京航空航天大学经济与管理学院	10
中国科学技术大学管理学院	10
华南理工大学工商管理学院	7
上海交通大学安泰经济与管理学院	7
武汉理工大学工商管理学院	6
华中科技大学管理学院	6
上海大学管理学院	6
电子科技大学经济与管理学院	5
浙江理工大学经济管理学院	5
浙江大学管理学院	5
浙江大学公共管理学院	5
天津大学管理学院	5
哈尔滨理工大学管理学院	5
南京工业大学经济管理学院	5
中国矿业大学管理学院	5
中南大学商学院	5

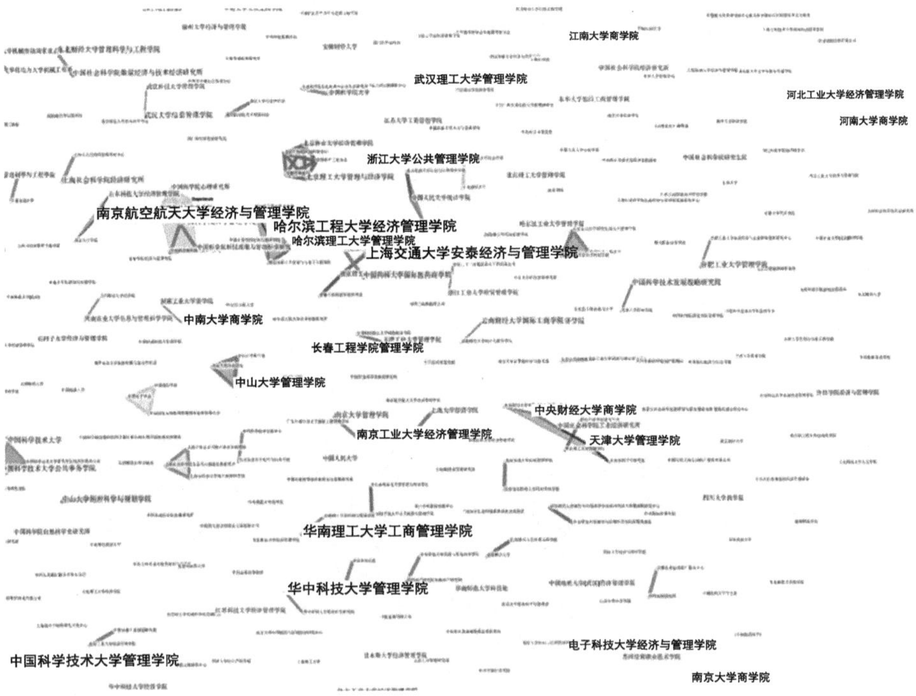

图 3-9 创新环境研究高产机构可视化结果

3.2.2 创新环境系统要素构成

将通过聚类得到的轮廓值按大小顺序排列，轮廓值大小反映的是轮廓内部节点的紧密和分离程度。由于单从聚类名称很难得到热点词所包含的具体信息，因此需要结合子聚类进行更为深入的分析。对创新环境文献的共词聚类进行分析，如表 3-4、图 3-10。

表 3-4 创新环境共词聚类

轮廓值	聚类编号	聚类名称	子聚类名称
0.961	#10	开放式创新	技术创新能力、商业模式等
0.901	#9	制度环境	市场环境等
0.883	#6	自主创新环境	企业竞争等
0.865	#7	区域创新环境	基础设施水平等
0.846	#4	技术创新效率	创新驱动、企业创新等
0.793	#3	创新环境	地方政府等

续表

轮廓值	聚类编号	聚类名称	子聚类名称
0.783	#1	科技工作	基础研究等
0.723	#5	创新效率	高技术产业等
0.717	#8	协同创新	培养模式等
0.609	#0	影响因素	创新绩效、商业模式创新等

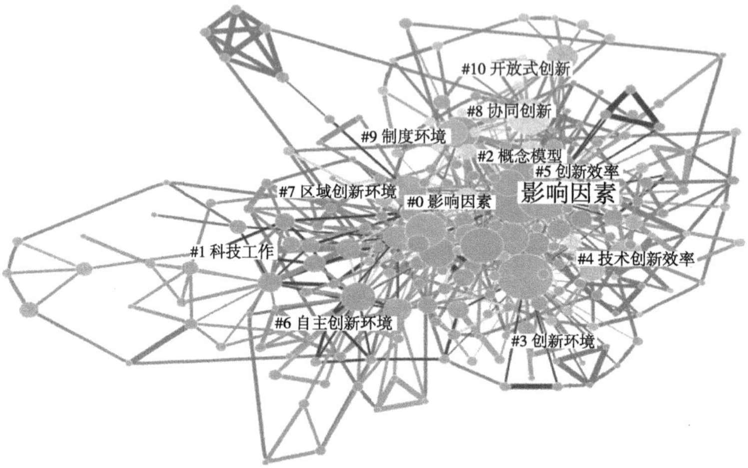

图 3-10　创新环境文献的共词聚类

对以上聚类进行筛选，剔除与本研究成果主要研究内容相关性明显较弱的聚类后，对剩余聚类进行分析，具体如下。

（1）政府支持

聚类#3 创新环境包含子聚类地方政府等。政府是建设良好创新环境的主要建设者，政府作为国家创新体系中制度创新主体，为企业提供财政、税收、金融和产业方面的政策支持，促进创业企业进行技术创新资源的优化配置（刘小元和林嵩，2013[131]）。产业创新产出离不开政府，政府对创新产出有显著影响。一方面，政府通过完善法律规范、保障市场秩序、促进创新人才培养等方式间接影响创新产出（朱建新和冯志军，2009[132]）；另一方面，由于 R&D 投入的外部经济性有利于产业整体创新研发能力的提升和社会长远发展（郭迎锋等，2016[133]），政府往往也会通过 R&D 投入的方式直接影响我国自主创新绩效（樊琦和韩民春，2011[134]）。已有研究表明，相对于直接财政拨款，政府更倾向于以间接影响创新绩效。政府的直接补贴政策存在较为严重的信息不对称现象，企业有寻租空间，而间接补贴市场化程度更高，信息更为透明化，企业可寻租的空间较小，因此间接补贴效果更好。多数学者认为，由于边际效用的存在，政府支持力度与企业创新绩效呈倒“U”型关系。刘虹（2012）认为在一定补贴金额或补贴率以下，政府支持对企业创新绩效的促进程度随着补贴率或补贴金额的增大而增大，而超过这一限度后，其促进作用呈现下降趋势[135]。关于这个临界值的问题，一些学者通过定量研究确定了最佳补贴金额，但由于选取的样本和研究方法不同，实证结果也存在较大差异。

由此可见，国内学者认为聚类#3 是创新环境的重要组成部分，笔者把以上影响因素归纳为政府支持。

（2）市场发育程度

聚类#9 制度环境包含子聚类市场环境等，聚类#6 自主创新环境包含子聚类企业竞争等。市场调节在资源配置过程中发挥着重要作用，市场发育程度高的地区，企业研发投资对于市场敏感性更强（Calomiris 等，2010[113]）。成力为和孙玮（2012）[136]从创新结构红利的成本视角，采用三阶段 Cost - Malmquist 指数法分析我国高技术行业创新配置效率。研究发现市场发育程度与创新绩效存在着正相关关系。郝颖和刘星（2010）[137]通过对上市公司的创新活动进行研究，得到了相同的更为普遍的结论。张宗和和彭昌奇（2009）[138]进一步明确了市场发育程度对创新绩效的影响路径，他们认为，市场发育程度对技术创新的影响是通过企业来发挥作用，根据企业对市场竞争的敏感度从而对市场化程度做出不同的反应。综上所述，市场发育程度不仅对企业创新绩效产生显著影响，而且多数研究表明在市场发育程度较高地区和产业，R&D 经费配置效率更高。

由此可见，许多学者认为市场发育程度是创新环境的重要组成部分。

（3）区位优势和经济基础

聚类#7 区域创新环境包含子聚类基础设施水平等。党文娟等（2008）[139]、周景坤和段忠贤（2013）[140]、丁生喜和王晓鹏（2016）[141]指出区域创新环境与区域创新绩效存在着高度的正相关，区域创新环境一方面直接影响创新要素投入，从而直接影响创新绩效；另一方面，区域创新环境通过影响创新氛围，间接影响创新绩效。区域创新环境对高校和企业影响显著，比如吴玉鸣（2010）[142]、薛捷（2015）[143]分别基于区域创新系统和因素分析法、空间计量经济学的地理加权回归模型，探讨区域创新环境对不同创新主体创新活动的影响，发现良好的区域创新环境为创新主体学习和创新活动的开展提供了保障。另外，张莹和张宗益（2009）[144]从宏观层面上对重庆市区域创新环境的五个分量进行经验讨论，在构建 panel-data 模型基础上，通过区域创新环境五个分量对创新绩效的影响进行回归，发现基础设施、市场需求、劳动者素质的投入对区域创新绩效有显著影响。黄攸立等（2011）[145]、关皓元等（2016）[146]也得到了相似的结论。具体来说，创新环境主要是通过影响 R&D 经费投入影响创新绩效。由于经济基础和区位优势的差别，绝大部分研究都认为我国东、中、西部创新绩效存在差异（赵惠芳等，2008[147]；申菊梅和赵建斌，2009）[148]。比较发现，使用 SFA 方法和道格拉斯生产函数的结果显示东部发达地区的创新绩效显著高于中西部地区。

由此可见，国内学者认为聚类#7 是创新环境的重要组成部分，笔者把以上影响因素归纳为区位优势和经济基础。

（4）产业结构

聚类#5 创新效率包含子聚类高技术产业等。学术界普遍认为产业结构与 R&D 经费配置结构互相影响，即 R&D 经费配置对产业结构的优化升级具有显著促进作用，实现经济增长模式由“资源推动”型向“创新推动”型的转变，最终推动经济的增长（Romer，1986[149]；谢兰云和曲永义，2010[150]）。一些学者对劳动密集型产业和技术密集型产业进行了对比研究，发现相对于劳动密集型产业而言，技术密集型产业对 R&D 的依赖性更大，如纺织业的技术依赖度就明显低于电子产业，因此，电子产业的企业更需要通过 R&D 创新在市场上获得竞争优势，创新积极性较高，R&D 投入和产出规模也往往明显超过其他产业（David，2000[68]）。Almus 和 Czarnitzki（2003）[151]、Blanes 和 Busom（2004[152]）、姜宁和黄万（2010）[53]分别用德国、西班牙和中国高技术产业数据证明了这一结论。

由此可见，国内学者认为聚类#5 是创新环境的重要组成部分，笔者把以上影响因素归纳为产业结构。

（5）研发基础

聚类#4 技术创新效率包含子聚类创新驱动、企业创新等，聚类#8 包含子聚类培养模式等。研发基础主要包含研发技术和研发人员两个方面。国内关于研发技术的研究主要集中在研发技术的创新激励和影响因素（蔡树堂和吕自圆，2015[153]；韩先锋等，2014[154]）。研究发现环境规制对研发技术进步具有显著的促进效应，印证了“波特假说”在部分领域是成立的。同时，即随着环境规制强度的增加，其对工业行业研发技术进步有先提高后降低的影响趋势，也表明“波特假说”在中国工业行业成立是有条件的。科技创新人才是创新型国家建设的重要要素（陈建武和张向前，2015[155]），高端人才科技创新能力研究是研究科技创新的前提（李欣和李娜，2015[156]）。对研发人员的研究主要集中在创新人才的培养及人才创新绩效评价。刘贵芹（2014）[157]、徐新洲等（2014）[158]、周绪红（2016）[159]通过对目前创新人才培养机制进行研究，发现我国人才培养主要存在以下两方面不足：一是理念不能充分适应市场，人才培养目标与人才实际需求脱轨；二是人才培养模式欠完善，政策保障和评价机制有待加强。并针对以上问题提出建议：首先，改革培养过程，优化专业设置结构，适应市场需求。其次，做好创新协同顶层设计，建立聚集社会资源的有效协同培养机制。最后，实施国际化的培养方案。在评价机制方面，刘扬和孔繁士（2013）[160]在综合评价原则、同行评议原则和量化可比原则下，建立“三位一体”的高校创新人才综合评价指标体系。兰玉杰等（2011）[161]以安徽省上市公司为例，通过问卷调查和因子分析等方法，构建创新型人才评价指标体系，对上市公司创新型人才创新绩效进行实证研究。沈春光等（2010）[162]在分析区域科技人才创新能力的影响因素的基础上，建立多层次评价指标体系，并运用灰色系统理论探讨了区域科技人才创新能力的灰色综合动态评价方法。人才是社会创新的基础，创新驱动的实质是人才驱动。建立符合以创新驱动为导向的科技人才评价体系，在创新人才绩效评价过程和绩效评价指标中体现创新导向，对推动创新驱动发展战略实施具有重要意义（盛楠等，2015[163]）。抓住科学思维、科学方法、科学工具“三个层面”，重点面向科研机构、企业、高校“三个对象”、着重把握技术、管理和体制“三个领域”，是培养自主创新人才关键。

由此可见，国内学者认为聚类#4 和#8 是创新环境的重要组成部分，本研究成果将以上影响因素归纳为研发基础。通过对国内关于创新环境的文献进行分析，发现学者普遍把政府支持、市场发育程度、区位优势、经济基础、产业结构、研发基础作为创新环境的主要组成部分。

3.3 创新环境、R&D 经费配置结构与创新绩效的关系推演

3.3.1 基础理论耦合关系分析

为清晰创新环境、R&D 经费配置结构与创新绩效三者的理论关系，对本研究成果所用的三大基础理论的核心观点梳理，分析基础理论的耦合关系，为后续三者关系的分析提供理论基础（见表 5-5）。

（1）基础理论内部逻辑分析

表 3-5　三大理论主要观点

	主要观点
创新系统理论	国家和区域创新体系是一个国家或区域促进创新的网状结构，是众多创新行为主体及其互动构成的网络体系。在整个创新系统中，R&D 资源在各个主体之间流动、转化，合理的资源配置能够提升整个国家和区域的创新绩效。
资源配置效率理论	由于资源稀缺性，人类面临着“资源有限而欲望无限”的矛盾境地，从而优化资源配置成为经济学研究的核心议题。古典经济学强调市场在资源配置中的重要作用，而新古典经济学又指出，政府在资源配置中发挥着重要的作用，它是创新资源分配的“有形之手”。
不平衡增长理论	在资源有限的情况下，由于地区的经济发展基础存在差异、区位优势不同，社会经济发展出现不平衡发展规律。 赫希曼的不平衡增长理论：以优势区域带动其他区域发展。 主导产业论：以主导产业带动经济社会发展。 循环累积因果论：优先发展优势区域和产业会同时存在“扩散效应”和“回波效应”，可能带来两种后果：第一种是扩散效应大于回波效应，引发优势区域和产业的创新成果扩散，进而带动劣势区域和产业发展，形成一种累积性的良性循环；第二种是回波效应大于扩散效应，优势区域和产业通过吸收劣势区域和产业的资源快速发展，而劣势区域和产业发展面临严重的资源限制，导致两者之间的差距逐渐扩大，形成一种累积性的恶性循环。

理论梳理后发现，创新系统理论强调创新主体间的资源流动、互动交流；资源配置效率理论认为资源的稀缺性是资源配置成为提高效率的有效手段，并强调市场和政府调节重要作用；不平衡增长理论则认为区域和产业发展不平衡导致资源集聚效应存在差距，形成增长极，一些学者主张优先发展优势区域或产业，以此扩散到其他区域；另一些学者担心“回波效应”导致地区和产业的不平衡发展现象加剧。

一方面，在资源配置理论强调的市场调节作用下，创新系统中的创新资源向研发基础较好的区域、产业和企业流动集聚，导致各区域、产业和企业创新发展不平衡，形成增长极，这与不平衡增长理论不谋而合；另一方面，不平衡增长理论中，无论是赫希曼和罗斯托所主张的优先发展创新系统中的优势区域、产业或企业，还是缪尔达尔主张的“扩散效应”大于“回波效应”，其目的都是优化资源配置，提高资源利用效率，这又与资源配置效率理论殊途同归。整个过程的前提是资源在创新系统内能够自由流动，且市场的调节功能得到充分发挥，这是创新系统理论的主要观点。三个理论相辅相成，最终实现资源配置效率最优化，如图 3-11 所示。

这种效率最优化从理论上来看是可实现的，然而，现实中存在的市场失灵现象使得这种效率最优化仅在理论上可行。这时需要政府进行宏观调控，缓解由市场失灵造成的资源配置效率低下。因此政府应当主动进行科技资源配置，以替代市场的调节功能。

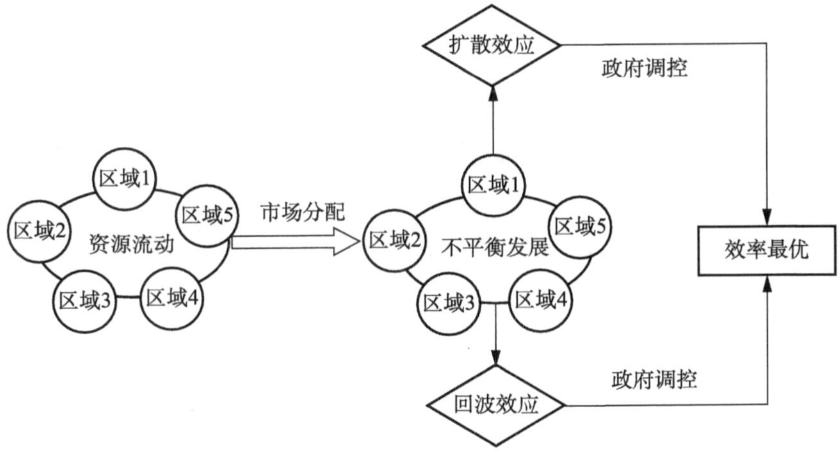

图 3-11　基础理论内部逻辑关系

鉴于此，本研究成果就如何在创新系统中进行合理的 R&D 资源分配，充分发挥优势企业和产业的带动作用，而又能尽量避免“回波效应”的产生，最终达到整体创新绩效而非局部创新绩效的提升展开了研究。

（2）研究思路的理论推演

基于基础理论的内部逻辑分析，创新资源受市场支配自由流动从而形成产业或区域不平衡现象，如何在这种不平衡现象中进行区域和产业选择分配，使得 R&D 经费利用效率最高是本研究成果研究的核心话题（如图 3-12 所示）。

创新系统理论强调公共部门（政府）和私人部门（企业）等创新主体在创新网络中的创新行为可以看作是一种系统性行为，其创新绩效受主体要素和环境要素影响较为明显，基于此，本研究成果在研究 R&D 经费配置结构时，将研发基础、产业结构、区位优势、政府支持、市场发育程度和经济基础这六大 R&D 经费配置效率影响因素作为创新环境系统纳入整个研究体系，并使用格兰杰因果关系检验对创新环境系统与创新产出之间的关系进行了验证，在此基础上深入探讨创新环境系统与 R&D 经费配置结构的交互作用下整体创新产出情况，为 R&D 经费配置结构优化模型的构建奠定了基础。

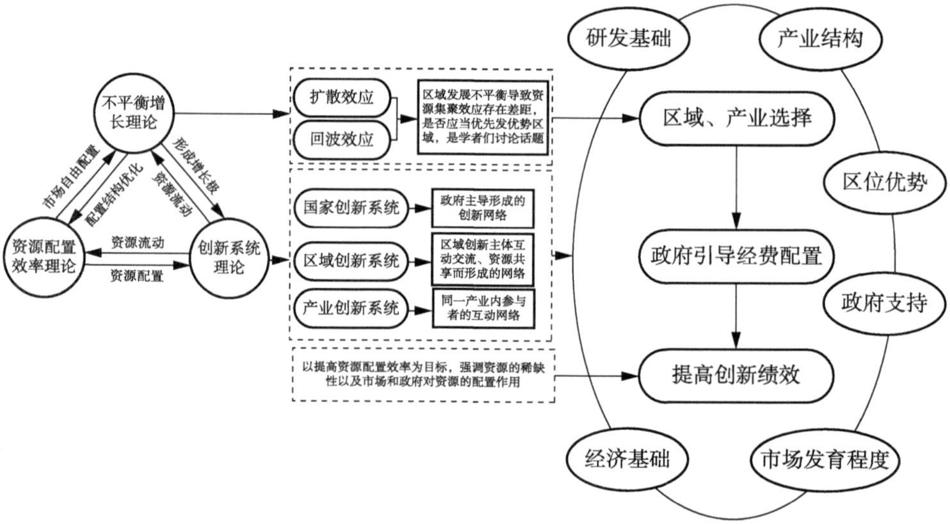

图 3-12　研究思路的理论推演过程

不平衡增长理论认为区域或产业不平衡发展，进而形成增长极，而由于扩散效应和回波效应同时存在，单纯的发展优势产业或地区并不一定能够达到整体最优水平，因此，如何进行区域和产业选择成了研究重点。基于此，本研究成果就 R&D 经费的区域和产业配置结构问题展开了研究，对如何在区域和产业中间进行选择做出了回答。

资源配置效率理论主张以提高资源配置效率为目标，强调资源的稀缺性以及市场和政府对资源的配置作用，这为政府干预资源配置提供了理论基础。基于此，本研究成果以提高创新绩效为目标，探寻 R&D 经费配置结构与创新产出的动态关系，进而构建 R&D 经费配置结构优化模型，并通过经验数据证明了该优化模型的可行性，为国家或政府的整体 R&D 经费调控提供较优的配置方案。

3.3.2 创新环境、R&D 经费配置结构与创新绩效的关系分析

使用 CiteSpace Ⅴ可视化工具对现有关于创新环境的文献进行数据处理发现，研发基础、经济基础、产业结构、市场发育程度、政府支持和区位优势是构成我国创新环境系统的重要因素。其中良好的研发基础为 R&D 活动提供大量 R&D 人员和研发技术保障；经济基础为 R&D 活动提供资金支持；产业结构中，高技术产业及第三产业的 R&D 积极性和效率更高；市场化程度与企业创新绩效一般呈正相关关系，且国有持股比例的减少和适当的股权集中度，能够提升企业创新绩效；政府支持对企业创新绩效也具有促进作用，这种促进效果随着支持对象、支持力度和支持方式的不同而存在差异；绝大部分研究都承认创新绩效存在区域差异，在此基础上国内大多数学者将我国划分为东、中、西三大区域进行了具体比较发现，究竟是东部地区创新效率更高还是西部地区创新效率更高尚未形成统一结论。

鉴于此，本研究成果将研发基础、经济基础、产业结构、市场发育程度、政府支持和区位优势作为影响我国 R&D 经费配置效率的六大创新环境要素纳入研究框架。

（1）创新环境系统内部交互关系推演

众多经济学家承认社会经济的发展是存在一种本质联系的，这就是经济规律。经济规律具有一定的必然性，经济学家将这种必然性描绘为“强制地

为自己开辟道路”，因此一些社会经济现象是可预测的。创新环境系统符合常见的社会经济规律，他们之间既有偶然的非规律性联系，又有客观的规律性联系。其中，偶然的非规律性联系不可预测，也无法衡量，这不在本研究成果的研究范围；而可测量的客观规律性的联系对整个创新环境起到至关重要的作用，是本研究成果的重点研究对象。

从创新环境系统内部来看，研发基础、经济基础、产业结构、市场发育程度、政府支持和区位优势这六大系统构成因素之间存在交互关系（如图 3-13 所示）。经济基础与市场发育程度相互影响，市场发育程度越高，竞争越激烈的地区和产业往往经济效益越好，而经济效益越好的区域和产业往往竞争越激烈，市场机制也更加成熟；政府支持与经济基础也存在交互关系，政府支持力度越大，区域或产业经济发展越迅速，而经济基础越好的地区和产业又更容易获取政府资源，进而形成良性循环；政府支持与区位优势的交互性在于，具有区位优势的地区，如沿海地区和交通较为发达的东部地区会获得更多的政府政策和经济支持，而政府对区域的交通设施建设支持力度越大，该区域的区位优势又会越明显；政府支持与研发基础的交互性在于，政府关注度较高的产业和区域往往更容易获取外部创新资源（如 R&D 人才），而较好的研发基础又会更容易获取政府支持；政府支持与产业结构间的交互性在于，政府的 R&D 支持会引导产业结构向技术密集型调整，而技术密集型产业又更容易产生知识溢出，推动经济社会的发展，因而政府也更倾向于支持这类产业。

除了这些两两互相影响外，还有一些因素之间存在单方面影响，例如交通发达程度会严重影响区域的经济发展情况和获取外部创新资源的能力，也即区位优势影响经济基础和研发基础；经济条件较好的地区和更依赖技术创新的产业结构更容易汇集创新资金和创新人才这些创新资源，也即经济基础和产业结构会对研发基础产生影响。

综上所述，创新环境系统各因素之间的关系错综复杂，难以将其内部逻辑关系完全纳入研究体系。因此，本研究成果基于创新系统理论的观点，将这六大因素作为创新环境系统，整体纳入研究框架，而各要素之间的内部逻辑关系不作为本研究成果研究重点。

经济学的累积效应强调一些因素的变化会引发一系列连锁变化，这些连

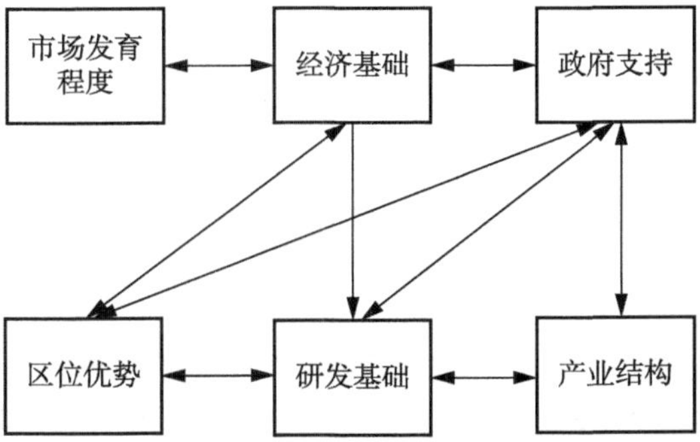

图 3-13 创新环境系统要素的交互关系分析

锁变化不仅包括上文阐述的引起其他因素的连锁变化，而且包括因素自身在未来发展中的持续变化。也即创新环境系统各因素之间不仅存在相互关系，而且前期的环境系统也会对后期的环境系统产生影响。因此，通过日积月累所形成的创新环境系统存在一定的历史演变规律，这种演变规律是客观存在的，演变过程也是可追溯的、有迹可循的，这就为本研究成果后期在研究过程中考虑累积效应提供了理论基础（如图 3-14 所示）。

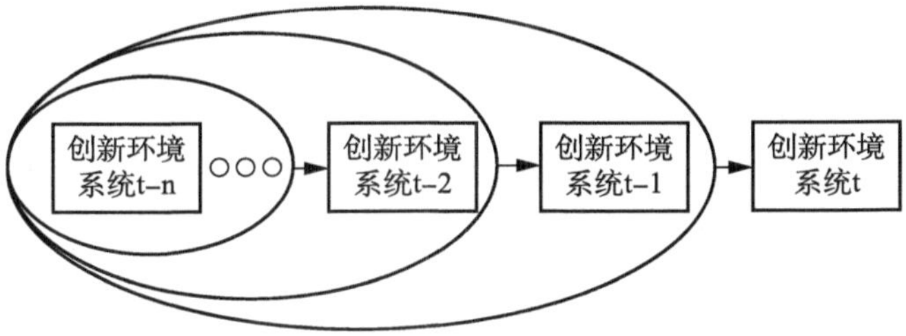

图 3-14 创新环境系统的时间演变推演

（2）R&D 经费投入配置、创新环境系统和创新产出的关系推演

创新产出与 R&D 经费投入配置结构和创新环境系统的变化是分不开的，三者之间的关系尤为复杂，不仅包括了各变量自身的交互作用和发展演变，还包括多个变量的交互影响及时滞期。具体来看，首先，创新环境系统自身存在时间累积效应，例如，研发基础较强的区域或产业会吸引更多的创新资源进入，而更多的创新资源又大大提高了区域或产业的研发基础，这种循环累积效应是创新环境系统客观存在的规律；其次，这种累积效应下的创新环

境系统显著影响创新产出，例如研发基础较好的区域和产业会产出更多的创新成果，本研究成果的第四章对创新环境系统与创新产出的关系做出了详细的论证；再次，创新产出不仅与创新环境系统显著相关，与 R&D 经费配置结构也存在单方面影响关系，例如 R&D 经费投入越多，区域或产业获取其他创新资源的能力就越强，对应的创新产出也会越多，这在现有文献中已被反复论证（王晓珍，2012[30]）；最后，创新产出存在时滞效应，也即当期的 R&D 经费投入和创新环境系统的变化会对后期的创新产出产生影响，因此在研究过程中需要对创新产出的时滞期进行分析和测度，并在构建 R&D 经费配置优化模型时将这种时滞效应纳入考虑范围。

此外，现有文献鲜有涉及创新环境系统和 R&D 经费配置结构交互作用下的创新产出研究，本研究成果结合前文阐述的创新环境系统自身的时间演变规律，以及创新环境系统与 R&D 经费配置结构各自与创新产出的关系，在考虑时滞效应的情况下，对创新环境系统、R&D 经费配置结构与创新产出的交互影响进行了深入探讨，这也是本研究成果的理论创新之一。最终，形成创新环境系统、R&D 经费投入配置及创新产出的连锁交互效应，也即本研究成果的研究框架，如图 3-15 所示。

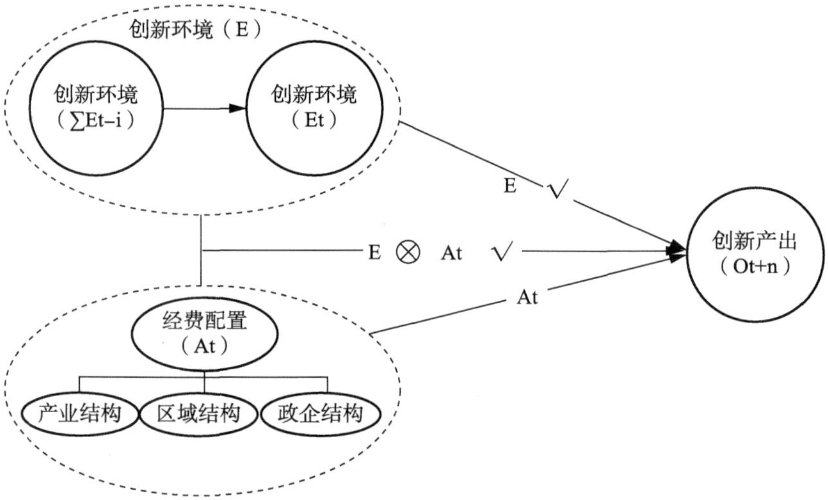

图 3-15　R&D 经费投入配置、创新环境系统和创新产出的交互关系

注：图中标有“√”的关系路径有待验证，其余关系路径在现有文献已验证。创新产出（O_{t+n}）中的 n 代表时滞期。

3.4 本章小结

由于 R&D 资源在创新系统中存在自由流动的特性，一些优势区域和产业更易获取 R&D 资源，导致不平衡增长，形成增长极。优势产业或区域可能产生回波效应，使得区域和产业不平衡现象愈加严重，形成 R&D 资源的“马太效应”。这就需要政府的宏观调控对 R&D 资源进行科学的引导和调配，以期充分发挥优势产业和地区的带动作用，避免回波效应的产生。因此，是否存在创新绩效更高的 R&D 经费配置方案，以及政府如何进行 R&D 资源分配成为当前理论界的研究重点。

本章在以上理论分析的基础上，推演本研究成果研究思路如下：

基于创新系统理论观点，本章将 R&D 经费配置效率影响因素作为创新环境系统引入整体研究框架，根据 CiteSpace V 可视化聚类分析获得了创新环境系统的六大维度构成：研发基础、经济基础、产业结构、市场发育程度、政府支持和区位优势，为后续研究的变量选择提供了依据和思路。最后，本章在充分考虑创新环境系统的各因素之间内部关系和演变路径基础上，探讨了 R&D 经费配置、创新环境系统和创新产出的关系，以此构建本研究成果研究框架：即在考虑时滞效应和创新环境系统累积效应的情境下，验证创新环境系统与创新产出的关系；并深入分析创新环境系统和 R&D 经费配置结构共同作用下的创新绩效变化情况；以此构建集创新绩效测度、创新产出预测和 R&D 经费配置结构优化于一体的综合数学模型。

参考文献

[1] 邱建华．企业技术协同创新的运行机制及绩效研究［D］．长沙：中南大学，2013.

[2] 周青，刘志高，朱华友，等．创新系统理论演进及其理论体系关系研究［J］．科学学与科学技术管理，2012，33（2）：50-55.

[3] 徐晓雯．政府科技投入对企业科技投入的政策效果研究——基于国家创新体系视角［J］．财政研究，2010（10）：23-26.

[4] 田军伟．我国区域 R&D 效率差异及其影响因素分析 [D]．南京：南京财经大学，2012.

[5] 孙绪华．我国科技资源配置的实证分析与效率评价 [D]．武汉：华中农业大学，2011.

[6] 刘玲利．科技资源配置理论与配置效率研究 [D]．长春：吉林大学，2007.

[7] 万威武，陈伟忠．可行性研究与项目评价 [M]．西安：西安交通大学出版社，1998：46-48.

[8] 王世豪．不平衡增长理论的资源配置效率实证分析 [J]．经济体制改革，2005（1）：121-125.

[9] 夏锦文，王波．国外产业平衡增长和不平衡增长理论综述 [J]．经济纵横，2005（9）：74-76.

[10] 杨龙岗．中国非均衡经济研究 [D]．厦门：厦门大学，2014.

[11] 李晨光，张永安．区域创新政策对企业创新效率影响的实证研究 [J]．科研管理，2014，35（9）：25-35.

[12] 刘小元，林嵩．地方政府行为对创业企业技术创新的影响——基于技术创新资源配置与创新产出的双重视角 [J]．研究与发展管理，2013，25（5）：12-25.

[13] 朱建新，冯志军．高新技术企业自主创新环境要素构成及测度研究 [J]．科学学与科学技术管理，2009，30（8）：65-71.

[14] 郭迎锋，顾炜宇，乌天玥，等．政府资助对企业 R&D 投入的影响——来自我国大中型工业企业的证据 [J]．中国软科学，2016（3）：162-174.

[15] 樊琦，韩民春．政府 R&D 补贴对国家及区域自主创新产出影响绩效研究——基于中国 28 个省域面板数据的实证分析 [J]．管理工程学报，2011，25（3）：183-188.

[16] 刘虹，肖美凤，唐清泉．R&D 补贴对企业 R&D 支出的激励与挤出效应——基于中国上市公司数据的实证分析 [J]．经济管理，2012（4）.

[17] 成力为，孙玮．市场化程度对自主创新配置效率的影响——基于 Cost-Malmquist 指数的高技术产业行业面板数据分析 [J]．中国软科学，2012（5）：128-137.

[18] 郝颖，刘星．市场化进程与上市公司 R&D 投资：基于产权特征视角 [J]．科研管理，2010，31（4）：81-90.

[19] 张宗和，彭昌奇．区域技术创新能力影响因素的实证分析——基于全国 30 个省市区的面板数据 [J]．中国工业经济，2009（11）：35-44.

[20] 党文娟，张宗益，康继军．创新环境对促进我国区域创新能力的影响 [J]．中国软科学，2008（3）：52-57.

［21］周景坤，段忠贤．区域创新环境与创新绩效的互动关系研究［J］．科技管理研究，2013，v.33；No.296（22）：9-13.

［22］丁生喜，王晓鹏．青海省区域创新环境对科技创新绩效影响的实证分析［J］．科技管理研究，2016，36（5）：71-75.

［23］吴玉鸣．大学知识创新与区域创新环境的空间变系数计量分析［J］．科研管理，2010，31（5）：116-123.

［24］薛捷．区域创新环境对科技型小微企业创新的影响——基于双元学习的中介作用［J］．科学学研究，2015，33（5）：782-791.

［25］张莹，张宗益．区域创新环境对创新绩效影响的实证研究——以重庆市为例［J］．科技管理研究，2009，29（2）：104-106.

［26］黄攸立，李强，李政．基于因子分析的省级区域创新环境比较研究［J］．北京邮电大学学报（社会科学版），2011，13（1）：86-92.

［27］关皓元，梁勤儒，谷雨．区域创新环境对广东工业专业镇创新绩效影响实证研究［J］．科技管理研究，2016，36（9）：94-99.

［28］赵惠芳，李伟卫，徐晟，等．我国东中西部地区专利创新效率差异研究［J］．中国管理科学，2008（s1）：387-392.

［29］申菊梅，赵建斌．基于DEA的我国区域R&D效率比较研究［J］．科技管理研究，2009（10）：92-94.

［30］Romer P M. Increasing Returns and Long-Run Growth［J］. Journal of Political Economy，1986（10）：1002-1037.

［31］谢兰云，曲永义．我国区域R&D强度与产业结构的灰色关联分析［J］．中国人口：资源与环境，2010，20（1）：118-123.

［32］Almus M，Czarnitzki D. The effects of public R&D subsidies on firms' innovation activities：the case of Eastern Germany［J］. Journal of Business & Economic Statistics，2003，21（2）：226-236.

［33］Blanes J V，Busom I. Who participates in R&D subsidy programs?：The case of Spanish manufacturing firms［J］. Research policy，2004，33（10）：1459-1476.

［34］蔡树堂，吕自圆．研发人员激励制度对企业技术创新能力影响程度的实证研究——以科技型中小企业为例［J］．工业技术经济，2015（5）：144-149.

［35］韩先锋，惠宁，宋文飞．环境规制对研发技术进步的影响效应研究［J］．中国科技论坛，2014（12）：75-79.

［36］陈建武，张向前．我国“十三五”期间科技人才创新驱动保障机制研究［J］．

科技进步与对策，2015，32（10）：138-144.

［37］李欣，李娜．我国高端人才发展状况与创新能力评估研究［J］．科学管理研究，2015（6）：81-84.

［38］刘贵芹．创新高校人才培养机制的探索与思考［J］．中国大学教学，2014（10）.

［39］徐新洲，薛建辉，勇强．协同创新视角下的卓越林业人才培养机制探索［J］．高校教育管理，2014，8（4）：92-96.

［40］周绪红．中国工程教育人才培养模式改革创新的现状与展望——在 2015 国际工程教育论坛上的专题报告［J］．高等工程教育研究，2016（1）：1-4.

［41］刘扬，孔繁士．高校创新人才评价机制探索［J］．科技管理研究，2013（15）：76-79.

［42］兰玉杰，刘义鹃，卞振平．上市公司创新型人才评价研究［J］．管理评论，2011，23（12）：133-138.

［43］沈春光，陈万明，裴玲玲．区域科技人才创新能力评价指标体系与方法研究［J］．科学学与科学技术管理，2010，31（2）：196-199.

［44］盛楠，孟凡祥，姜滨，等．创新驱动战略下科技人才评价体系建设研究［C］// 全国科技评价学术研讨会．2015.

4 创新环境系统因素分析

目前，虽有部分学者针对 R&D 经费配置效率影响因素进行了探讨，但鲜有学者将这些因素作为一个整体纳入研究框架，且缺乏全面系统的区域创新环境指标体系。本研究成果第三章通过 CiteSpace 对现有文献进行量化处理结果显示，区域创新环境系统由六大维度构成，即政府支持、市场发育程度、区位优势、经济基础、产业结构和研发基础。本章将通过进一步的文献梳理，深入剖析这六大维度对 R&D 创新绩效的影响，并在此基础上构建创新环境指标体系。具体操作方面：首先，在 CiteSpace 可视化分析的基础上，结合文献梳理法进一步分析六大维度的构成，并将六大维度具体构成指标化，初步形成创新环境系统指标体系；其次，运用单位根做数据平稳性检验，通过格兰杰检验法判断各创新环境系统指标与 R&D 创新绩效指标的格兰杰因果关系实现指标筛选，并最终确立创新环境指标体系，为本研究成果后续 R&D 经费配置结构与 R&D 创新绩效关系的研究奠定基础，具体研究思路与过程见图 4-1。

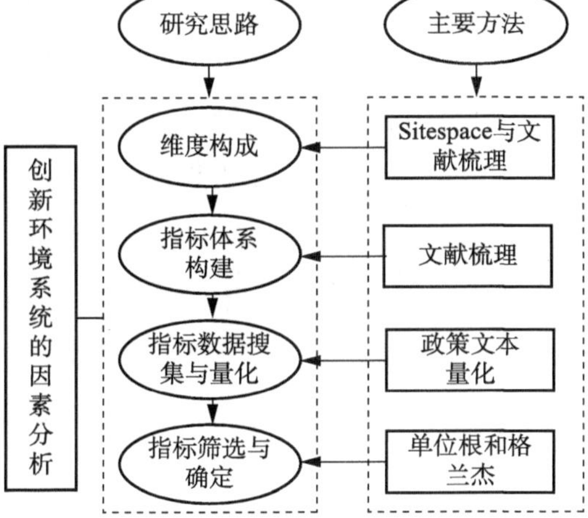

图 4-1 创新环境系统因素分析思路

4.1 创新环境系统维度构成分析

使用 CiteSpace 对现有关于创新环境系统的文献进行关键词抓取分析发现，学术界普遍承认政府支持、市场发育程度、区位优势、经济基础、产业结构和研发基础是影响我国 R&D 经费配置效率的六大影响因素，也即这六大影响因素构成了我国 R&D 创新环境系统。

4.1.1 政府支持

R&D 活动需要大量资金支持，企业自身投资已经不足以满足 R&D 活动的需要。但是，为了保持竞争优势，企业不愿意向外部透露过多研发信息，而且由于 R&D 活动的复杂性，外部投资者无法判断项目的未来收益，在信息不对称的情况下，企业难以从外部获得资金，因此，企业的 R&D 活动面临严重的融资约束问题（Hyytinen，2005[164]；Czarnitzki，2010[165]；刘胜强等，2015[166]）。

已有研究表明，政府支持会帮助企业缓解融资约束，从而提高企业创新绩效。Klette 和 Moen（2012）认为 R&D 活动具有典型的外部性，即企业 R&D 活动产生的知识溢出会使包括竞争者在内的其他企业获得知识共享、研发创新能力的提升而无须额外付出成本[23]。从政府角度来看，R&D 投入的外部经济性有利于产业整体创新研发能力的提升和社会长远发展（郭迎锋等，2016[133]）；但对企业而言，R&D 投入的外部性在一定程度上增加了企业的研发成本和投资风险，这就大大抑制了企业 R&D 活动积极性，导致 R&D 有效投资不足（王俊，2011[22]）。政府支持有利于降低企业投资成本和风险，刺激企业进行 R&D 投入，充分发挥 R&D 投资正外部性效益，从而提升整个产业的研发创新能力（Lee，2011[167]）。

这个结论被大量实证研究所证明，例如樊琦等（2011）实证检验我国政府对企业 R&D 直接补贴资金、市场竞争和企业自主创新之间的关系。研究发现，政府 R&D 补贴投入每增加 1%，全国专利创新数量将增加 0.724%[134]；Arqué-Castells（2013）通过对 1998—2009 年西班牙制造业公司的研究发现，政府研发补贴可以对公司的 R&D 活动产生诱发作用，尤其在小企业中（低于 200 人），这种诱发作用更加明显[168]；周海涛等（2015）以广东省1002家高新技术企业微观数据为研究样本，也同样证明了政府补贴对于企业创新绩效具有促进作用[169]。Guo等（2016）利用1998—2007年的中国制造业面板数据也发现，相对于非政府支持企业，获得政府支持的企业技术和商业创新产出更多[170]。

正确把握政府支持力度也是提高企业创新绩效的关键。多数学者认为，由于边际效用，政府支持力度与企业创新绩效呈倒U型关系（Dominique，2000[52]；刘虹等，2012[135]；Zúñiga-Vicente，2014[171]）。即在一定补贴金额或补贴率以下，政府支持对企业创新绩效的促进程度随着补贴率或补贴金额的增大而增大，而超过这一限度后，其促进作用呈现下降趋势。关于这个临界值的问题，一些学者通过定量研究确定了最佳补贴金额，但由于选取的样本和研究方法不同，实证结果也存在较大差异。例如，Dominique（2000）通过对OECD的17个成员国技术创新的统计资料的研究，证明了政府补贴的促进作用随着资助总量的变化而变化，作用效果是先上升，当资助总量占企业研究费用的比例平均达到13%后，作用效果就会降低，超过25.4%时，将会对企业R&D投入产生挤出效应[52]。刘虹等（2012）以中国上市公司数据为样本，研究发现企业研发支出是政府补贴的二次函数，政府补贴最优值为1.33亿元[135]。

此外，一些学者研究发现政府支持方式也会对企业创新绩效产生影响。李培楠等（2014）将政府支持方式分为两大类，一类是直接财政拨款，如项目资助、企业资助等；另一类是相关政策支持，如税收优惠等[112]。已有研究表明相对于直接财政拨款，间接的政策支持对企业创新绩效的促进效用更大。例如David（2000）等在分析文献时，总结了政府直接补贴和税收优惠的不同，他认为，税收优惠减少了研发成本和研发边际成本，直接补贴增加了边际收益，同时税收优惠没有规定R&D项目，企业拥有更多自主权，而直接补贴往往投资在特定的研发领域，容易抬高研发要素的价格，因而，税收优惠的效果会比直接补贴作用效果更好。这和刘虹等（2012）研究结论类似，她认为政府的直接补贴政策存在较为严重的信息不对称现象，企业有寻租空间，而间接补贴市场化程度更高，信息更为透明化，企业可寻租的空间较小，因此间接补贴效果更好[135]。张继良和李琳琳（2014）在得出相同结论的同时，在前者的研究基础上又加入了作用阶段这一变量，他认为直接补贴主要作用于研发投入阶段，对中间产出和最终产出影响微弱，税收优惠对三个阶段都有正效应，因此税收优惠效果整体好于直接补贴[172]。

综上所述，多数学者认为政府支持对企业创新绩效具有促进作用，这种促进效果随着支持力度和支持方式的不同而存在差异。目前政府支持可分为经费补贴和政策支持两种方式，政府应当将投入资金控制在一定数额以内，更多使用政策支持而非直接资助。

4.1.2 市场发育程度

现有研究发现，市场发育程度也是影响 R&D 经费配置效率的因素之一。市场发育程度高的地区，市场调节在资源配置过程中发挥着重要作用，企业研发投资对于市场敏感性更强（Calomiris 等，2010[113]），因此，可以说市场发育程度对创新绩效存在着正相关关系（郝颖和刘星，2010[137]）。这一论点被纪晓丽（2011）[173]和王丽霞（2015）[174]证实，张宗和和彭昌奇（2009）进一步明确了市场发育程度对创新绩效的影响路径，他们认为，市场发育程度对技术创新的影响是通过创新主体来发挥作用，根据创新主体对市场竞争的敏感度从而对市场化程度做出不同的反应[138]。

市场发育程度在微观层面主要体现在企业的股权性质，国有化程度越高，市场发育程度越低。就股权性质来看，大量研究证明，与国有企业相比，民营企业在 R&D 创新投入和创新效率上均处于领先地位（廖中举，2011[175]；王一卉，2013[176]；张小红，2014[177]）。这是因为国有企业效率低下，R&D 决策往往犹豫不决，容易丧失 R&D 投资的时机（王俊，2010[178]）；而民营企业具有产权结构清晰和市场竞争充分的优势，为了提高自身竞争力，他们不仅 R&D 投入多，创新效率也高（吴延兵，2012[179]）。Zhang 等（2003）运用 1995 年中国 33 个产业中的 8341 个大中型工业企业截面数据验证了这一结论，他们发现国有企业的知识生产效率低于非国有企业；在非国有企业内部，外资企业比集体企业、股份公司有更高的知识生产效率[12]。曹霞和于娟（2015）更是发现信息化水平、产权结构和对外开放程度也会严重影响企业创新效率[31]。

一些学者对第一产业、第二产业、第三产业的 R&D 经费配置效率进行了对比研究，发现相较于第一产业和第三产业，第二产业的创新效率更高。如唐清泉和李海威（2011）以广东省为例，研究了三类产业 R&D 投入产出弹性系数，发现第二产业的创新效率最高。这是因为研发创新是工业经济增长的主要动力，大中型工业企业正处于效率驱动向创新驱动的转换阶段，所以第二产业创新积极性较高，R&D 经费配置效率也相对较高[180]。

综上所述，市场发育程度对企业创新绩效产生显著影响，且多数研究表明在市场发育程度较高地区和产业，R&D 经费配置效率更高。微观层面上，国有持股比例的减少能够提升企业创新绩效，因此，在进行 R&D 经费配置时，应当重点投资创新积极性较高的民营企业。相较于第一产业和第三产业，第二产业创新效率更高。因此，R&D 经费应适当地向技术密集型产业和第二产业等技术依赖度更强的产业倾斜。

4.1.3 区位优势和经济基础

国内现有关于区位优势和经济基础对 R&D 经费配置效率影响的研究，主要反映在东部发达地区与中西部欠发达地区 R&D 经费配置效率的对比研究。研究表明东、中、西部三大地区投入产出绩效确实存在较大差异（徐晓雯和蔡虹，2003[181]）。

一些学者认为相较于中西部欠发达地区，东部发达地区的 R&D 经费投入对创新绩效的影响更显著。例如张宗益（2006）使用 SFA 来研究我国 31 个省份的创新效率，选用的技术创新投入指标为 R&D 人员和 R&D 经费，专利申请量为创新产出。结果表明，东、中、西部的创新效率相差很大，东部是西部的 2 倍、是中部的 1.5 倍，但差距在不断缩小[182]。蔡翔等（2013）基于“科研产出—成果转化”视角，以 2000—2008 年的面板数据为基础，也运用 SFA 对我国各地区 R&D 效率及其影响因素的研究表明，东部地区科研产出和成果转化效率均高于中西部地区，中部地区科研产出效率高于西部地区，成果转化效率低于西部地区[183]。翟琼等（2015）利用中国 31 个省份 2004—2013 年的面板数据，采用柯布-道格拉斯生产函数模型，估计了高技术产业的产出弹性系数。结果显示 R&D 投入对于高技术产业产值的增加具有较大的贡献，在东部地区更为显著，中西部地区 R&D 投入对高技术产业发展贡献的弹性系数比东部地区的 1/2 还小[184]。

一些学者持不同意见，他们认为东部发达地区的 R&D 效率不一定高于中西部欠发达地区。例如莫燕（2004）运用 2001 年数据对 R&D 投入 DEA 效率的实证研究表明，我国主要发达地区的 R&D 投入的 DEA 效率无效，主要表现在产出的不足[185]；赵惠芳等（2008）使用数据包络分析对我国东中西部的专利创新效率、宏观环境、研发投入、产业倾向、外资效应作为创新投入维度，产出能力、产出质量作为产出维度，运算结果表明，发现西部省份虽然投入较低，但是效率较高；申菊梅和赵建斌（2009）运用 DEA 方法比较研究我国境内除西藏外的 30 个省（自治区、直辖市）R&D 活动相对效率时发现，R&D 投入和产出水平较低的一些中西部地区可能是 DEA 有效的，而 R&D 投入和产出水平较高的一些东部地区也可能是 DEA 无效的，这说明要达到 DEA 有效不能一味强调加大投入扩大产出，更重要的是优化 R&D 投入区域结构，提高 R&D 效率[148]。

综上所述，由于经济基础和区位优势的差别，绝大部分研究都承认我国东、中、西部创新绩效存在差异，比较发现，使用 SFA 方法和道格拉斯生产函数的结果显示东部发达地区的创新绩效显著高于中西部地区；而使用 DEA 方法分析的结果显示东部地区的创新效率不一定高于中西部。究竟是发达的东部地区创新效率更高还是欠发达的中西部地区创新效率更高尚未形成统一结论，但学者普遍认为，相对于单纯的加大 R&D 经费投入，科学合理 R&D 经费配置已经成为提高创新效率的重要途径。

4.1.4 产业结构

学术界普遍认为产业结构与 R&D 经费配置结构互相影响，即 R&D 经费配置对产业结构的优化升级具有显著促进作用，实现经济增长模式由资源推动型向创新推动型的转变，最终推动经济的增长（Romer，1986[149]；谢兰云和曲永义，2010[150]），同时产业结构也反过来影响 R&D 经费配置效率（Cohen 和 Levinthal，1989[186]；Iorwerth，2005[187]），据张海英和周志刚（2014）分析发现 R&D 强度的差异有 25%~50%来自产业结构的差异[188]。

一些学者对劳动密集型产业和技术密集型产业进行了对比研究，发现相对于劳动密集型产业而言，技术密集型产业对 R&D 的依赖性更大，如纺织业的技术依赖度就明显低于电子产业，因此，电子产业的企业更需要通过 R&D 创新在市场上获得竞争优势，创新积极性较高，R&D 投入和产出规模也往往明显超过其他产业（David，2000[68]）；反之，技术依赖度较低的劳动密集型产业，企业不需要进行 R&D 活动就能够收获利润，这类产业 R&D 积极性较低，企业创新绩效普遍偏低（Guellec 和 Van，2003[76]）。Almus 和 Czarnitzki（2003）[151]、Blanes 和 Busom（2004）[152]、姜宁和黄万（2010）[53]分别用德国、西班牙和中国高技术产业数据证明了这一结论。也有学者持不同意见，例如，姜南（2014）使用 2008—2011 年我国专利密集型产业数据发现，专利密集型产业的 R&D 绩效总体上反而略低于非专利密集型产业的 R&D 绩效，因此在专利密集型产业发展过程中，应避免因盲目投入和重复投入导致的 R&D 绩效低下[189]。

综上所述，相对于劳动密集型产业，技术密集型产业的创新效率更高，因此在研究 R&D 经费配置结构时，应当充分考虑产业结构的影响，尤其是高技术产业和工业增加值较高的产业。

4.1.5 研发基础

有学者研究表明企业会在自主创新和模仿创新中间设置一个 R&D 效率的阈值，当实际效率低于这个阈值时，企业往往不愿意进行创新投资，因为此时的 R&D 支出带来的是负利润，也即 R&D 效率越高的企业，R&D 资金投入越多（König 等，2016[190]）。

由此可见，R&D 效率决定了 R&D 积极性，换句话说，研发基础是 R&D 资金投入的重要影响因素，它主要包含两方面：研发技术和研发人员。研发创新具有路径依赖性，研发技术水平高的企业和产业创新风险较低，创新积极性较高（邹彩芬等，2013[191]）；研发人员是 R&D 活动核心投入要素，只有 R&D 人员数量和质量足够支持 R&D 活动时，资金投入才能发挥作用（廖信林等，2013）[192]。廖信林等（2013）以中国大中型工业企业的数据为样本进行了实证研究，发现 R&D 人员数对企业 R&D 投入有正向影响，且影响程度是 0.063 即企业 R&D 人员数增加一个单位[192]，企业 R&D 投入会增加 0.063 个单位。邹彩芬等（2013）利用我国沪深 A 股医药行业上市公司 2008—2010

年年度财务报告的数据，实证探究了研发人员在政府补贴和企业 R&D 行为间的调节效应。研究发现研发人员数量对于政府补贴与企业 R&D 投入之间的关系有显著的正向调节作用。吴素春（2014）将创新型城市规模以上工业企业 R&D 人员数量 R&D 产出做相关分析，发现 R&D 人员数量正向影响 R&D 产出[193]。在此基础上，綦良群等（2014）发现提高 R&D 人员的质量比单纯增加 R&D 人员的数量能更有效地提高装备制造业的 R&D 效率[115]。李苗苗等（2014）运用战略新兴产业数据发现企业技术创新能力越高[194]，其 R&D 投入越多，创新绩效越高。Cuntz（2016）根据欧洲研究委员会的记录进一步发现，公共投资会引发高端 R&D 人才的跨境流动，境外充足的科技资金会导致境内人才的流失[195]，由此可见，R&D 人才问题归根到底是 R&D 经费问题，且 R&D 经费的流动方向与 R&D 人才流动方向一致。

综上所述，大部分学者认为研发基础与 R&D 经费配置效率呈正相关，即产业或区域研发基础越好，R&D 经费对 R&D 活动的促进效用越大。

4.2 创新环境初始指标体系构建

经文献梳理，本研究提出经济基础环境、产业结构、市场发育程度、研发基础环境、政府支持和区位优势 6 类一级指标共 42 个指标变量，由此构建创新环境系统指标体系。其中经济基础、产业结构（经济结构）、产权结构三个一级指标所涉及的经济数据均来自历年《中国统计年鉴》；而研发基础环境、高技术产业相关指标数据则来自历年的《中国科技统计年鉴》《中国高技术统计年鉴》。具体指标集、变量和变量命名如表 4-1 所示。

表 4-1 预选创新环境影响因素指标命名

一级指标	二级指标	变量	变量命名
经济基础环境（6）	经济总量	GDP（亿元）	GDP
	富裕/发达程度	人均 GDP	GDP. Person
	资本密集程度	全社会固定资产投资（亿元）	Fix
	国际竞争力	人口（万）	Person
		人均固定资产投资	Fix. Person
		规模以上工业企业出口交货值（亿元）	IndustryExport

续表

一级指标	二级指标	变量	变量命名
产业结构（4）	工业增加值及贡献率	工业增加值（亿元）	IndustryAddValue
		工业增加值/地区生产总值	IndustryAddValue. GDP
	高技术产值及贡献率	高技术产业主营业务收入（亿元）	HtValue
		高技术产业产值/工业增加值	HtValue. IndustryaddValue
市场发育程度（10）	产权结构	国有控股工业企业产值（亿元）	GovEnpValue
		国有控股工业企业产值/GDP	GovEnpValue. GDP
	现代化程度	第三产业增加值（亿元）	ThirdAddValue
		第三产业增加值/GDP（亿元）	ThirdAddValue. GDP
		第三产业从业人员（万）	ThirdHr
		第三产业从业人员/总从业人员	ThirdHr. Hr
	对外开放度	进出口总额（亿元）	IE
		进出口总额/GDP	IE. GDP
		外商投资企业（数）	ForeignNum
		外商企业投资总额（百万美元）	ForeignInvest
研发基础环境（8）	技术市场发育度	技术市场成交额（亿元）	TechTrade
	研发强度	研发经费/GDP	TechCup. GDP
	研发人才	RD 人员（人）	RDHr
	研发机构	高校数量（所）	ColledgeNum
	研发实力	国内发明专利授权量（项）	Invention
	研发潜能	教育经费（万元）	EduFund
政府影响（4）	经费支出	政府财政科技支出（亿元）	TechGov
		政府财政科技支出/RD 人员（亿元人）	TechGov. Rdunm
		政府财政科技支出/GDP	TechGov. GDP
	政策支持	政府战略政策	GovSupport
地理区位优势（5）	交通发达程度	单位面积铁路营运里程（公里平方千米）	RailRoad
		单位面积高速公路里程（公里平方千米）	Road
	所属经济区域	东北地区（A 区）、北部沿海（B 区）、东部沿海（C 区）、南部沿海（D 区）、黄河中游（E 区）、长江中游（F 区）、西南地区（G 区）、大西北地区（H 区）	EA、EB、EC、ED、EE、EF、EG、EH
	区位优势	沿海	YH
		沿江	YJ

4.3 创新环境指标数据搜集与量化

根据省域数据的完整性，本研究首先确定了北京、天津、河北、辽宁、黑龙江、上海、江苏、浙江、安徽、江西、山东、河南、湖北、湖南、广东、广西、重庆、四川、云南、陕西和甘肃 21 个数据相对完整的省份作为研究对象，整理形成21 个省市 1998—2015 年的数据。国有控股工业企业工业销售产值指标在 1999 年的数据由国有工业企业产值指标替代；另外，本研究采用构建二次插值方法对教育经费和国有控股工业企业产值等存在数值缺失的指标作插值处理。

4.3.1 经济及研发基础环境等数据来源

本研究共涉及六大类指标数据的搜集，其中经济基础、产业结构（经济结构）、产权结构三个一级指标所涉及的经济数据均来自历年《中国统计年鉴》；而研发基础环境、高技术产业相关指标、医药制造产业及理疗器械产业相关数据则来自历年的《中国科技统计年鉴》《中国高技术产业统计年鉴》，具体数据来源对照见表 4-2。

表 4-2 指标数据来源

所属类别	指标名称	指标代码	来源
经费内部使用功能结构（高技术产业、医药制造产业、医疗器械产业）	R&D 人员全时当量（人年）	Dev. Hr	中国高技术产业统计年鉴
	R&D 经费内部支出（万元）	Dev. RDin	中国高技术产业统计年鉴
	新产品开发经费（万元）	Dev. RDnew	中国高技术产业统计年鉴
产出（医药制造和医疗器械产业）	新产品销售收入（万元）	Dev. Npsale	中国高技术产业统计年鉴
	专利申请数（件）	Dev. patent	中国高技术产业统计年鉴
高技术产业科技经费来源	RD 政府资金	RD. Gov	中国高技术产业统计年鉴
	RD 企业资金	RD. Enp	中国高技术产业统计年鉴
高技术产业经费投入	RD 经费内部支出（万元）	HT. RDin	中国高技术产业统计年鉴
	新产品开发经费（万元）	HT. RDnew	中国高技术产业统计年鉴
高技术产业人员投入	从业人员年	HT. Hr	中国高技术产业统计年鉴
高技术产业产出	新产品销售收入（万元）	HT. Npsale	中国高技术产业统计年鉴
	专利申请数（件）	HT. patent	中国高技术产业统计年鉴
经济总量	GDP 亿元	GDP	中国统计年鉴
富裕程度	人均 GDP	GDP. Person	中国统计年鉴
资本密集程度	全社会固定资产投资	Fix	中国统计年鉴
	人口	Person	中国统计年鉴
	固定资产投资/人口	Fix. Person	中国统计年鉴
工业国际竞争力	规模以上工业企业出口交货值（亿元）	IndustryExport	国家统计局
第三产业比重	第三产业增加值（亿元）	ThirdAddValue	中国统计年鉴
	第三产业增加值/GDP（亿元）	ThirdAddValue. GDP	中国统计年鉴

续表

所属类别	指标名称	指标代码	来源
工业比重	工业增加值（亿元）	IndustryAddValue	中国统计年鉴
	工业增加值/地区生产总值	IndustryAddValue. GDP	中国统计年鉴
高技术产业比重	高技术产业主营业务收入（亿元）	HtValue	中国高技术产业统计年鉴
	高技术产业产值/工业增加值	HtValue. IndustryaddValue	中国高技术产业统计年鉴
国有工业企业产值占 GDP 比	国有控股工业企业产值	GovEnpValue	国家统计局
	国有控股工业企业产值/GDP	GovEnpValue. GDP	国家统计局
现代化程度	第三产业从业人员	ThirdHr	国家统计局
	第三产业从业人员/从业人员	ThirdHr. Hr	国家统计局
开放化程度	进出口总额（亿元）	IE	国家统计局
	进出口总额/GDP	IE. GDP	国家统计局
	外商投资企业（数）	ForeignNum	国家统计局
	外商企业投资总额（百万美元）	ForeignInvest	国家统计局
技术市场成熟度	技术市场成交额（亿元）	TechTrade	中国科技统计年鉴
研发基础环境	研发经费/GDP	TechCup. GDP	中国科技统计年鉴
	RD 人员（人）	RDHr	中国科技统计年鉴
	高校数量（所）	ColledgeNum	国家统计局
	国内发明专利授权量（项）	Invention	国家统计局
	教育经费（万元）	EduFund	国家统计局

续表

所属类别	指标名称	指标代码	来源
政府经费支持	政府财政科技支出（亿元）	TechGov	中国统计年鉴
	政府财政科技支出/RD 人员（亿元/人）	TechGov. Rdunm	中国科技统计年鉴
	政府财政科技支出/GDP	TechGov. GDP	中国科技统计年鉴
所属经济区域	单位面积铁路营运里程（公里平方千米）	RailRoad	国家统计局
	单位面积高速公路里程（公里平方千米）	Road	国家统计局

4.3.2 地理及区位指标数据搜集与赋值

地理区域的划分则根据中国习惯的八大经济区域划分法，并在文章中分别以 A-H 字母标识；区位优势主要考虑是否处于沿江、沿海地区，并以 0~1 变量标识，具体见表 4-3、表 4-4 所示。

表 4-3 八大综合经济区及所辖省域

序号	经济区域	省份
1	东北综合经济区（EA）	辽宁、吉林、黑龙江
2	北部沿海综合经济区（EB）	北京、天津、河北、山东
3	东部沿海综合经济区（EC）	上海、江苏、浙江
4	南部沿海经济区（ED）	福建、广东、海南
5	黄河中游综合经济区（EE）	陕西、山西、河南、内蒙古
6	长江中游综合经济区（EF）	湖北、湖南、江西、安徽
7	大西南综合经济区（EG）	云南、贵州、四川、重庆、广西
8	大西北综合经济区（EH）	甘肃、青海、宁夏、西藏、新疆

表 4-4 环境影响因素时间独立（Time-independent）指标描述统计

类别	指标	省份样本数	备注
所属经济区	东北地区（A 区）	2	设置 8 个（8-1）哑变量，其中是记为 1、否记为 0
	北部沿海（B 区）	4	
	东部沿海（C 区）	3	
	南部沿海（D 区）	1	
	黄河中游（E 区）	2	
	长江中游（F 区）	4	
	西南地区（G 区）	4	
	大西北地区（H 区）	1	
沿海	沿海	9	是记为 1、否记为 0
沿江	沿江	9	是记为 1、否记为 0

4.3.3 政策支持力度指标数据搜集及量化

国家政策支持力度的数据采集与赋值：考虑到中国各级战略规划对不同

地区经济产业发展的综合影响，本研究成果在综合政策支持方面加入区域战略规划以分析国家战略规划对地方产业创新的影响。

目前，国家制定的重大战略规划，共包括四类：①区域发展规划；②综合改革实验区；③金融试验区；④国家级新区。其中，①和②由于涉及因素众多，如建设区域、建设周期、战略地位、建设目标、规划类型以及主要支持产业等，内部差异较大，因此有必要进行二度细分，其中新疆和西藏的经济区域规划没有找到对应的规划文件，在本表中缺失；③和④同类别内部政策差异不大，因此没有再做区分。本研究成果搜集 2005—2015 年中国政府正式批准建设的各类国家级战略规划文件，并根据文件内容，将每一个战略规划的具体类型、建设周期、涉及区域、战略地位、建设目标、重点支持产业等信息筛选出来，作为政府战略政策的赋值依据。具体分类和政策赋值如下：战略类型分为综合型（2 分）和专项型（1 分）；战略规划重要程度分为：重大战略（5 分）、重要战略（4 分）、一般区域战略（3 分）、地方战略（2 分）和地方上升到国家辐射某个省域部分地区的战略（1 分）。重点支持产业为0~1 变量，但有些战略虽没有明确提出医药制造或者医疗器械两大产业，但是对高技术产业或制造业等都给予重点支撑，其产业支撑力度为（0.5 分）。截至目前，全国共有金融试验区五个，其中云南和广西相对于其他四个试验区而言，其辐射范围扩展到全省，因此赋值 4 分，其他四个城市金融实验区赋值 3 分。国家级新区全国五个，赋值 4 分。

表 4-5　国家相关政策整理

省份	政策得分		区域发展规划							
	累加	单项	获批时间	规划名称	规划时间	战略重要性（政策支持力度）	规划类型综合/专业	是否直接支持或相关性		
								医药制造	医疗器械	产业相关性
北京市	8	8	2015 年 4 月	京津冀协调	2015—2030 年	5	2			1
天津市	16.5	8	2015 年 4 月	京津冀协调	2015—2030 年	5	2			1
		4.5	2006 年 5 月	滨海综合试验区		3	1	0	0	0.5
		4	2005 年 6 月	滨海新区		4				
河北省	13.5	8	2015 年 4 月	京津冀协调	2015—2030 年	5	2			1
		5.5	2011 年 11 月	河北沿海规划	2010—2015 年，2020 年	3	2	0	0	0.5
山西省	10.5	6.5	2009 年 9 月	中部崛起	2009—2015 年	4	2	0	0	0.5
		4	2010 年 12 月	山西综合实验区		3	1	0	0	0
辽宁省	10	4.5	2009 年 7 月	辽宁沿海	2009—2020 年	2	2	0	0	0.5
		5.5	2010 年 4 月	沈阳综合实验区		3	1	1	0	0.5
吉林省	4.5	4.5	2009 年 8 月	图们江规划	2009—2020 年	3	1	0	0	0.5
黑龙江省	4	4	2013 年 6 月	两大平原实验区		3	1	0	0	0
上海市	23	8	2010 年 5 月	长三角	2009—2015 年，2020 年	4	2	0	0	1
		7	2013 年 8 月	上海自贸区		5	2	0	0	0
		4	2005 年 6 月	浦东综合实验区		3	1	0	0	0
		4	2005 年 6 月	浦东新区		4				

续表

省份	政策得分		区域发展规划							
	累加	单项	获批时间	规划名称	规划时间	战略重要性（政策支持力度）	规划类型综合/专业	是否直接支持或相关性		
								医药制造	医疗器械	产业相关性
江苏省	13.5	2.5	2009年6月	江苏沿海规划	2009—2020年	1	1	0	0	0.5
		7	2010年5月	长三角	2009—2015年，2020年	4	2	0	0	1
		4	2015年3月	通州湾综合改革实验区		3	1	0	0	0
浙江省	26	8	2010年5月	长三角	2009—2015年，2020年	4	2	0	0	1
		3	2011年2月	浙江海洋经济	2010—2015年，2020年	2	1	0	0	0
		4	2013年1月	舟山群岛新区	2012—2020年，2030年	3	1	0	0	0
		3	2012年3月	温州金融实验区						
		4	2011年3月	义乌综合试验区		3	1	0	0	0
		4	2011年6月	舟山群岛新区		4				
安徽省	9.5	6.5	2009年9月	中部崛起	2009—2015年	4	2	0	0	0.5
		3	2010年1月	皖江城市带	2009—2015年，2020年	2	1	0	0	0

续表

省份	政策得分		区域发展规划							
	累加	单项	获批时间	规划名称	规划时间	战略重要性（政策支持力度）	规划类型综合/专业	是否直接支持或相关性		
								医药制造	医疗器械	产业相关性
福建省	15	4. 5	2009 年 5 月	海峡西岸经济区		3	1	0	0	0. 5
		3. 5	2011 年 12 月	平潭综合实验区	2011—2020 年	2	1	0	0	0. 5
		3	2012 年 12 月	金融试验区						
		4	2011 年 12 月	厦门综合实验区		3	1	0	0	0
江西省	10	6. 5	2009 年 9 月	中部崛起	2009—2015 年	4	2	0	0	0. 5
		3. 5	2009 年 12 月	鄱阳湖生态	2009—2015 年，2020 年	2	1	0	0	0. 5
山东省	10	4	2009 年 12 月	黄河三角洲	2009—2015 年，2020 年	3	1	0	0	0
		3	2011 年 1 月	蓝色经济区	2011—2020 年	2	1	0	0	0
		3	2014 年 2 月	金融试验区						
河南省	17	6. 5	2009 年 9 月	中部崛起	2009—2015 年	4	2	0	0	0. 5
		4. 5	2012 年 11 月	中原经济区	2012—2020 年	2	2	0	0	0. 5
		3	2013 年 3 月	郑州航空港	2013—2025 年	2	1	0	0	0
		3	2012 年 9 月	丹江口库区		2	1	0	0	0
湖北省	13	6	2009 年 9 月	中部崛起	2009—2015 年	4	2	0	0	0. 5
		3	2012 年 9 月	丹江口库区		2	1	0	0	0
		4	2007 年 12 月	武汉城市群		3	1	0	0	0

续表

省份	政策得分		区域发展规划							
	累加	单项	获批时间	规划名称	规划时间	战略重要性（政策支持力度）	规划类型综合/专业	是否直接支持或相关性		
								医药制造	医疗器械	产业相关性
湖南省	10.5	6.5	2009年9月	中部崛起	2009—2015年	4	2	0	0	0.5
		4	2007年12月	长株潭城市群		3	1	0	0	0
广东省	28.5	6.5	2009年1月	珠三角规划	2008—2020年	4	2	0	0	0.5
		2.5	2009年6月	横琴规划	2009—2020年	1	1	0	0	0.5
		4.5	2012年9月	广州南沙新区	2012—2025年	3	1	0	0	0.5
		4	2009年5月	深圳综合实验区		3	1	0	0	0
		3	2012年7月	金融实验区		3				
		4	2014年9月	汕头综合实验区		3	1	0	0	0
		4	2012年1月	南沙新区		4				
广西壮族自治区	7	3	2008年1月	北部湾经济	2006—2020年	2	1	0	0	0
		4	2013年11月	金融实验区		4				
海南省	3	3	2009年12月	海南岛旅游	2009—2020年	2	1	0	0	0
重庆市	14.5	6.5	2011年5月	成渝经济区	2011—2020年	3	2	1	0	0.5
		4	2007年6月	成渝综合试验区		3	1	0	0	0
		4	2010年5月	两江新区		4				
四川省	10.5	6.5	2011年5月	成渝经济区	2011—2021年	3	2	1	0	0.5
		4	2007年6月	成渝综合试验区		3	1	0	0	0
云南省	4	4	2013年11月	金融实验区		4				

续表

省份	政策得分		区域发展规划							
	累加	单项	获批时间	规划名称	规划时间	战略重要性（政策支持力度）	规划类型 综合/专业	是否直接支持或相关性		
								医药制造	医疗器械	产业相关性
陕西省	8.5	5.5	2009 年 6 月	关中-天水规划	2009—2020 年	3	2	0	0	0.5
		3	2012 年 9 月	丹江口库区		2	1	0	0	0
甘肃省	12.5	5.5	2009 年 6 月	关中-天水规划	2009—2020 年	3	2	0	0	0.5
		3	2009 年 12 月	甘肃循环经济	2009—2015 年	2	1	0	0	0
		4	2012 年 8 月	兰新新区		4				
青海省	3	3	2010 年 3 月	青海柴达木	2010—2020 年	2	1	0	0	0
新疆维吾尔自治区	4	4	2011 年 1 月	喀什霍尔果斯	2011—2020 年	3	1	0	0	0

4.4　创新环境最终指标体系的确立

本研究成果采用面板格兰杰因果关系检验方法[197]，验证创新环境系统与R&D创新之间的影响关系，筛选出对R&D创新具有显著影响的创新环境指标，进而确立最终的创新环境指标体系。其中，产出指标主要包括技术开发阶段的专利申请数和技术转化阶段的新产品销售收入两个产出指标（肖仁桥，2012）[196]，具体以高技术产业总体及医药制造产业和医疗器械产业2个高技术子产业为例，选择相应的投入产出指标并进行指标命名，详见第5章第2节的投入产出指标选择表5-3。

4.4.1　面板单位根检验

（1）面板单位根检验的原理

宏观经济数据往往容易受到非平稳性的困扰，为了避免对非平稳序列直接进行回归时造成的伪回归问题，必须在回归分析之前进行变量时间序列的平稳性检验（即单位根检验）。如果检验结果为非平稳序列，则需进行一阶差分或二阶差分检验，直至通过检验才能进行后续分析。基于不同的数据生成过程，学者提出了多种面板数据单位根检验方法，为保证检验结果的稳健性，本研究成果同时采用LLC、IPS、ADF-Fisher和PP-Fisher这4种方法进行单位根检验。

①LLC检验

学者Levin，Lin和Chu于2002年提出了LLC检验方法[197]，LLC检验仍采用ADF检验式形式，检验模型如式（4-1）所示：

$$\Delta y_{it}=\alpha y_{it-1}+\sum_{j=1}^{p_i}\beta_{ij}\Delta y_{it-j}+x'_{it}\delta+\mu_{it},\ i=1,\ 2,\ \cdots N;\ t=1,\ 2,\ \cdots T \quad (4-1)$$

式（4-1）中：$\alpha=\rho-1$，p_i为第i个截面成员的滞后阶数，在该模型中允许其跨截面变化。LLC检验的原假设H_0：$\alpha=0$，备择假设H_1：$\alpha<0$。

LLC检验的具体步骤为，第一，先给定各截面成员的滞后阶数p_i后，从Δy_{it}和Δy_{it-1}中剔出Δy_{it-j}和外生变量的影响，并进行标准化求出代理变量。设

$$\Delta\bar{y}_{it}=\Delta y_{it}-\sum_{j=1}^{p_i}\hat{\beta}_{ij}\Delta y_{it-j}-x'_{it}\hat{\delta} \tag{4-2}$$

$$\bar{y}_{it-1}=y_{it-1}-\sum_{j=1}^{p_i}\dot{\beta}_{ij}\Delta y_{it-j}-x'_{it}\dot{\delta} \tag{4-3}$$

式（4-2）和式（4-3）中：（$\hat{\beta}_{ij}$，$\hat{\delta}$）和（$\dot{\beta}_{ij}$，$\dot{\delta}$）分别为 Δy_{it}和 Δy_{it-1}对滞后差分项 Δy_{it-j}以及外生变量x_{it}回归得到的相应参数的估计值。

则 Δy_{it}和 y_{it-1}的代理变量 $\Delta\tilde{y}_{it}$和$\tilde{y}_{it-1}$分别为：

$$\Delta\tilde{y}_{it}=\Delta\bar{y}_{it}/s_i \tag{4-4}$$

$$\tilde{y}_{it-1}=\bar{y}_{it-1}/s_i \tag{4-5}$$

式（4-4）和式（4-5）中的 s_i 为式（4-1）中对应于第 i 个截面成员的 *ADF* 检验式的估计标准差。再利用获得的代理变量估计参数 α，即用代理变量做回归 $\Delta\tilde{y}_{it}=\alpha\tilde{y}_{it-1}+\varepsilon_{it}$，估计参数 α。此时所获得的与参数 α 相对应的 t 统计量渐进服从标准正态分布。

②IPS 检验

Im，Pesaran 和 Shin（2003）提出根据对单个时间序列 ADF 检验的 t 统计量计算组平均统计量来检验单位根[198]。基本模型如下：

$$\Delta y_{it}=\alpha_i y_{it-1}+\sum_{j=1}^{p_i}\beta_{ij}\Delta y_{it-j}+x'_{it}\delta+\varepsilon_{it}\quad i=1,\ 2,\ \cdots N;\ t=1,\ 2,\ \cdots T \tag{4-6}$$

IPS 检验的原假设 H_0：对任意 i，$\alpha_i=0$；备择假设

H_1：$\alpha_i=0$，$i=1$，2，$\cdots N_1$；$\alpha_i<0$，$i=N_1+1$，N_1+2，$\cdots$，N

IPS 统计量定义为：

$$Z_t=\frac{\sqrt{N}\left[\tilde{t}_N-N^{-1}\sum_{i=1}^{N}E(\tilde{t}_{i,\ T_i})\right]}{\sqrt{N^{-1}\sum_{i=1}^{N}Var(\tilde{t}_{i,\ T_i})}} \tag{4-7}$$

式（4-7）中$\tilde{t}_{i,T_i}$为单个时间序列 i 关于原假设 $\alpha_i=0$ 的 ADF t 统计量，T_i 为序列 i 的样本个数，且 $Z_t\xrightarrow{N}N$（0，1）。

③ADF-Fisher 检验和 PP-Fisher 检验

ADF-Fisher 检验和 PP-Fisher 检验应用了 Fisher（1932）的结果，由

Maddala 和 Wu 于 1999 年提出[199]，通过结合不同截面成员单位根检验的 p 值，构造出两个统计量渐进服从于卡方分布和正态分布，用来检验面板数据是否存在单位根。ADF-Fisher 检验和 PP-Fisher 检验的原假设和备择假设与 IPS 检验相同。

ADF-Fisher 统计量定义如下：

$$-2\sum_{i=1}^{N}\log(\pi_i)\to\chi^2(2N) \tag{4-8}$$

式（4-8）中，π_i 为第 i 组截面成员单位根检验的 p 值，卡方分布的自由度为 $2N$。

PP-Fisher 统计量定义如下：

$$Z=\frac{1}{\sqrt{N}}\varphi^{-1}(\pi_i)\to N(0,1) \tag{4-9}$$

式（4-9）中，φ^{-1}是标准正态分布函数的反函数，π_i 为第 i 组截面成员单位根检验的 p 值。

（2）面板单位根检验结果分析

在对面板数据进行格兰杰因果分析之前，首先要对面板数据的平稳性进行单位根检验，若面板数据是非平稳序列，则需要通过面板协整检验是否存在长期均衡关系，之后才可以做格兰杰因果检验。

如果数据是非平稳的，则说明数据序列中含有单积成分，在方程估计之前需要进行差分处理。本研究成果采用 LLC、IPS、ADF-Fisher 和 PP-Fisher 这 4 种方法，分别对每个变量的原始序列、一阶差分序列以及二阶差分序列进行单位根检验，检验结果如表 4-6 所示。

表 4-6　经济基础环境指标面板单位根检验

变量	LLC	IPS	ADF-Fisher	PP-Fisher	结论
GDP	-7.495*** (0.000)	-1.493 (0.067)	52.641 (0.125)	61.187 (0.028)	不平稳
△GDP	-1.714 (0.043)	1.553 (0.939)	29.321 (0.930)	30.527 (0.905)	不平稳
$\triangle^2$GDP	-13.887*** (0.000)	-10.427*** (0.000)	170.687*** (0.000)	290.713*** (0.000)	平稳
GDP. Person	-7.616*** (0.000)	-2.143 (0.016)	58.429 (0.047)	77.377*** (0.000)	不平稳

续表

变量	LLC	IPS	ADF-Fisher	PP-Fisher	结论
△GDP. Person	-1.844 (0.032)	1.251 (0.894)	31.718 (0.875)	40.693 (0.528)	不平稳
$\triangle^2$GDP. Person	-12.835*** (0.000)	-9.695*** (0.000)	163.833*** (0.000)	304.823*** (0.000)	平稳
Fix	5.012 (1.000)	8.749 (1.000)	31.791 (0.873)	12.105 (1.000)	不平稳
△Fix	-5.258*** (0.000)	-3.474*** (0.000)	89.635*** (0.000)	113.062*** (0.000)	平稳
$\triangle^2$Fix	-8.813*** (0.000)	-7.557*** (0.000)	139.246*** (0.000)	274.833*** (0.000)	平稳
Person	-45.301*** (0.000)	-15.538*** (0.000)	134.540*** (0.000)	66.434*** (0.009)	平稳
△Person	-20.768*** (0.000)	-17.171*** (0.000)	238.609*** (0.000)	309.793*** (0.000)	平稳
$\triangle^2$Person	-38.216*** (0.000)	-35.573*** (0.000)	378.088*** (0.000)	405.196*** (0.000)	平稳
Fix. Person	3.185 (0.999)	6.823 (1.000)	38.969 (0.604)	25.985 (0.975)	不平稳
△Fix. Person	-5.761*** (0.000)	-4.093*** (0.000)	96.559*** (0.000)	132.140*** (0.000)	平稳
$\triangle^2$Fix. Person	-9.736*** (0.000)	-8.486*** (0.000)	154.129*** (0.000)	298.076*** (0.000)	平稳
IndustryExport	-1.041 (0.149)	1.691 (0.954)	38.088 (0.643)	19.454 (0.998)	不平稳
△IndustryExport	-10.516*** (0.000)	-8.335*** (0.000)	137.104*** (0.000)	161.763*** (0.000)	平稳
$\triangle^2$IndustryExport	-9.997*** (0.000)	-11.518*** (0.000)	194.231*** (0.000)	365.066*** (0.000)	平稳

注：***表示在1%显著性水平下拒绝原假设；括号上的数字表示相应统计量的值；括号内的数字是相应统计量的伴随概率；△表示相应变量的一阶差分；$\triangle^2$表示相应变量的二阶差分；检验形式都采用包含截距和趋势项的检验。

从表4-6中可以看出，在1%的显著性水平上，只有人口（Person）水平值拒绝单位根假设之外，服从I（0）过程，其余变量均不能拒绝单位根假设。对所有变量进行一阶差分后，在1%的显著性水平上只有GDP、人均GDP不能拒绝单位根之外，一阶差分的其他变量均为平稳序列，服从I（1）过程。从表4-6中也可以看出所有变量经过二阶差分之后，在1%的显著水平下为二阶单整，服从 I（2）过程。

表 4-7 产业结构指标面板单位根检验

变量	LLC	IPS	ADF-Fisher	PP-Fisher	结论
IndustryAddValue	-4.431*** (0.000)	-1.175 (0.119)	47.811 (0.248)	32.742 (0.846)	不平稳
△IndustryAddValue	0.271 (0.607)	2.834 (0.997)	24.207 (0.987)	20.352 (0.998)	不平稳
$\triangle^2$IndustryAddValue	-10.587*** (0.000)	-8.832*** (0.000)	150.832*** (0.000)	286.922*** (0.000)	平稳
IndustryAddValue. GDP	5.591 (1.000)	6.359 (1.000)	12.978 (1.000)	4.891 (1.000)	不平稳
△IndustryAddValue. GDP	-7.599*** (0.000)	-2.649*** (0.004)	67.496*** (0.007)	65.689 (0.011)	平稳
$\triangle^2$IndustryAddValue. GDP	-12.891*** (0.000)	-11.691*** (0.000)	189.836*** (0.000)	375.946*** (0.000)	平稳
HtValue	6.686 (1.000)	8.159 (1.000)	28.626 (0.942)	11.512 (1.000)	不平稳
△HtValue	-2.957*** (0.001)	-1.846 (0.032)	72.203*** (0.002)	95.473*** (0.000)	平稳
$\triangle^2$HtValue	-11.632*** (0.000)	-11.541*** (0.000)	191.119*** (0.000)	276.938*** (0.000)	平稳
HtValue. IndustryAddValue	4.911 (1.000)	6.713 (1.000)	23.691 (1.000)	13.229 (1.000)	不平稳
△HtValue. IndustryAddValue	-8.761*** (0.000)	-6.054*** (0.000)	115.091*** (0.000)	118.840*** (0.000)	平稳
$\triangle^2$HtValue. IndustryAddValue	-11.870*** (0.000)	-12.187*** (0.000)	197.617*** (0.000)	357.320*** (0.000)	平稳

注：***表示在1%显著性水平下拒绝原假设；括号上的数字表示相应统计量的值；括号内的数字是相应统计量的伴随概率；△表示相应变量的一阶差分；$\triangle^2$表示相应变量的二阶差分；检验形式都采用包含截距和趋势项的检验。

从表 4-7 中可以看出，在 1%的显著性水平上，所有变量均不能拒绝单位根假设。对所有变量进行一阶差分后，在 1%的显著性水平上只有工业增加值不能拒绝单位根之外，一阶差分的其他变量均为平稳序列，服从 I（1）过程。从表 4-7 中也可以看出所有变量经过二阶差分之后，在 1%的显著水平下为二阶单整，服从 I（2）过程。

表 4-8　市场发育程度指标面板单位根检验

变量	LLC	IPS	ADF-Fisher	PP-Fisher	结论
GovEnpValue	-2.742*** (0.003)	-0.138 (0.445)	37.578 (0.665)	30.479 (0.906)	不平稳
△GovEnpValue	-3.279*** (0.000)	0.750 (0.773)	40.806 (0.523)	40.509 (0.536)	不平稳
$\triangle^2$GovEnpValue	-12.008*** (0.000)	-10.234*** (0.000)	172.019*** (0.000)	348.898*** (0.000)	平稳
GovEnpValue. GDP	2.618 (0.995)	4.295 (1.000)	25.641 (0.978)	11.322 (1.000)	不平稳
△GovEnpValue. GDP	-10.337*** (0.000)	-6.668*** (0.000)	114.304*** (0.000)	169.739*** (0.000)	平稳
$\triangle^2$GovEnpValue. GDP	-14.410*** (0.000)	-12.752*** (0.000)	206.298*** (0.000)	379.075*** (0.000)	平稳
ThirdAddValue	7.393 (1.000)	14.953 (1.000)	1.214 (1.000)	4.105 (1.000)	不平稳
△ThirdAddValue	-5.949*** (0.000)	-4.639*** (0.000)	100.264*** (0.000)	120.026*** (0.000)	平稳
$\triangle^2$ThirdAddValue	-16.153*** (0.000)	-15.595*** (0.000)	241.298*** (0.000)	325.516*** (0.000)	平稳
ThirdAddValue. GDP	7.095 (1.000)	5.173 (1.000)	14.371 (1.000)	15.428 (0.999)	不平稳
△ThirdAddValue. GDP	-5.694*** (0.000)	-0.663 (0.253)	52.698 (0.124)	64.880 (0.013)	不平稳
$\triangle^2$ThirdAddValue. GDP	-17.698*** (0.000)	-13.809*** (0.000)	194.854*** (0.000)	387.104*** (0.000)	平稳
ThirdHr	-1.384 (0.083)	-0.768 (0.221)	64.486** (0.014)	51.529 (0.148)	不平稳
△ThirdHr	-10.675*** (0.000)	-8.828*** (0.000)	144.746*** (0.000)	174.794*** (0.000)	平稳
$\triangle^2$ThirdHr	-14.938*** (0.000)	-15.129*** (0.000)	232.204*** (0.000)	346.001*** (0.000)	平稳

续表

变量	LLC	IPS	ADF-Fisher	PP-Fisher	结论
ThirdHr. Hr	-5.366*** (0.000)	-1.917 (0.027)	66.215*** (0.010)	58.296 (0.048)	不平稳
△ThirdHr. Hr	-16.697*** (0.000)	-13.734*** (0.000)	211.994*** (0.000)	255.347*** (0.000)	平稳
$\triangle^2$ThirdHr. Hr	-17.721*** (0.000)	-17.876*** (0.000)	269.474*** (0.000)	394.977*** (0.000)	平稳
IE	3.593 (0.999)	2.508 (0.993)	35.549 (0.748)	23.342 (0.991)	不平稳
△IE	-6.673*** (0.000)	-5.056*** (0.000)	103.610*** (0.000)	146.025*** (0.000)	平稳
$\triangle^2$IE	-12.371*** (0.000)	-12.532*** (0.000)	200.706*** (0.000)	353.113*** (0.000)	平稳
IE. GDP	-2.151** (0.015)	1.785 (0.962)	27.597 (0.957)	18.504 (0.999)	不平稳
△IE. GDP	-13.310*** (0.000)	-9.612*** (0.000)	156.760*** (0.000)	220.099*** (0.000)	平稳
$\triangle^2$IE. GDP	-16.986*** (0.000)	-15.514*** (0.000)	240.279*** (0.000)	375.860*** (0.000)	平稳
ForeignNum	-1.098 (0.136)	-0.336 (0.368)	35.625 (0.745)	32.871 (0.842)	不平稳
△ForeignNum	-12.756*** (0.000)	-8.299*** (0.000)	135.550*** (0.000)	146.298*** (0.000)	平稳
$\triangle^2$ForeignNum	-23.351*** (0.000)	-18.205*** (0.000)	272.288*** (0.000)	366.533*** (0.000)	平稳
ForeignInvest	2.147 (0.984)	6.312 (1.000)	23.803 (0.989)	36.418 (0.713)	不平稳
△ForeignInvest	-0.149 (0.441)	0.263 (0.603)	61.935 (0.024)	80.895*** (0.000)	不平稳
$\triangle^2$ForeignInvest	-11.872*** (0.000)	-10.012*** (0.000)	168.792*** (0.000)	233.424*** (0.000)	平稳
TechTrade	5.749 (1.000)	5.782 (1.000)	40.049 (0.556)	19.048 (0.999)	不平稳

续表

变量	LLC	IPS	ADF-Fisher	PP-Fisher	结论
△TechTrade	-6.125*** (0.000)	-6.029*** (0.000)	129.716*** (0.000)	171.370*** (0.000)	平稳
$\triangle^2$TechTrade	-9.297*** (0.000)	-10.963*** (0.000)	184.940*** (0.000)	274.671*** (0.000)	平稳

注：***表示在1%显著性水平下拒绝原假设；括号上的数字表示相应统计量的值；括号内的数字是相应统计量的伴随概率；△表示相应变量的一阶差分；$\triangle^2$表示相应变量的二阶差分；检验形式都采用包含截距和趋势项的检验。

从表4-9中可以看出，在1%的显著性水平上，所有变量均不能拒绝单位根假设。对所有变量进行一阶差分后，在1%的显著性水平上只有国有控股工业企业产值和外商企业投资总额不能拒绝单位根之外，一阶差分的其他变量均为平稳序列，服从I（1）过程。从表4-8中也可以看出所有变量经过二阶差分之后，在1%的显著水平下为二阶单整，服从I（2）过程。

表4-9 研发基础环境指标面板单位根检验

变量	LLC	IPS	ADF-Fisher	PP-Fisher	结论
TechCup. GDP	-4.839*** (0.000)	-3.092*** (0.001)	74.821*** (0.001)	56.037 (0.072)	平稳
△TechCup. GDP	-14.910*** (0.000)	-12.589*** (0.000)	198.075*** (0.000)	261.396*** (0.000)	平稳
$\triangle^2$TechCup. GDP	-22.808*** (0.000)	-20.091*** (0.000)	286.721*** (0.000)	380.513*** (0.000)	平稳
RDHr	-1.360* (0.086)	1.452 (0.926)	38.980 (0.604)	35.466 (0.751)	不平稳
△RDHr	-7.787*** (0.000)	-7.867*** (0.000)	132.890*** (0.000)	145.842*** (0.000)	平稳
$\triangle^2$RDHr	-15.468*** (0.000)	-16.582*** (0.000)	250.244*** (0.000)	312.727*** (0.000)	平稳
ColledgeNum	2.350 (0.991)	3.924 (1.000)	16.199 (0.999)	17.678 (0.999)	不平稳
△ColledgeNum	-13.101*** (0.000)	-11.064*** (0.000)	173.953*** (0.000)	208.952*** (0.000)	平稳
$\triangle^2$ColledgeNum	-20.058*** (0.000)	-18.221*** (0.000)	274.672*** (0.000)	395.198*** (0.000)	平稳
Invention	16.840 (1.000)	20.937 (1.000)	3.587 (1.000)	0.002 (1.000)	不平稳

续表

变量	LLC	IPS	ADF-Fisher	PP-Fisher	结论
△Invention	9.528 (1.000)	-0.728 (1.000)	101.845 (1.000)	4.793 (1.000)	不平稳
$\triangle^2$Invention	-7.553 (0.000)	-15.229 (0.000)	220.578 (0.000)	12.362 (1.000)	平稳
EduFund	-3.749*** (0.000)	1.428 (0.923)	31.016 (0.894)	11.975 (1.000)	不平稳
△EduFund	-5.376*** (0.000)	-4.337*** (0.000)	86.850*** (0.000)	75.255*** (0.001)	平稳
$\triangle^2$EduFund	-12.002*** (0.000)	-11.923*** (0.000)	199.066*** (0.000)	265.466*** (0.000)	平稳

注：***表示在1%显著性水平下拒绝原假设；括号上的数字表示相应统计量的值；括号内的数字是相应统计量的伴随概率；△表示相应变量的一阶差分；$\triangle^2$表示相应变量的二阶差分；检验形式都采用包含截距和趋势项的检验。

从表4-9中可以看出，在1%的显著性水平上，除研发经费/GDP拒绝单位根假设之外，服从I（0）过程，其余变量均不能拒绝单位根假设。国内发明专利授权量不能拒绝单位根之外，一阶差分的其他变量均为平稳序列，服从I（1）过程。从表4-9中也可以看出所有变量经过二阶差分之后，在1%的显著水平下为二阶单整，服从I（2）过程。

表4-10　政府支持指标面板单位根检验

变量	LLC	IPS	ADF-Fisher	PP-Fisher	结论
TechGov	3.346 (0.999)	9.556 (1.000)	17.965 (0.999)	5.650 (1.000)	不平稳
△TechGov	-2.168 (0.015)	-4.728*** (0.000)	113.435*** (0.000)	115.598*** (0.000)	平稳
$\triangle^2$TechGov	-8.671*** (0.000)	-10.939*** (0.000)	192.578*** (0.000)	268.937*** (0.000)	平稳
TechGov. Rdunm	3.867 (0.999)	3.043 (0.998)	31.907 (0.871)	30.825 (0.898)	不平稳
△TechGov. Rdunm	-9.821*** (0.000)	-9.989*** (0.000)	153.208*** (0.000)	162.180*** (0.000)	平稳
$\triangle^2$TechGov. Rdunm	-17.500*** (0.000)	-15.338*** (0.000)	221.754*** (0.000)	361.485*** (0.000)	平稳
TechGov. GDP	1.907 (0.971)	1.824 (0.965)	35.460 (0.751)	33.707 (0.815)	不平稳

续表

变量	LLC	IPS	ADF-Fisher	PP-Fisher	结论
△TechGov. GDP	-7.907*** (0.000)	-6.202*** (0.000)	108.562*** (0.000)	118.061*** (0.000)	平稳
$\triangle^2$TechGov. GDP	-15.923*** (0.000)	-14.503*** (0.000)	223.037*** (0.000)	306.916*** (0.000)	平稳
GovSupport	-2.776*** (0.0027)	0.187 (0.574)	25.901 (0.893)	17.982 (0.994)	不平稳
△GovSupport	-12.175*** (0.000)	-7.326*** (0.000)	111.766*** (0.000)	118.294*** (0.000)	平稳
$\triangle^2$GovSupport	-15.061*** (0.000)	-12.271*** (0.000)	155.414*** (0.000)	259.681*** (0.000)	平稳

注：***表示在1%显著性水平下拒绝原假设；括号上的数字表示相应统计量的值；括号内的数字是相应统计量的伴随概率；△表示相应变量的一阶差分；$\triangle^2$表示相应变量的二阶差分；检验形式都采用包含截距和趋势项的检验。

从表4-10中可以看出，在1%的显著性水平上，所有变量均不能拒绝单位根假设。对所有变量进行一阶差分后，在1%的显著性水平上均不能拒绝单位根。从表4-10中可以看出所有变量经过二阶差分之后，在1%的显著水平下为二阶单整，服从I（2）过程。

表4-11　区位优势指标面板单位根检验

变量	LLC	IPS	ADF-Fisher	PP-Fisher	结论
RailRoad	-4.719*** (0.000)	-2.152 (0.015)	68.425*** (0.006)	66.923*** (0.008)	平稳
△RailRoad	-18.783*** (0.000)	-14.946*** (0.000)	219.696*** (0.000)	332.510*** (0.000)	平稳
$\triangle^2$RailRoad	-17.784*** (0.000)	-17.597*** (0.000)	272.171*** (0.000)	414.348*** (0.000)	平稳
Road	1.095 (0.863)	2.107 (0.982)	30.208 (0.912)	28.521 (0.944)	不平稳
△Road	-11.128*** (0.000)	-8.057*** (0.000)	134.988*** (0.000)	174.592*** (0.000)	平稳
$\triangle^2$Road	-19.471*** (0.000)	-16.534*** (0.000)	246.630*** (0.000)	402.431*** (0.000)	平稳

注：***表示在1%显著性水平下拒绝原假设；括号上的数字表示相应统计量的值；括号内的数字是相应统计量的伴随概率；△表示相应变量的一阶差分；$\triangle^2$表示相应变量的二阶差分；检验形式都采用包含截距和趋势项的检验。

从表4-11中可以看出，在1%的显著性水平上，只有单位面积铁路营运里程拒绝单位根假设之外，服从I（0）过程，单位面积公路营运里程不能拒绝单位根假设。从表4-11中也可以看出所有变量经过二阶差分之后，在1%的显著水平下为二阶单整，服从I（2）过程。

表4-12 R&D创新绩效指标面板单位根检验

变量	LLC	IPS	ADF-Fisher	PP-Fisher	结论
HT. Npsale	7.702 (1.000)	9.477 (1.000)	23.221 (1.000)	21.198 (1.000)	不平稳
△HT. Npsale	-7.002*** (0.000)	-9.331*** (0.000)	165.895*** (0.000)	204.561*** (0.000)	平稳
$\triangle^2$HT. Npsale	-17.349*** (0.000)	-19.718*** (0.000)	270.128*** (0.000)	341.334*** (0.000)	平稳
Med. Npsale	3.230 (0.999)	5.852 (1.000)	26.016 (0.974)	18.511 (0.999)	不平稳
△Med. Npsale	-9.152*** (0.000)	-8.957*** (0.000)	146.945*** (0.000)	208.986*** (0.000)	平稳
$\triangle^2$Med. Npsale	-14.226*** (0.000)	-17.031*** (0.000)	262.719*** (0.000)	364.987*** (0.000)	平稳
Med. patent	-2.234 (0.012)	-2.437*** (0.007)	71.337*** (0.003)	57.882 (0.052)	不平稳
△Med. patent	-13.251*** (0.000)	-15.101*** (0.000)	234.814*** (0.000)	281.133*** (0.000)	平稳
$\triangle^2$Med. patent	-19.359*** (0.000)	-21.865*** (0.000)	287.945*** (0.000)	348.870*** (0.000)	平稳
Dev. Npsale	-0.418 (0.337)	2.664 (0.996)	44.013 (0.386)	59.071 (0.042)	不平稳
△Dev. Npsale	-10.348*** (0.000)	-12.002*** (0.000)	200.171*** (0.000)	352.948*** (0.000)	平稳
$\triangle^2$Dev. Npsale	-12.378*** (0.000)	-18.735*** (0.000)	255.510*** (0.000)	342.406*** (0.000)	平稳
Dev. patent	2.705 (0.996)	5.372 (1.000)	35.154 (0.763)	46.577 (0.289)	不平稳
△Dev. patent	-10.251*** (0.000)	-11.447*** (0.000)	200.497*** (0.000)	356.174*** (0.000)	平稳
$\triangle^2$Dev. patent	-18.759*** (0.000)	-21.743*** (0.000)	273.331*** (0.000)	381.665*** (0.000)	平稳
HT. patent	2.237 (0.987)	4.282 (1.000)	25.524 (0.979)	22.865 (0.993)	不平稳

续表

变量	LLC	IPS	ADF-Fisher	PP-Fisher	结论
△HT. patent	-15.169*** (0.000)	-14.282*** (0.000)	223.363*** (0.000)	292.066*** (0.000)	平稳
$\triangle^2$HT. patent	-4.438*** (0.000)	-14.273*** (0.000)	226.925*** (0.000)	413.906*** (0.000)	平稳

在1%的显著性水平上，所有变量均不能拒绝单位根假设。从表4-12中也可以看出所有变量经过二阶差分之后，在1%的显著水平下为二阶单整，服从I（2）过程。

综上所述，在1%的显著性水平上，除3个变量（人口、研发经费/GDP和单位面积铁路营运里程）的水平值拒绝单位根假设之外，服从I（0）过程，其余变量均不能拒绝单位根假设。对所有变量进行一阶差分后，在1%的显著性水平上只有GDP、人均GDP、第三产业增加值/GDP、工业增加值、国有控股工业企业产值、外商企业投资总额和国内发明专利授权量不能拒绝单位根之外，一阶差分后的其他变量均为平稳序列，服从I（1）过程。从表4-6至表4-12中也可以看出，所有变量经过二阶差分之后，在1%的显著水平下为二阶单整，服从I（2）过程，说明这些变量之间可能存在长期均衡关系，可以进一步做协整检验分析变量之间的动态关系检验。

4.4.2 面板协整关系检验

（1）面板协整关系检验的原理

协整检验的目的在于检验两个或多个非平稳序列变量之间是否存在长期均衡关系。虽然两个或多个序列变量是非平稳的，但它们的同阶单整序列的某种线性组合却表现出平稳性，则这些变量之间存在着长期稳定的均衡关系，本研究成果采用Johansen面板协整检验和Pedroni检验。

①Johansen面板协整检验

Maddala和Wu（1999）基于Fisher提出的单个因变量联合检验的研究结论，建立了可用于面板数据的协整检验方法，通过联合单个截面个体Johansen协整检验结果可作为面板数据的检验统计量[199]。面板数据协整检验的Fisher统计量公式如下：

$$Fisher = -2\sum_{i}^{N} ln(\pi_i) \tag{4-10}$$

Maddala 和 Wu（1999）认为在零假设“存在相应个数的协整向量”下，Fisher 统计量渐进服从χ^2（$2N$），如果无法拒绝原假设，则表明面板数据存在相应个数的协整向量[199]。

②Pedroni 检验

Pedroni（1999）提出了基于 EG 二步法的面板数据协整检验法[200]，该方法以协整方程的回归残差为基础构造 7 个统计量来检验面板数据之间的协整关系。该检验的零假设为面板数据变量之间不存在协整关系。其基本回归模型：

$$y_{it} = \alpha_i + \delta_i t + x'_{it}\beta_i + \mu_{it} \tag{4-11}$$

$$y_{it} = y_{it-1} + \omega_{it} \tag{4-12}$$

$$x_{it} = x_{it-1} + \varepsilon_{it} \tag{4-13}$$

上式中：$\beta_i = (\beta_{1i}, \beta_{2i}, \cdots, \beta_{ki})'$，$x_{it} = (x_{1,it}, x_{2,it}, \cdots, x_{k,it})'$，$t=1, 2, \cdots, T$，$i=1, 2, \cdots, N$，$k$ 为模型中解释变量个数，参数 α_i 和 δ_i 是每个截面的个体和趋势效应。

Pedroni（1999）提出了 7 个统计量来进行协整检验：一是检验同质面板数据的协整关系，构造了 Panel v-Statistic、Panel rho-Statistic、Panel PP-Statistic 和 Panel ADF-Statistic 统计量；二是检验异质面板数据的协整关系，构造 Group-rho-Statistic、Group PP-Statistic 和 Group ADF-Statistic 统计量，在假定条件下，这 7 个统计量都渐进服从标准正态分布，可以用来进行统计检验[200]。

（2）面板协整关系检验结果分析

单位根检验结果表明，所有变量均是二阶单整序列，符合展开协整关系检验的前提条件。从表 4-13 可以看出，Johansen 检验的迹统计量结果都接受变量之间存在协整关系的假设；Pedroni 检验各项统计量结果同样表明，高技术产业专利申请量与创新环境之间存在稳定的协整关系，且高技术产业新产品销售收入与创新环境之间也存在稳定的协整关系，因此，可以认为高技术产业 R&D 创新绩效和创新环境之间存在长期均衡关系[200]。

表 4-13　面板协整检验结果

检验方法	Johansen 检验		Pedroni 检验						
	0 个协整向量	至多存在一个协整向量	Panel v	Panel rho	Panel PP	Panel ADF	Group rho	Group PP	Group ADF
因变量：HT. patent									
GovSupport	168. 6*** (0. 000)	38. 00 (0. 378)	4. 422*** (0. 000)	-1. 131 (0. 129)	-3. 827*** (0. 000)	-4. 520*** (0. 000)	2. 440 (0. 992)	0. 713 (0. 762)	-1. 659** (0. 048)
GDP	111. 3*** (0. 000)	52. 51 (0. 128)	4. 915*** (0. 000)	-7. 337*** (0. 000)	-13. 662*** (0. 000)	-15. 309*** (0. 000)	-1. 753** (0. 039)	-7. 126*** (0. 000)	-7. 999*** (0. 000)
GDP. Person	94. 2*** (0. 000)	47. 18 (0. 269)	4. 387*** (0. 000)	-6. 916*** (0. 000)	-13. 453*** (0. 000)	-15. 359*** (0. 000)	-1. 399* (0. 081)	-6. 845*** (0. 000)	-7. 799*** (0. 000)
Fix	125. 9*** (0. 000)	47. 91 (0. 245)	4. 020*** (0. 000)	-3. 476*** (0. 000)	-5. 347*** (0. 000)	-5. 468*** (0. 000)	-1. 407* (0. 079)	-8. 123*** (0. 000)	-8. 461*** (0. 000)
Person	94. 2*** (0. 000)	47. 18 (0. 269)	4. 316*** (0. 000)	-1. 673** (0. 047)	-4. 819*** (0. 000)	-4. 868*** (0. 000)	2. 353 (0. 991)	-0. 174 (0. 431)	-0. 804 (0. 211)
Fix. Person	135. 4*** (0. 000)	45. 90 (0. 314)	3. 389*** (0. 000)	-2. 589*** (0. 004)	-4. 414*** (0. 000)	-4. 465*** (0. 000)	-0. 904 (0. 182)	-7. 334*** (0. 000)	-7. 981*** (0. 000)
IndustryExport	210. 4*** (0. 000)	47. 66 (0. 254)	-0. 867 (0. 807)	2. 358 (0. 991)	0. 106 (0. 542)	-2. 560*** (0. 005)	1. 891 (0. 971)	-0. 798 (0. 212)	-2. 428*** (0. 007)
ThirdAddValue	169. 6*** (0. 000)	71. 21*** (0. 003)	10. 946*** (0. 000)	-7. 686*** (0. 000)	-10. 663*** (0. 000)	-10. 099*** (0. 000)	-2. 547*** (0. 005)	-13. 934*** (0. 000)	-10. 841*** (0. 000)
ThirdAddValue. GDP	124. 6*** (0. 000)	54. 62* (0. 092)	2. 551*** (0. 005)	1. 035 (0. 849)	-2. 537*** (0. 005)	-2. 706*** (0. 003)	2. 697 (0. 996)	-0. 364 (0. 357)	-2. 865*** (0. 002)

续表

检验方法	Johansen 检验		Pedroni 检验						
	0个协整向量	至多存在一个协整向量	Panel v	Panel rho	Panel PP	Panel ADF	Group rho	Group PP	Group ADF
IndustryAddValue	105.5*** (0.000)	52.24 (0.134)	-0.466 (0.679)	-1.945** (0.025)	-5.251*** (0.000)	-9.403*** (0.000)	1.477 (0.930)	-0.999 (0.158)	-4.210*** (0.000)
IndustryAddValue. GDP	110.4*** (0.000)	57.67* (0.054)	9.149*** (0.000)	-0.337 (0.367)	-3.766*** (0.000)	-5.230*** (0.000)	2.133 (0.983)	-1.266 (0.102)	-4.451*** (0.000)
HtValue	165.3*** (0.000)	57.57* (0.055)	1.709** (0.043)	-4.613*** (0.000)	-8.371*** (0.000)	-7.590*** (0.000)	-1.441* (0.074)	-7.235*** (0.000)	-6.422*** (0.000)
HtValue. Industry AddValue	119.0*** (0.000)	52.26 (0.133)	13.661*** (0.000)	-0.592 (0.276)	-3.909*** (0.000)	-3.765*** (0.000)	0.014 (0.505)	-4.881*** (0.000)	-5.278*** (0.000)
GovEnpValue	196.4*** (0.000)	45.93 (0.313)	2.842*** (0.002)	-4.249*** (0.000)	-9.467*** (0.000)	-10.685*** (0.000)	2.305 (0.989)	-0.727 (0.233)	-2.341*** (0.009)
GovEnpValue. GDP	93.0*** (0.000)	48.70 (0.220)	4.004*** (0.000)	0.923 (0.822)	-2.141** (0.016)	-2.151** (0.015)	2.171 (0.985)	-2.172** (0.014)	-2.367*** (0.009)
ThirdHr	137.4*** (0.000)	55.02* (0.086)	0.917 (0.179)	1.288 (0.901)	-1.552* (0.060)	-1.596* (0.055)	0.729 (0.767)	-4.148*** (0.000)	-4.975*** (0.000)
ThirdHr. Hr	90.3*** (0.000)	40.08 (0.555)	8.064*** (0.000)	0.005 (0.502)	-3.242*** (0.000)	-3.238*** (0.000)	1.401 (0.919)	-1.630* (0.051)	-2.438*** (0.007)
IE	90.5*** (0.000)	37.50 (0.669)	-0.251 (0.599)	2.024 (0.978)	-0.840 (0.200)	-0.941 (0.173)	1.711 (0.956)	-0.995 (0.159)	-2.107** (0.017)
IE. GDP	100.5*** (0.000)	45.80 (0.317)	11.455*** (0.000)	-1.500* (0.066)	-4.193*** (0.000)	-5.115*** (0.000)	1.519 (0.935)	-1.373* (0.084)	-3.077*** (0.001)

续表

检验方法	Johansen 检验		Pedroni 检验						
	0 个协整向量	至多存在一个协整向量	Panel v	Panel rho	Panel PP	Panel ADF	Group rho	Group PP	Group ADF
ForeignNum	79.1*** (0.001)	39.91 (0.563)	3.248*** (0.000)	0.523 (0.699)	-2.794*** (0.002)	-3.048*** (0.001)	3.659 (0.999)	1.842 (0.967)	-0.605 (0.272)
ForeignInvest	139.1*** (0.000)	51.10 (0.183)	1.107 (0.134)	-0.962 (0.167)	-2.290** (0.011)	-4.993*** (0.000)	1.242 (0.893)	-1.680** (0.046)	-3.836*** (0.000)
TechTrade	177.1*** (0.000)	55.36* (0.081)	12.205*** (0.000)	-3.866*** (0.000)	-8.101*** (0.000)	-3.379*** (0.000)	0.354 (0.638)	-3.950*** (0.000)	-4.982*** (0.000)
TechCup. GDP	140.8*** (0.000)	36.56 (0.708)	-1.321 (0.906)	0.898 (0.815)	-2.557*** (0.005)	-2.665*** (0.003)	2.912 (0.998)	0.359 (0.640)	-0.015 (0.493)
RDHr	101.8*** (0.000)	37.04 (0.688)	-1.046 (0.852)	-3.751*** (0.000)	-8.585*** (0.000)	-9.772*** (0.000)	1.049 (0.853)	-2.510*** (0.006)	-3.994*** (0.000)
ColledgeNum	108.9*** (0.000)	47.46 (0.260)	5.717*** (0.000)	-0.295 (0.383)	-3.514*** (0.000)	-3.682*** (0.000)	1.248 (0.894)	-3.284*** (0.000)	-4.219*** (0.000)
Invention	350.3 (0.000)	108.8 (0.000)	9.878 (0.000)	-4.013 (0.000)	-6.223 (0.000)	-7.478 (0.000)	-0.727 (0.233)	-5.287 (0.000)	-6.872 (0.000)
EduFund	124.9*** (0.000)	47.34 (0.264)	7.136*** (0.000)	-6.248*** (0.000)	-9.418*** (0.000)	-7.488*** (0.000)	-1.231 (0.109)	-5.733*** (0.000)	-7.322*** (0.000)
TechGov	180.0*** (0.000)	58.93 (0.431)	10.801*** (0.000)	-0.935 (0.174)	-5.087*** (0.000)	-4.494*** (0.000)	-1.221 (0.111)	-7.227*** (0.000)	-6.437*** (0.000)
TechGov. Rdunm	147.2*** (0.000)	43.48 (0.408)	5.212*** (0.000)	2.361 (0.991)	0.064 (0.525)	0.142 (0.556)	1.984 (0.976)	-1.353* (0.088)	-1.216 (0.111)

续表

检验方法	Johansen 检验		Pedroni 检验						
	0 个协整向量	至多存在一个协整向量	Panel v	Panel rho	Panel PP	Panel ADF	Group rho	Group PP	Group ADF
TechGov. GDP	113.4*** (0.000)	35.55 (0.749)	5.963*** (0.000)	1.936 (0.973)	-0.566 (0.285)	-0.529 (0.298)	2.469 (0.993)	-0.064 (0.474)	-2.053** (0.020)
RailRoad	122.1*** (0.000)	41.43 (0.496)	2.016** (0.021)	1.819 (0.965)	-0.599 (0.274)	-1.113 (0.132)	2.100 (0.982)	-0.853 (0.196)	-2.348*** (0.009)
Road	138.2*** (0.000)	50.74 (0.167)	1.022 (0.153)	-0.423 (0.335)	-3.619*** (0.000)	-3.362*** (0.000)	1.504 (0.933)	-1.521* (0.064)	-3.648*** (0.000)
因变量：HT. Npsale									
GovSupport	106.0*** (0.000)	29.40 (0.774)	8.573*** (0.000)	0.001 (0.500)	-0.620 (0.268)	-3.547*** (0.000)	3.328 (1.000)	3.845 (1.000)	-1.439* (0.075)
GDP	144.2*** (0.000)	61.81** (0.025)	0.461 (0.322)	1.583 (0.943)	0.954 (0.830)	0.087 (0.535)	1.574 (0.942)	-0.511 (0.305)	-5.078*** (0.000)
GDP. Person	141.3*** (0.000)	62.79** (0.020)	-0.289 (0.614)	1.915 (0.972)	1.566 (0.941)	1.323 (0.907)	1.855 (0.968)	0.161 (0.564)	-4.517*** (0.000)
Fix	134.2*** (0.000)	45.72 (0.320)	-1.282 (0.900)	1.359 (0.913)	-0.883 (0.187)	-9.179*** (0.000)	0.734 (0.769)	-9.798*** (0.000)	-9.930*** (0.000)
Person	439.5*** (0.000)	50.25 (0.179)	4.275*** (0.000)	0.892 (0.814)	-0.332 (0.370)	-0.517 (0.302)	2.710 (0.997)	1.418 (0.922)	-0.353 (0.362)
Fix. Person	164.3*** (0.000)	56.67* (0.065)	-1.324 (0.907)	1.019 (0.846)	-1.095 (0.137)	-9.243*** (0.000)	1.271 (0.898)	-7.376 (0.898)	-7.750*** (0.000)

续表

检验方法	Johansen 检验		Pedroni 检验						
	0 个协整向量	至多存在一个协整向量	Panel v	Panel rho	Panel PP	Panel ADF	Group rho	Group PP	Group ADF
IndustryExport	129.6*** (0.000)	37.91 (0.651)	-1.629 (0.948)	3.563 (0.999)	2.486 (0.994)	3.089 (0.999)	2.418 (0.992)	-0.276 (0.391)	-2.921*** (0.002)
ThirdAddValue	424.3*** (0.000)	89.73*** (0.000)	0.813 (0.208)	0.335 (0.631)	-2.456*** (0.007)	-10.744*** (0.000)	0.878 (0.810)	-8.992*** (0.000)	-11.782*** (0.000)
ThirdAddValue. GDP	131.1*** (0.000)	66.51** (0.009)	2.927*** (0.002)	2.324 (0.990)	-0.564 (0.286)	-1.287* (0.100)	3.051 (0.999)	-0.649 (0.258)	-4.043*** (0.000)
IndustryAddValue	140.5*** (0.000)	62.88** (0.020)	-0.759 (0.776)	3.973 (1.000)	5.619 (1.000)	6.657 (1.000)	3.268 (1.000)	2.831 (0.998)	-2.795*** (0.003)
IndustryAddValue. GDP	134.6*** (0.000)	59.61** (0.038)	2.927*** (0.002)	2.324 (0.990)	-0.564 (0.286)	-1.287* (0.099)	3.051 (0.999)	-0.649 (0.258)	-4.043*** (0.000)
HtValue	207.9*** (0.000)	49.15 (0.209)	-1.886 (0.970)	1.066 (0.857)	-1.072 (0.142)	-6.681*** (0.000)	1.101 (0.865)	-4.959*** (0.000)	-9.212*** (0.000)
HtValue. Industry AddValue	287.1*** (0.000)	57.96* (0.052)	-0.759 (0.776)	3.973 (1.000)	5.619 (1.000)	6.657 (1.000)	3.268 (1.000)	2.831 (1.000)	-2.795*** (0.003)
GovEnpValue	149.1*** (0.000)	53.06 (0.118)	1.203 (0.115)	3.741 (1.000)	5.647 (1.000)	4.288 (1.000)	3.427 (1.000)	3.698 (1.000)	-0.553 (0.290)
GovEnpValue. GDP	100.5*** (0.000)	46.87 (0.280)	5.941*** (0.000)	3.165 (1.000)	2.410 (0.992)	-0.0002 (0.499)	2.316 (0.990)	-1.590* (0.056)	-3.357*** (0.000)
ThirdHr	165.0*** (0.000)	57.31* (0.058)	-1.345 (0.911)	3.403 (1.000)	3.030 (0.999)	3.690 (1.000)	2.660 (0.996)	0.268 (0.996)	-1.882** (0.030)

续表

检验方法	Johansen 检验		Pedroni 检验						
	0 个协整向量	至多存在一个协整向量	Panel v	Panel rho	Panel PP	Panel ADF	Group rho	Group PP	Group ADF
ThirdHr. Hr	105.0*** (0.000)	48.00 (0.243)	7.488*** (0.000)	2.813 (0.998)	2.190 (0.986)	1.110 (0.866)	2.608 (0.995)	0.922 (0.822)	-0.033 (0.372)
IE	99.8*** (0.000)	41.71 (0.484)	-0.728 (0.767)	3.221 (0.999)	1.706 (0.956)	2.901 (0.998)	2.204 (0.986)	0.884 (0.812)	1.805 (0.965)
IE. GDP	113.8*** (0.000)	40.06 (0.557)	11.560*** (0.000)	1.662 (0.952)	0.681 (0.752)	0.030 (0.512)	2.591*** (0.005)	-1.477* (0.070)	-1.805** (0.036)
ForeignNum	89.0*** (0.000)	36.10 (0.727)	0.459 (0.323)	3.611 (1.000)	3.417 (1.000)	1.521 (0.936)	3.463 (1.000)	2.243 (0.988)	1.508 (0.934)
ForeignInvest	128.2*** (0.000)	45.03 (0.346)	-1.343 (0.910)	2.004 (0.977)	1.281 (0.899)	-2.818*** (0.002)	2.168 (0.985)	-1.308* (0.095)	-3.421*** (0.000)
TechTrade	184.4*** (0.000)	61.02** (0.029)	5.262*** (0.000)	-0.806 (0.210)	-3.662*** (0.000)	-5.240*** (0.000)	1.861 (0.969)	-3.571*** (0.000)	-5.050*** (0.000)
TechCup. GDP	119.6*** (0.000)	37.79 (0.656)	-0.945 (0.828)	1.374 (0.915)	-0.306 (0.380)	0.080 (0.532)	2.771 (0.997)	1.910 (0.973)	1.311 (0.905)
RDHr	130.7*** (0.000)	37.15 (0.683)	3.623*** (0.000)	1.930 (0.973)	2.798 (0.997)	-0.295 (0.384)	1.999 (0.977)	0.169 (0.567)	-4.380*** (0.000)
ColledgeNum	102.5*** (0.000)	49.60 (0.196)	7.324*** (0.000)	0.039 (0.515)	-2.842*** (0.002)	-3.122*** (0.000)	1.563 (0.941)	-1.811** (0.035)	-2.731*** (0.003)
Invention	102.5 (0.000)	49.6 (0.196)	7.323 (0.000)	0.038 (0.515)	-2.841 (0.002)	-3.121 (0.000)	1.562 (0.941)	-1.811 (0.035)	-2.731 (0.003)

续表

检验方法	Johansen 检验		Pedroni 检验						
	0 个协整向量	至多存在一个协整向量	Panel v	Panel rho	Panel PP	Panel ADF	Group rho	Group PP	Group ADF
EduFund	160. 4*** (0. 000)	44. 77 (0. 356)	2. 662*** (0. 004)	0. 449 (0. 673)	−0. 343 (0. 366)	−6. 191*** (0. 000)	1. 673 (0. 953)	−0. 678 (0. 249)	−7. 226*** (0. 000)
TechGov	325. 5*** (0. 000)	59. 40** (0. 040)	4. 078*** (0. 000)	0. 899 (0. 816)	−0. 870 (0. 192)	−2. 658*** (0. 004)	0. 900 (0. 816)	−4. 174*** (0. 000)	−8. 597*** (0. 000)
TechGov. Rdunm	179. 4*** (0. 000)	63. 04** (0. 019)	1. 598* (0. 055)	3. 822 (1. 000)	3. 355 (1. 000)	2. 260 (0. 988)	2. 128 (0. 983)	−0. 707 (0. 240)	−0. 238 (0. 406)
TechGov. GDP	104. 6*** (0. 000)	38. 30 (0. 634)	2. 091** (0. 018)	2. 878 (0. 998)	1. 992 (0. 977)	2. 588 (0. 995)	2. 213 (0. 987)	0. 270 (0. 606)	−0. 267 (0. 395)
RailRoad	143. 8*** (0. 000)	41. 30 (0. 501)	2. 101** (0. 018)	3. 181 (0. 999)	2. 762 (0. 997)	2. 666 (0. 996)	2. 232 (0. 987)	0. 209 (0. 582)	0. 055 (0. 583)
Road	87. 1*** (0. 000)	37. 82 (0. 655)	1. 815** (0. 035)	2. 924 (0. 998)	2. 995 (0. 999)	−2. 565*** (0. 005)	2. 061 (0. 980)	−1. 098 (0. 136)	−3. 593*** (0. 000)

注："*"、"**"、"***" 分别代表在 10%、5%、1%显著性水平下拒绝原假设；括号上的数字是 t 值；括号内的数字是相应统计量的伴随概率 p 值；Johansen 检验选择的是迹统计量。

4.4.3 面板格兰杰因果关系检验

（1）面板格兰杰因果关系检验的原理

传统的格兰杰因果关系检验主要对象是时间序列数据，但对于具有时间和个体双重维度的面板数据并不能有效估计[201]。基于传统的格兰杰因果检验的思想，Hurlin 和 Venet（2001）提出了固定系数的面板数据格兰杰因果检验方法[202]，Hurlin（2004）进一步提出固定系数的异质面板数据格兰杰因果检验方法[203]。

本研究成果采用 Hurlin 和 Venet（2001）提出的固定系数的面板数据格兰杰因果检验方法，检验 R&D 创新绩效和创新环境的面板格兰杰因果关系[202]。Hurlin 和 Venet 在基于面板数据的 VAR 过程进行研究，确定格兰杰检验的最优滞后期，对于每一个截面 i 和时间 t，检验滞后 $p \in \delta$ 期的模型：

$$Y_{i,t} = \sum_{k=1}^{p} \gamma^{(k)} Y_{i,t-1} + \sum_{k=1}^{p} \beta_i^{(k)} X_{i,t-k} + v_{i,t} \tag{4-14}$$

$$X_{i,t} = \sum_{k=1}^{p} \gamma^{(k)} X_{i,t-1} + \sum_{k=1}^{p} \beta_i^{(k)} Y_{i,t-k} + v_{i,t} \tag{4-15}$$

其中 $v_{i,t}=\alpha_i+\omega_t+\varepsilon_{i,t}$，$\varepsilon_{i,t} \sim i.i.d(0, \sigma_\varepsilon^2)$，$X$、$Y$ 分别表示两个不同的变量，在式（4-14）中，假定 Y 与其自身以及 X 的过去值有关，如果估计结果显示 X 项的系数和 p 值显著，说明 X 是 Y 的单向格兰杰原因。同样，在式(4-15)中，如果估计结果显示 Y 项的系数和 p 值显著，说明 Y 是 X 的单向格兰杰原因。若两者都显著，则说明变量 X 和 Y 具有双向格兰杰因果关系。对于以上模型进行的一致性假设检验，设置：

$$H_0: \beta^{(k)} = 0, \ \forall i \in [1, N], \ \forall k \in [1, p]$$

$$H_1: \beta^{(k)} \neq 0, \ \exists [i, k]$$

即设置零假设为变量之间不存在格兰杰因果关系，验证零假设的统计量可以通过 Hurlin 和 Venet 构造的 Wald 检验的 F 统计量来检验：

$$F_{hnc} = \frac{(RSS_2 - RSS_1)/p}{RSS_1/[NT - N(1+p) - p]} \tag{4-16}$$

式（4-16）中，RSS_2 和 RSS_1 分别为带约束和不带约束的 OLS 估计残差平方和，N 为面板数据宽度，T 为时间长度，p 为滞后阶数。

Hurlin 和 Venet（2001）[202]、Hurlin（2004）[203]、马兹晖（2008）[204]和杜沔和顾亮（2010）以及陆静（2012）[201]等学者研究表明，面板数据同时包含时间和截面两个维度的数据，具有增大样本数量、提高格兰杰因果检测的自由度并且减少了解释变量之间的共线性等优点，从而基于面板数据的格兰杰因果检验比时间序列数据有更强的准确性。

（2）面板格兰杰因果关系检验结果分析

协整检验结果仅仅说明了因变量和自变量之间存在长期均衡关系，但无法揭示变量是否具有因果关系。格兰杰因果检验本质上是检验一个变量的滞后变量是否可以引入到其他变量方程中，一个变量如果受到其他变量的滞后影响，则称它们具有格兰杰因果关系。

本研究成果基于面板数据的 VAR 过程进行格兰杰因果检验，格兰杰检验需要选取最优滞后阶数，理论上 VAR 中各方程式的残差必须符合无序列相关的要求，在无约束 VAR 模型条件下，目前比较常用的确定格兰杰最佳滞后阶数的标准主要有 LR、FPE、AIC、SC、HQ，在综合比较 5 种标准的基础上，按照多数原则确定格兰杰检验的最优滞后阶数。高技术产业 R&D 创新绩效和创新环境各变量的面板格兰杰因果检验结果如表 4-14 所示。

表 4-14　经济基础环境面板格兰杰因果检验结果

原假设	F 统计量	P 值	结论
GDP does not Granger Cause HT. patent	13. 371	0. 000	拒绝
HT. patent does not Granger Cause GDP	2. 616	0. 013	拒绝
GDP does not Granger Cause HT. Npsale	4. 762	0. 000	拒绝
HT. Npsale does not Granger Cause GDP	0. 535	0. 749	接受
GDP. Person does not Granger Cause HT. patent	12. 323	0. 000	拒绝
HT. patent does not Granger Cause GDP. Person	0. 923	0. 490	接受
GDP. Person does not Granger Cause HT. Npsale	1. 411	0. 239	接受
HT. Npsale does not Granger Cause GDP. Person	2. 541	0. 056	拒绝
Fix does not Granger Cause HT. patent	1. 971	0. 061	拒绝
HT. patent does not Granger Cause Fix	1. 558	0. 151	接受
Fix does not Granger Cause HT. Npsale	0. 923	0. 429	接受
HT. Npsale does not Granger Cause Fix	1. 899	0. 130	接受
Person does not Granger Cause HT. patent	5. 577	0. 000	拒绝

续表

原假设	F 统计量	P 值	结论
HT. patent does not Granger Cause Person	3. 294	0. 001	拒绝
Person does not Granger Cause HT. Npsale	1. 723	0. 106	接受
HT. Npsale does not Granger Cause Person	1. 259	0. 273	接受
Fix. Person does not Granger Cause HT. patent	2. 321	0. 022	拒绝
HT. patent does not Granger Cause Fix. Person	1. 150	0. 333	接受
Fix. Person does not Granger Cause HT. Npsale	0. 089	0. 965	接受
HT. Npsale does not Granger Cause Fix. Person	1. 781	0. 151	接受
IndustryExport does not Granger Cause HT. patent	32. 046	0. 000	拒绝
HT. patent does not Granger Cause IndustryExport	14. 072	0. 000	拒绝
IndustryExport does not Granger Cause HT. Npsale	4. 396	0. 000	拒绝
HT. Npsale does not Granger Cause IndustryExport	3. 145	0. 002	拒绝

从表 4-14 可以看出，GDP、人口（Person）、规模以上工业企业出口交货值与高技术产业专利申请数互为因果，是相互影响的；人均 GDP、全社会固定资产投资、人均固定资产投资是高技术产业专利申请数变化的原因，对其存在单向的格兰杰因果关系；规模以上工业企业出口交货值与高技术产业新产品销售收入是双向的格兰杰因果关系；GDP 是引起高技术产业新产品销售收入变化的原因，对其存在单向的格兰杰因果关系；而高技术产业新产品销售收入是引起人均 GD 变化的单向格兰杰原因。

表 4-15　产业结构面板格兰杰因果检验结果

原假设	F 统计量	P 值	结论
IndustryAddValue does not Granger Cause HT. patent	8. 243	0. 000	拒绝
HT. patent does not Granger Cause IndustryAddValue	2. 163	0. 039	拒绝
IndustryAddValue does not Granger Cause HT. Npsale	4. 641	0. 000	拒绝
HT. Npsale does not Granger Cause IndustryAddValue	1. 329	0. 233	接受
IndustryAddValue. GDP does not Granger Cause HT. patent	1. 666	0. 111	接受
HT. patent does not Granger Cause IndustryAddValue. GDP	0. 513	0. 845	接受
IndustryAddValue. GDP does not Granger Cause HT. Npsale	0. 880	0. 451	接受
HT. Npsale does not Granger Cause IndustryAddValue. GDP	0. 251	0. 860	接受
HtValue does not Granger Cause HT. patent	12. 321	0. 000	拒绝
HT. patent does not Granger Cause HtValue	11. 161	0. 000	拒绝

续表

原假设	F 统计量	P 值	结论
HtValue does not Granger Cause HT. Npsale	4. 221	0. 000	拒绝
HT. Npsale does not Granger Cause HtValue	3. 748	0. 000	拒绝
HtValue. IndustryAddValue does not Granger Cause HT. patent	3. 618	0. 001	拒绝
HT. patent does not Granger Cause HtValue. IndustryAddValue	2. 068	0. 049	拒绝
HtValue. IndustryAddValue does not Granger Cause HT. Npsale	5. 271	0. 000	拒绝
HT. Npsale does not Granger Cause HtValue. IndustryAddValue	0. 630	0. 677	接受

从表 4-15 可以看出，工业增加值、高技术产业主营业务收入、高技术产业产值/工业增加值与高技术产业专利申请数互为因果，是相互影响的；高技术产业主营业务收入与高技术产业新产品销售收入是双向的格兰杰因果关系；工业增加值、高技术产业产值/工业增加值是引起高技术产业新产品销售收入变化的原因，对其存在单向的格兰杰因果关系。

表 4-16　市场发育程度面板格兰杰因果检验结果

原假设	F 统计量	P 值	结论
GovEnpValue does not Granger Cause HT. patent	4. 604	0. 000	拒绝
HT. patent does not Granger Cause GovEnpValue	3. 991	0. 000	拒绝
GovEnpValue does not Granger Cause HT. Npsale	1. 454	0. 178	接受
HT. Npsale does not Granger Cause GovEnpValue	2. 085	0. 040	拒绝
GovEnpValue. GDP does not Granger Cause HT. patent	1. 643	0. 117	接受
HT. patent does not Granger Cause GovEnpValue. GDP	2. 781	0. 006	拒绝
GovEnpValue. GDP does not Granger Cause HT. Npsale	1. 219	0. 301	接受
HT. Npsale does not Granger Cause GovEnpValue. GDP	0. 757	0. 581	接受
ThirdAddValue does not Granger Cause HT. patent	15. 767	0. 000	拒绝
HT. patent does not Granger Cause ThirdAddValue	4. 048	0. 000	拒绝
ThirdAddValue does not Granger Cause HT. Npsale	5. 158	0. 000	拒绝
HT. Npsale does not Granger Cause ThirdAddValue	2. 426	0. 027	拒绝
ThirdAddValue. GDP does not Granger Cause HT. patent	1. 925	0. 060	拒绝
HT. patent does not Granger Cause ThirdAddValue. GDP	0. 488	0. 862	接受
ThirdAddValue. GDP does not Granger Cause HT. Npsale	1. 168	0. 325	接受
HT. Npsale does not Granger Cause ThirdAddValue. GDP	0. 234	0. 947	接受
ThirdHr does not Granger Cause HT. patent	2. 082	0. 041	拒绝

续表

原假设	F 统计量	P 值	结论
HT. patent does not Granger Cause ThirdHr	1. 351	0. 222	接受
ThirdHr does not Granger Cause HT. Npsale	2. 938	0. 021	拒绝
HT. Npsale does not Granger Cause ThirdHr	0. 714	0. 583	接受
ThirdHr. Hr does not Granger Cause HT. patent	1. 541	0. 156	接受
HT. patent does not Granger Cause ThirdHr. Hr	1. 125	0. 349	接受
ThirdHr. Hr does not Granger Cause HT. Npsale	1. 386	0. 239	接受
HT. Npsale does not Granger Cause ThirdHr. Hr	1. 449	0. 218	接受
IE does not Granger Cause HT. patent	20. 563	0. 000	拒绝
HT. patent does not Granger Cause IE	16. 779	0. 000	拒绝
IE does not Granger Cause HT. Npsale	4. 769	0. 000	拒绝
HT. Npsale does not Granger Cause IE	3. 991	0. 000	拒绝
IE. GDP does not Granger Cause HT. patent	8. 549	0. 000	拒绝
HT. patent does not Granger Cause IE. GDP	4. 442	0. 000	拒绝
IE. GDP does not Granger Cause HT. Npsale	1. 540	0. 147	接受
HT. Npsale does not Granger Cause IE. GDP	6. 181	0. 000	拒绝
ForeignNum does not Granger Cause HT. patent	9. 108	0. 000	拒绝
HT. patent does not Granger Cause ForeignNum	1. 519	0. 154	接受
ForeignNum does not Granger Cause HT. Npsale	3. 798	0. 000	拒绝
HT. Npsale does not Granger Cause ForeignNum	1. 685	0. 106	接受
ForeignInvest does not Granger Cause HT. patent	9. 896	0. 000	拒绝
HT. patent does not Granger Cause ForeignInvest	3. 671	0. 000	拒绝
ForeignInvest does not Granger Cause HT. Npsale	3. 548	0. 001	拒绝
HT. Npsale does not Granger Cause ForeignInvest	3. 554	0. 001	拒绝

从表 4-16 可以看出，国有控股工业企业产值、进出口总额、进出口总额/GDP、外商企业投资总额与高技术产业专利申请数互为因果，是相互影响的；第三产业增加值/GDP、第三产业从业人员、外商企业投资总额是高技术产业专利申请数变化的原因，对其存在单向的格兰杰因果关系；而高技术产业专利申请数是引起国有控股工业企业产值/GDP 变化的原因；第三产业增加值、进出口总额、外商企业投资总额与高技术产业新产品销售收入是双向的格兰杰因果关系；第三产业从业人员、外商投资企业是引起高技术产业新产品销售收入变化的原因，对其存在单向的格兰杰因果关系；而高技术产业新

产品销售收入是引起国有控股工业企业产值、进出口总额/GDP 变化的单向格兰杰原因。

表 4-17 研发基础环境面板格兰杰因果检验结果

原假设	F 统计量	P 值	结论
TechTrade does not Granger Cause HT. patent	5. 702	0. 000	拒绝
HT. patent does not Granger Cause TechTrade	9. 274	0. 000	拒绝
TechTrade does not Granger Cause HT. Npsale	2. 521	0. 013	拒绝
HT. Npsale does not Granger Cause TechTrade	5. 008	0. 000	拒绝
TechCup. GDP does not Granger Cause HT. patent	1. 970	0. 053	拒绝
HT. patent does not Granger Cause TechCup. GDP	0. 421	0. 906	接受
TechCup. GDP does not Granger Cause HT. Npsale	1. 061	0. 387	接受
HT. Npsale does not Granger Cause TechCup. GDP	1. 133	0. 344	接受
RDHr does not Granger Cause HT. patent	4. 438	0. 000	拒绝
HT. patent does not Granger Cause RDHr	6. 897	0. 000	拒绝
RDHr does not Granger Cause HT. Npsale	6. 817	0. 000	拒绝
HT. Npsale does not Granger Cause RDHr	7. 760	0. 000	拒绝
ColledgeNum does not Granger Cause HT. patent	5. 496	0. 000	拒绝
HT. patent does not Granger Cause ColledgeNum	0. 691	0. 678	接受
ColledgeNum does not Granger Cause HT. Npsale	1. 681	0. 116	接受
HT. Npsale does not Granger Cause ColledgeNum	1. 187	0. 312	接受
Invention does not Granger Cause HT. patent	10. 615	0. 000	拒绝
HT. patent does not Granger Cause Invention	5. 768	0. 000	拒绝
Invention does notGranger Cause HT. Npsale	8. 495	0. 000	拒绝
HT. Npsale does not Granger Cause Invention	10. 008	0. 000	拒绝
EduFund does not Granger Cause HT. patent	7. 106	0. 000	拒绝
HT. patent does not Granger Cause EduFund	2. 346	0. 025	拒绝
EduFund does not Granger Cause HT. Npsale	1. 019	0. 419	接受
HT. Npsale does not Granger Cause EduFund	1. 329	0. 238	接受

从表 4-17 可以看出，技术市场成交额、RD 人员、国内发明专利授权量教育经费与高技术产业专利申请数互为因果，是相互影响的；研发经费/GDP、高校数量是高技术产业专利申请数变化的原因，对其存在单向的格兰杰因果关系；RD 人员和高技术产业新产品销售收入与高技术产业新产品销售收入是双向的格兰杰因果关系。

表 4-18 政府支持面板格兰杰因果检验结果

原假设	F 统计量	P 值	结论
TechGov does not Granger Cause HT. patent	5. 269	0. 000	拒绝
HT. patent does not Granger Cause TechGov	19. 599	0. 000	拒绝
TechGov does not Granger Cause HT. Npsale	0. 330	0. 953	接受
HT. Npsale does not Granger Cause TechGov	12. 649	0. 000	拒绝
TechGov. Rdunm does not Granger Cause HT. patent	2. 889	0. 005	拒绝
HT. patent does not Granger Cause TechGov. Rdunm	3. 896	0. 000	拒绝
TechGov. Rdunm does not Granger Cause HT. Npsale	1. 454	0. 186	接受
HT. Npsale does not Granger Cause TechGov. Rdunm	3. 128	0. 003	拒绝
TechGov. GDP does not Granger Cause HT. patent	3. 408	0. 001	拒绝
HT. patent does not Granger Cause TechGov. GDP	3. 171	0. 002	拒绝
TechGov. GDP does not Granger Cause HT. Npsale	0. 624	0. 756	接受
HT. Npsale does not Granger Cause TechGov. GDP	3. 513	0. 000	拒绝
GovSupport does not Granger Cause HT. patent	1. 597	0. 129	接受
HT. patent does not Granger Cause GovSupport	1. 233	0. 283	接受
GovSupport does not Granger Cause HT. Npsale	2. 344	0. 021	拒绝
HT. Npsale does not Granger Cause GovSupport	0. 372	0. 933	接受

从表 4-18 可以看出，政府财政科技支出、政府财政科技支出/RD 人员和政府财政科技支出/GDP 与高技术产业专利申请数互为因果，是相互影响的；政府战略政策是引起高技术产业新产品销售收入变化的原因，对其存在单向的格兰杰因果关系；而高技术产业新产品销售收入是引起政府财政科技支出、政府财政科技支出/RD 人员、政府财政科技支出/GDP 变化的单向格兰杰原因。

表 4-19 区位优势面板格兰杰因果检验结果

原假设	P 值	结论
RailRoad does not Granger Cause HT. patent	0. 388	接受
HT. patent does not Granger Cause RailRoad	0. 361	接受
RailRoad does not Granger Cause HT. Npsale	0. 005	拒绝
HT. Npsale does not Granger Cause RailRoad	0. 114	接受
Road does not Granger Cause HT. patent	0. 325	接受
HT. patent does not Granger Cause Road	0. 647	接受

续表

原假设	P 值	结论
Road does not Granger Cause HT. Npsale	0.000	拒绝
HT. Npsale does not Granger Cause Road	0.286	接受

从表 4-19 可以看出，单位面积铁路营运里程是引起高技术产业新产品销售收入变化的原因，对其存在单向的格兰杰因果关系；单位面积公路营运里程是引起高技术产业新产品销售收入变化的原因，对其存在单向的格兰杰因果关系。

表 4-20　R&D 创新绩效和创新环境变量面板格兰杰检验汇总表

主要指标	HT. patent	HT. Npsale	Med. patent	Med. Npsale	Dev. patent	Dev. Npsale
GovSupport		→	→			→
GDP	↔	→	↔	↔	↔	→
GDP. Person	→	←	↔	←	→	→
Fix	→		→	→	→	→
Person	↔		→	↔	↔	←
Fix. Person	→		↔		↔	→
IndustryExport	↔	↔	↔	↔	↔	↔
ThirdAddValue	↔	↔	↔	→	↔	↔
ThirdAddValue. GDP	→		→	→	→	
IndustryAddValue	↔	→	↔	↔	↔	→
IndustryAddValue. GDP			→	→		
HtValue	↔	↔	↔	↔	↔	↔
HtValue. IndustryAddValue	↔	→	↔			
GovEnpValue	↔	←	↔	↔	↔	←
GovEnpValue. GDP	←		←		→	
ThirdHr	→	→			→	→
ThirdHr. Hr						
IE	↔	↔	→	←	→	↔
IE. GDP	↔	←	→		↔	→
ForeignNum	→	→	→	↔	↔	→
ForeignInvest	↔	↔	→		↔	↔
TechTrade	↔	↔	←	↔	↔	→
TechCup. GDP	→					

续表

主要指标	HT. patent	HT. Npsale	Med. patent	Med. Npsale	Dev. patent	Dev. Npsale
RDHr	↔	↔	→	↔	↔	→
ColledgeNum	→		→	↔	→	→
Invention	↔	↔	↔	↔	↔	↔
EduFund	↔		↔	↔	↔	←
TechGov	↔	←	↔	↔	↔	↔
TechGov. Rdunm	↔	←	↔			
TechGov. GDP	↔	←				
RailRoad		→	→			
Road		→			→	

注："→"表明投入指标X对产出指标Y存在单向格兰杰因果关系；"←"表明产出指标Y对投入指标X存在单向格兰杰因果关系；"↔"表明投入指标X与产出指标Y存在格兰杰互为因果关系。

从R&D创新绩效和创新环境变量面板格兰杰因果关系检验汇总结果表4-20可以看出，创新环境指标总体而言均为高技术产业总体以及医药制造和医疗器械2个高技术子产业的专利申请量和新产品销售收入的格兰杰原因，创新环境指标在一定程度上可以解释高技术产业总体以及医药制造和医疗器械2个高技术子产业专利申请量和新产品销售额的变化现象；然而只有第三产业从业人员/总从业人员不是各项产出指标的格兰杰原因，对高技术产业总体以及医药制造和医疗器械2个高技术子产业专利申请量和新产品销售额的推动作用还没有充分体现出来。

4.5 本章小结

本章通过理论分析和文献梳理进一步分析了创新环境系统的六大维度：经济基础、产业结构、市场发育程度、研发基础、政府支持和区位优势，并将六大维度具体构成指标化测度，初步构建了创新环境系统指标体系。再运用单位根做数据平稳性检验，通过格兰杰检验法判断各创新环境系统指标与R&D创新绩效指标的格兰杰因果关系实现指标筛选。结果表明，六大维度构成指标中除第三产业从业人员/总从业人员变量指标外，均与R&D创新绩效存在影响关系，进而在初步构建的创新环境系统指标体系剔除该指标（第三产业从业人员/总从业人员），最终确立了创新环境指标体系如表4-21所示，为本研究成果后续 R&D 经费配置结构与 R&D 创新绩效关系的研究奠定基础。

在此基础上，同时验证了创新环境系统与 R&D 创新绩效之间的路径上存在显著的影响关系，从而有效地佐证了文中对创新环境系统与 R&D 创新绩效之间理论推演的合理性。因此，将创新环境系统纳入 R&D 经费配置对 R&D 创新绩效的研究框架中显得尤为重要。

表 4-21　创新环境指标体系最终确定表

一级指标	二级指标	指标变量
经济基础环境（6）	经济总量	GDP（亿元）
	富裕/发达程度	人均 GDP
	资本密集程度	全社会固定资产投资（亿元）
		人口（万）
		人均固定资产投资
	国际竞争力	规模以上工业企业出口交货值（亿元）
产业结构（4）	工业增加值及贡献率	工业增加值（亿元）
		工业增加值/地区生产总值
	高技术产值及贡献率	高技术产业主营业务收入（亿元）
		高技术产业产值/工业产值
市场发育程度（10）	产权结构	国有控股工业企业产值（亿元）
		国有控股工业企业产值/GDP
	现代化程度	第三产业增加值（亿元）
		第三产业增加值/GDP（亿元）
		第三产业从业人员（万）
	对外开放度	进出口总额（亿元）
		进出口总额/GDP
		外商投资企业（数）
		外商企业投资总额（百万美元）
	技术市场发育度	技术市场成交额（亿元）
研发基础环境（5）	研发强度	研发经费/GDP
	研发人才	R&D 人员（人）
	研发机构	高校数量（所）
	研发实力	国内发明专利授权量（项）
	研发潜能	教育经费（万元）

续表

一级指标	二级指标	指标变量
政府支持（4）	财政科技支持	政府财政科技支出（亿元）
		政府财政科技支出/R&D 人员（亿元人）
		政府财政科技支出/GDP
	政策支持	政府区域战略规划政策
地理区位优势（12）	交通发达程度	单位面积铁路营运里程（公里平方千米）
		单位面积高速公路里程（公里平方千米）
	所属经济区域	东北地区（A 区）、北部沿海（B 区）、东部沿海（C 区）、南部沿海（D 区）、黄河中游（E 区）、长江中游（F 区）、西南地区（G 区）、大西北地区（H 区）
	区位优势	沿海
		沿江

参考文献

[1] Hyytinen A, Toivanen O. Do financial constraints hold back innovation and growth?: Evidence on the role of public policy [J]. Research Policy, 2005, 34 (9): 1385-1403.

[2] Czarnitzki D, Hottenrott H. Financing constraints for industrial innovation: What do we know? [J]. Available at SSRN 1621683, 2010.

[3] 刘胜强，林志军，孙芳城，等．融资约束、代理成本对企业 R&D 投资的影响——基于我国上市公司的经验证据 [J]. 会计研究，2015 (11): 62-68.

[4] Lee C Y. The differential effects of public R&D support on firm R&D: Theory and evidence from multi-country data [J]. Technovation, 2011, 31 (5): 256-269.

[5] Arqué-Castells P. Persistence in R&D Performance and its Implications for the Granting of Subsidies [J]. Review of Industrial Organization, 2013, 43 (3): 193-220.

[6] 周海涛，张振刚．政府研发资助方式对企业创新投入与创新绩效的影响研究 [J]. 管理学报，2015, 12 (12): 1797-1804.

[7] Guo D, Guo Y, Jiang K. Government-subsidized R&D and firm innovation: Evidence from China [J]. Research Policy, 2016, 45 (6): 1129-1144.

[8] Zúñiga-Vicente J Á, Alonso-Borrego C, Forcadell F J, et al. Assessing the effect of public subsidies on firm R&D investment: a survey [J]. Journal of Economic Surveys, 2014, 28

(1)：36-67.

[9] 张继良，李琳琳．R&D 资助差异与企业技术创新阶段的关系研究［J］．科学学研究，2014，32（11）：1740-1746.

[10] 纪晓丽．市场化进程、法制环境与技术创新［J］．科研管理，2011，32（5）：8-16.

[11] 王丽霞．家族企业所有权程度、国际化程度、研发投入和创新绩效［D］．北京：北京邮电大学，2015.

[12] 廖中举．企业规模、股权集中度与 R&D 投入——一个非线性关系的研究［J］．未来与发展，2011（12）：94-97+106.

[13] 王一卉．政府补贴、研发投入与企业创新绩效——基于所有制、企业经验与地区差异的研究［J］．经济问题探索，2013（7）：138-143.

[14] 张小红，逯宇铎．政府补贴对企业 R&D 投资影响的实证研究［J］．科技管理研究，2014（15）：204-209.

[15] 王俊．R&D 补贴对企业 R&D 投入及创新产出影响的实证研究［J］．科学学研究，2010，28（9）：1368-1374.

[16] 吴延兵．中国哪种所有制类型企业最具创新性？［J］．世界经济，2012（6）：3-29.

[17] 唐清泉，李海威．我国产业结构转型升级的内在机制研究——基于广东 R&D；投入与产业结构的实证分析［J］．中山大学学报（社会科学版），2011，51（5）：191-199.

[18] 许晓雯，蔡虹．区域 R&D 投入绩效评价测度体系研究［J］．科学学与科学技术管理，2003，24（12）：5-8.

[19] 张宗益，周勇，钱灿，等．基于 SFA 模型的我国区域技术创新效率的实证研究［J］．软科学，2006，20（2）：125-128.

[20] 蔡翔，崔晓兰，熊静，等．我国地区 R&D 效率及其影响因素探究——基于“科研产出—成果转化”视角［J］．软科学，2013，27（3）：80-84.

[21] 翟琼，宋正一，张哲，等．R&D 投入对区域高技术产业发展的影响［J］．经济地理，2015，35（8）：129-134.

[22] 莫燕．区域 R&D 绩效评价［J］．科研管理，2004，25（1）：114-117.

[23] Cohen W M，Levinthal D A. Innovation and Learning：The Two Faces of R&D［J］. Economic Journal，1989，99（397）：569-596.

[24] Iorwerth A A. Canada's Low Business R&D Intensity：the Role of Industry Composition［J］. Working Papers-Department of Finance Canada，2005.

[25] 张海英，周志刚．中国 R&D 强度与经济增长、产业结构调整的动态关系研究［J］．经济问题探索，2014（6）：18-22.

[26] 姜南．专利密集型产业的 R&D 绩效评价研究——基于 DEA-Malmquist 指数法的

检验 [J]. 科学学与科学技术管理，2014，35 (3)：99-107.

[27] König M D, Lorenz J, Zilibotti F. Innovation vs. imitation and the evolution of productivity distributions [J]. Theoretical Economics, 2016, 11 (3): 1053-1102.

[28] 邹彩芬，刘双，王丽，等. 政府 R&D 补贴、企业研发实力及其行为效果研究 [J]. 工业技术经济，2013 (10)：117-125.

[29] 廖信林，顾炜宇，王立勇. 政府 R&D 资助效果，影响因素与资助对象选择——基于促进企业 R&D 投入的视角 [J]. 中国工业经济，2013 (11)：148-160.

[30] 吴素春. 创新型城市内部企业 R&D 模式与创新绩效研究 [J]. 科研管理，2014，35 (1)：33-40.

[31] 李苗苗，肖洪钧，傅吉新. 财政政策、企业 R&D 投入与技术创新能力——基于战略性新兴产业上市公司的实证研究 [J]. 管理评论，2014，26 (8)：135-144.

[32] Cuntz A. Do public R&D funds affect the location choices of elite scientists in Europe? [J]. Research Evaluation, 2016.

[33] 肖仁桥，钱丽，陈忠卫. 中国高技术产业创新效率及其影响因素研究 [J]. 管学，2012 (5)：85-98.

[34] Levin A, Lin C F, Chu C S J. Unit root tests in panel data: asymptotic and finite-sample properties [J]. Journal of Econometrics, 2002, 108 (1): 1-24.

[35] Im K S, Pesaran M H, Shin Y. Testing for unit roots in heterogeneous panels [J]. Journal of econometrics, 2003, 115 (1): 53-74.

[36] Maddala G S, Wu S. A Comparative Study of Unit Root Tests with Panel Data and a New Simple Test [J]. Oxford Bulletin of Economics & Statistics, 1999, 61 (S1): 631-652.

[37] Pedroni P. Critical values for cointegration tests in heterogeneous panels with multiple regressors [J]. Oxford Bulletin of Economics and statistics, 1999 (61): 653-670.

[38] 杜沔，顾亮. 大股东持股比例和公司绩效的因果关系研究——基于我国上市公司面板数据的格兰杰因果检验 [J]. 预测，2010，29 (3)：50-54.

[39] Hurlin C, Venet B. Granger Causality Tests in Panel Data Models with Fixed Coefficients [J]. Document De Recherche Leo, 2001.

[40] Hurlin C. Testing Granger causality in heterogeneous panel data models with fixed coefficients [J]. Document de recherche LEO, 2004, 5.

[41] 马兹晖. 中国地方财政收入与支出——面板数据因果性与协整研究 [J]. 管理世界，2008 (3)：40-48.

[42] 陆静. 金融发展与经济增长关系的理论与实证研究——基于中国省际面板数据的协整分析 [J]. 中国管理科学，2012，20 (1)：177-184.

5 R&D经费配置结构与创新环境对创新绩效影响的实证研究

根据前文理论梳理可知：R&D 创新绩效不但受 R&D 经费投入总量的影响，同时受 R&D 经费配置结构和创新环境影响，并且在某种程度上科技经费配置结构和创新环境对创新绩效的影响可能更大，不同创新环境及经费配置结构下的科技创新绩效可能千差万别（彭宇文，2009[41]；王晓珍，2012[30]；白云朴和朱承亮，2014[19]）；因此将创新环境系统和经费配置情境纳入 R&D 经费投入产出的时滞研究是非常必要的，所以本研究成果中的时滞是 R&D 经费配置结构与创新环境交互作用下的时滞。本章重点对 R&D 经费配置结构与创新环境交互作用对创新绩效及其时滞的影响以及关键环境变量识别进行实证分析，具体思路如图 5-1 所示。

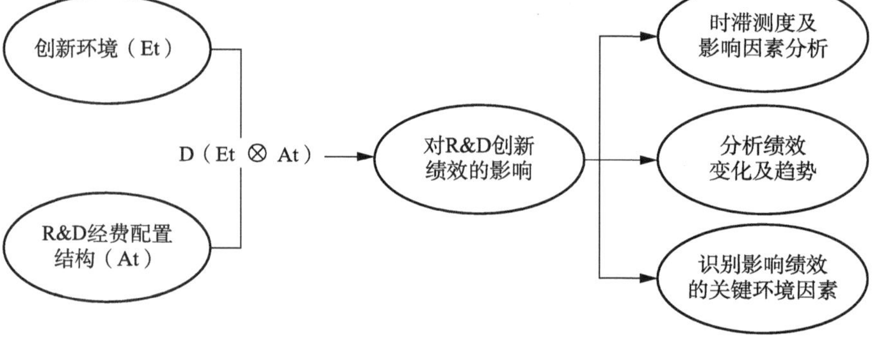

图 5-1 R&D 经费配置结构与创新环境对创新绩效的影响

5.1 基于稀疏 Group Lasso 的实证模型构建

5.1.1 稀疏 Group Lasso 的基本原理

对于一般线性模型：

$$y=X\theta^{*}+\omega \tag{5-1}$$

其中，$y\in R^{n}$ 表示 n 维观测向量，$\theta^{*}\in R^{p}$ 是未知回归向量，$X\in R^{n\times p}$ 是设计矩阵，$\omega\in R^{n}$ 是噪音向量。

当 $p\gg n$ 时，标准的线性模型（5-1）是不可识别的，那么为了得到一个可识别的模型，附加一个关于回归向量 θ^{*} 的一个约束是必要的。如果 θ^{*} 约束取 l_1 范数，即为 Lasso。Lasso 方法是在回归系数的绝对值之和小于一个常数的约束条件下，使残差平方和最小化，从而使得某些自变量的回归系数为 0，得到解释力较强的模型，其优点是速度快、可以进行连续的变量选择与模型参数估计。

①Group Lasso 的由来

Lasso 方法由 Tibshirani[206] 于 1996 年提出，但是 Lasso 方法仅适用于单一特征的选择，因此 Lasso 方法直接应用于具有结构的模型中时，其倾向于选择出单个特征，破坏了特征的组结构。同时，特征的微小变化会对最终预测结果造成很大影响。且 Meier 等人指出，特征的微小变化也会对最终的预测结果造成很大的影响。Yuan 等人提出的 Group Lasso 方法通过引入对罚函数的扩展很好地解决了这两个问题[207]。因此，Group Lasso 是对 Lasso 的一种推广，对组特征的选择进行研究，从而改进了 Lasso 在组结构数据上的缺陷，具体如下：

设下标集{1，2，…，p}可划分为 T 个不交组的集合，令划分集合 G= $\{G_1,\ \cdots,\ G_T\}$。对应的$\frac{l_1}{l_2}$范数为：

$$||\theta||_{G2}:=\sum_{i=1}^{T}||\theta_{G_i}||_2$$

则 Group Lasso 估计可写成：

$\hat{\theta}=arg\min\limits_{\theta\in Rp}\left\{\frac{1}{2n}||y-\theta X||_2^2+\lambda||\theta|_{G2}\right\}$，其中 $\lambda_n\geqslant 0$ 是正则化参数。

由于 $||\theta_{Gi}||_2$ 的奇点在 $\theta_{G_i}=0$（适当的正则参数可以使整个参数向量 $\theta_{G_i}=0$），从而会从拟合模型中将第 i 组剔除。若 $||\theta_{G_i}||_2\neq 0$，则该组所有元素都是非零，对应的组被选择。对于 Group Lasso，如果每组都仅有单一变量，模型退化为 Lasso。

一般地，(Group Lasso) 的基本框架是：

设 $Z_i=\{x_i,\ y_i\}\in R^p\times R$

其中，$i=1,\ \cdots,\ n$。$Z_1^n=\{Z_1,\ \cdots,\ Z_n\}$ 相互独立且服从未知概率分布 F，假设我们的主要目的是对一些分布 F 的参数 θ 进行估计，那么，对于已知观测值 Z_1^n，令：

$$\mathrm{L}:\ R^p\times Z^n\rightarrow R$$

此时，$\mathrm{L}(\theta;\ Z_1^n)$ 是关于参数 θ 的损失函数

假设总体风险：

$$R(\theta)=E_{Z_1^n}[\mathrm{L}(\theta;\ Z_1^n)]\ \text{不依赖于}\ n,$$

并令：

$$\theta^*\in arg\min_{\theta\in Rp}R(\theta)$$

为了通过数据 Z_1^n 估计模型（5-1）中参数 θ^*，我们求解一个损失函数与正则函数相结合的凸规划问题。

对于正则函数 r：$R^p\rightarrow R$，考虑统一的正则化估计：

$$\hat{\theta}=arg\min_{\theta\in Rp}\{L(\theta;\ Z_1^n)+\lambda_n R(\theta)\}\tag{5-2}$$

其中，$\lambda_n>0$ 为正则参数。

②Group Lasso 的几种定义及特点（Negahban，2009）[208]

定义 1（可分解性）

如果子空间 $A\subseteq B\subseteq R^p$，对任意的 $\alpha\subseteq A$，$\beta\subseteq B^{\perp}$，其中 $B^{\perp}$ 是 B 的正交空间，则有：

$$r(a+b)=r(a)+r(b)$$

并且定义误差向量：

$$\hat{\Delta}:=\hat{\theta}_{\lambda_n}-\theta^*$$

投影算子：

$$\prod_A(\mu) = arg \min_{\nu \in A} ||\mu - \upsilon||_*$$

如果损失函数 L 是凸的，则集合

$$C(A, B; \theta^*) := \left\{\Delta \in R^p \mid r\left(\prod_A^{\perp}(\theta^*)\right) \leqslant 3r\left(\prod_B(\Delta)\right) + 4r\left(\prod_A^{\perp}(\theta^*)\right)\right\}$$

其中包含的误差 $\hat{\Delta}$ 对任意 λ_n 满足：

$$\lambda_n \geqslant 2r^*(\nabla L(\theta; Z_1^n))。$$

定义 2（限制强凸性）

另外，对于损失函数 L 要求它满足限制强凸性，由 Negahban 等有限制强凸性的定义如下。

设集合 $K(\delta; A, B, \theta^*) = C(A, B; \theta^*) \cap (\theta \in R^p) \ ||\Delta||_* = \delta$

其中 K 由 C 和半径为 δ 的球体交叉部分组成。

若对于参数 $k_L>0$，所有 $\Delta \in K$，有：

$$L(\theta^* + \Delta; Z_1^n) - L(\theta^*; Z_1^n) - \{\nabla L(\theta^*; Z_1^n)\}, +\Delta \geqslant k_L ||\Delta||_*^2$$

则称损失函数满足限制强凸性。

定义 3（相容性常量）

$$\psi(B) = inf\{c>0 \mid r(u) \leqslant c \mid \mid \mu \mid \mid_* \forall_\mu \in B\}$$

上式表示一个与惩罚项 $r(\theta)$ 和误差（特指 l_2 范数）有关的正则子误差的相容性常量。

对于问题（2），定义临界容差：

$$\left\{\delta_n := inf_{\delta \geqslant 0}\left\{\delta \mid \delta \geqslant \frac{2\lambda_n}{k_L}\psi(B) + \sqrt{\frac{2\lambda_n r\left(\prod_A^{\perp}(\theta^*)\right)}{k_L}}\right]\right.$$

其中 $K(\delta; A, B, \theta^*)$ 上限制强凸性成立。

当正则参数

$$\lambda_n \geqslant 2r^*(\nabla L(\theta^*; Z_1^n);) \text{ 时，}$$

则式（5-2）的任意优化解：

$$\widehat{\theta_{\lambda_n}} \text{满足} ||\widehat{\theta_{\lambda_n}} - \theta^*||_* \leqslant \delta_n$$

③稀疏 Group Lasso 的理论性质

在许多现实问题中，需要保留组内的重要变量。基于此，Friedman

(2000)[209]等将用于组变量选择的 Group Lasso 方法进行推广，进而提出了稀疏 Group Lasso 方法，该方法弥补了 Group Lasso 的不足，不仅有效地剔除了不重要组，也在保证组内变量选择的灵活性的同时保证了组间具有稀疏性。

若已知组的划分为：

$$G^i = \{G_1^i, \cdots, G_{n_i}^i\}, \ i=0, \ 1$$

其中，$n_0=p$，$n_1=T$，并且假设组中的元素无重叠。为简单起见，设当 $i=0$ 时，组的大小都为 1；当 $i=1$ 时，组的大小都为 m。

对于任意的 $\theta \in R^p$，稀疏 Group Lasso 惩罚为：

$$r(\theta): =r_{SGL}(\theta)=\alpha_0 ||\theta||_{G_{0,1}}+\alpha_1 ||\theta||_{G_{1,2}}$$

其中，

$$||\theta||_{G_{0,1}} = \sum_{j=1}^{n_0} |\theta_j|$$

$||\theta||_{G_{1,2}} = \sum_{j=1}^{n_1} ||\theta_{G_j}||_2$，$0 < \alpha_i < 1$，$i=0$，$1$，且有$\alpha_0 + \alpha_1 = 1$。

为了书写简单，记：

$$||\theta||_{G^i(1,2)}: = \sum_{j=1}^{n_i} ||\theta_{G_j^i}||_{(1,2)}$$

故罚函数可以写成：

$$r(\theta): =r_{SGL}(\theta) = \sum_{i=0}^{1} \alpha_i ||\theta||_{G^i,(1,2)}$$

若损失函数取一般的最小二乘损失，则对应的稀疏 Group Lasso 模型可写成：

$$\widehat{\theta}_{\lambda_n} = arg \min_{\theta \in Rp}\left\{\frac{1}{2n} ||y - \theta X||_2^2 + \lambda_n \sum_{i=0}^{1} ||\theta||_{G^i,(1,2)}\right\}$$

上述模型要求损失函数在整个空间中满足强凸性。由 Neganhba 等的相关研究成果可知，对于设计阵 X 满足下面性质 1 时，损失函数以高概率满足限制强凸性。

性质 1： 对于损失函数 L 的限制强凸性等价于关于协议变量阵 X 的受限特征值的取值。若 X 的第 i 行为 X_i 且 X_i 分布服从 $N(0, \Sigma)$ 的正态分布，其中 Σ 时协方差矩阵，则损失函数 L 以较高概率满足限制强凸性。

对于任意的，

$$S_{G^i} \subseteq \{1, \cdots, n_i\}, \text{其中 } i=0, \cdots, 1$$

定义子空间，

$$A(S_{G^i}) = \{\theta \in R^p \mid \theta_{G^i_j}=0, \ \forall j \notin S_{G^i}\}$$

$$B^{\perp}(S_{G^i}) = A^{\perp}(S_{G^i}) = \{\theta \in R^p \mid \theta_{G^i_j}=0, \ \forall j \notin S_{G^i}\}$$

因此，对任意向量：

$$\alpha_{G^i_j} \in A(S_{G^i}), \ \beta_{G^i_j} \in B^{\perp}(S_{G^i})$$

有，

$$r_{SGL}(\alpha + \beta) = \sum_{i=0}^{1} \alpha_i ||\alpha + \beta||_{G^i(1,2)}$$

$$= \sum_{i=0}^{1} \alpha_i \sum_{j \in S_{G^i}} ||\alpha_{G^i_j} + 0_{G^i_j}||_{(1,2)} + \sum_{i=0}^{1} \alpha_i \sum_{j \notin S_{G^i}} ||\beta_{G^i_j} + 0_{G^i_j}||_{(1,2)}$$

$$= \sum_{i=0}^{1} \alpha_i \sum_{j \in S_{G^i}} ||\alpha_{G^i_j}||_{(1,2)} + \sum_{i=0}^{1} \alpha_i \sum_{j \notin S_{G^i}} ||\beta_{G^i_j}||_{(1,2)}$$

$$= r_{SGL}(\alpha) + r_{SGL}(\beta)$$

因此，r_{SGL}是可分的。

已知G^i划分的组的大小都为m_i($m_0=1$，$m_1=m$)，可以把X_{G^i}看作是从$1^{m_i}_{(1,2)} \to 1^n_2$的算子，并定义适当的算子范数：

$$||X_{G^i}||_{(1,2)\to 2}: \ = max_{||\theta||_{(1,2)=1}} ||X_{G^i}\theta||_2$$

故要求，

$$\frac{||X_{G^i}||_{(1,2)}}{\sqrt{n}} \leqslant 1$$

由于相容性常量的计算与r_{SGL}（θ）和误差范数（特指l_2）有关的。那么，对于任意的$\Delta \in A$（S_{G^i}），有：

$$r_{SGL}(\Delta) = \sum_{i=0}^{1} \alpha_i ||\Delta||_{G^i, (1,2)}$$

$$= \alpha_0 \sum_{j \in S_{G^0}} ||\Delta_{G^0_j}||_1 + \alpha_1 \sum_{j \in S_{G^1}} ||\Delta_{G^1_j}||_2 \leqslant$$

$$= \alpha_0 \sqrt{S_{G^0}} ||\Delta||_2 + \alpha_1 \sqrt{S_{G^1}} ||\Delta||_2$$

其中S_{G^0}的基数，

$$|S_{G^0}| = S_{G^0}, \ |S_{G^1}| = S_{G^1}$$

并令，

$$s=\max\{S_{G^0},\ S_{G^1}\}$$

则上式可写成，

$$r_{SGL}(\Delta)\leqslant\sqrt{s}\left(\sum_{i=0}^{1}\alpha_i\ ||\Delta||_2\right)$$

故得到：

$$\Psi(A(S_{G^i}))=\sqrt{s}$$

定理 1

当稀疏 Group Lasso 模型有了以上这些条件之后，即可研究其高维统计性质。

如果稀疏 Group Lasso 模型的正则参数

$$\lambda_n\geqslant\left(4\sigma\frac{\sqrt{m}+1}{\sqrt{n}}+\sqrt{\frac{\log(pT)}{n}}\right)$$

则至少以概率 $1-\frac{2}{pT}$成立，对任意的，

$$S_{G^i}\subseteq\{1,\ 2,\ \cdots,\ n_i\}\ (\text{其中 } i=0,\ 1,\ n_0=p,\ n_1=T)$$

S_{G^0}的基数，

$$|S_{G^0}|=S_{G^0},\ S_{G^1}\text{的基数}|S_{G^1}|=S_{G^1}$$

有，

$$||\widehat{\theta_{\lambda_n}}-\theta^*||_2^2\leqslant\frac{4\lambda_n^2}{k_L^2}+\frac{2\lambda_n}{k_L}r_{SGL}^{s\ \perp}(\theta^*)$$

其中，

$$s=\{S_{G^0},\ S_{G^1}\},\ S=S_{G^0}\cup S_{G^1},\ S^{\perp}\text{是 } S \text{ 的正交补集。}$$

选择适当λ_n使得，

$$\lambda_n\geqslant2\,r_{SGL}^*(\nabla L(\theta^*;\ Z_1^n))\ \text{成立。}$$

由于，

$$\nabla L(\theta^*;\ Z_1^n)=\frac{X^T\omega}{n}$$

其中，$\omega=y-X\theta^*$是均值为 0 的次高维随机变量，故等价于求$r_{SGL}^*\left(\frac{X^T\omega}{n}\right)$的上界。

因此，对偶范数的定义，

$$r_{SGL}^{*}(v)=\sup_{\mu \in R^{p} \setminus 0\}} \frac{<\mu, \ v>}{r_{SGL}(\mu)}$$

$$\leqslant \sup_{\mu \in Rp \setminus \{0\}} \sum_{i=0}^{1} \alpha_i \frac{<\mu, \ v>}{||\mu||_{G^i, (1, 2)}}$$

$$\leqslant \sum_{i=1}^{1} \alpha_i \sup_{\mu \in Rp \setminus \{0\}} \frac{<u, \ v>}{||\mu||_{G^i, (1, 2)}}$$

$$=\alpha_0 \gamma_{G^0,1}^{*}(v)+\alpha_1 r_{G^1,2}^{*}(v)$$

其中r^*是 r 的对偶范数。

因此

$$r_{SGL}^{*}\left(\frac{1}{n}X^T\omega\right) \leqslant \alpha_0 \left|\left|\frac{1}{n}X_{G_j^0}^T\omega\right|\right|_{\infty} +\alpha_1\left(\max_{j=1, \ 2, \ \cdots, \ T}\left|\left|\frac{1}{n}X_{G_j^1}^T\omega\right|\right|_2\right),$$

故选择，

$$\lambda_n \geqslant 2\left[\sum_{i=0}^{1} \alpha_i \left(\max_{j=1, \ 2, \ \cdots, \ n_i} \left|\left|\frac{1}{n} X_{G_j^i}^T\right|\right|_{(\infty, \ 2)}\right)\right] \tag{5-3}$$

对于任意的，

$$j \in \{1, \ 2, \ \cdots, \ n_i\}, \ i=0, \ 1$$

考虑随机变量，

$$Y_j = Y_j(\omega) = \sum_{i=0}^{1} \alpha_i \left|\left|\frac{1}{n} X_{G_j^i}^T\omega\right|\right|_{(\infty, \ 2)}$$

可以得到 $Y_j(\omega)$是一个关于 ω 且具有常数$\frac{1}{\sqrt{n}}$的 Lipschitz 函数。

由引理 3，有

$$p\{Y_j(\omega) \geqslant E[Y_j(\omega)]+\delta\} \leqslant 2\exp\left(-\frac{n\delta^2}{2\sigma^2}\right), \ \delta>0 \tag{5-4}$$

其中，

$$E[Y_j(\omega)] = E\left[\sum_{i=0}^{1} \alpha_i \left|\left|\frac{1}{n} X_{G_j^i}^T\omega\right|\right|_{(\infty, \ 2)}\right]$$

$$\leqslant E\left[\left|\left|\frac{1}{n}X_{G_j^0}^T\omega\right|\right|_{\infty}\right] +E\left[\left|\left|\frac{1}{n}X_{G_j^i}^T\omega\right|\right|_2\right]$$

根据 Sudakov-Fernique （1993）[210] 比较原则，有，

$$E\left[\left|\left|\frac{1}{n}X_{Gj}^{T}\omega\right|\right|_{\infty}\right]\leqslant 2\sigma\sqrt{\frac{1}{n}}$$

$$E\left[\left|\left|\frac{1}{n}X_{Gj}^{T}\omega\right|\right|_{2}\right]\leqslant 2\sigma\sqrt{\frac{m}{n}}$$

进而：

$$E[Y_j(\omega)]\leqslant 2\sigma\left(\frac{\sqrt{m}+1}{\sqrt{n}}\right)$$

将上式代入式（5-4），则，

$$p\left\{\sum_{i=0}^{1}\alpha_i\left|\left|\frac{1}{n}X_{Gj}^{T}\omega\right|\right|_{(\infty,2)}\geqslant 2\sigma\left(\frac{\sqrt{m}+1}{\sqrt{n}}\right)+\delta\right\}$$

$$2\sigma\left(\frac{\sqrt{m}+1}{\sqrt{n}}\right)+\delta\leqslant 2exp\left(-\frac{n\delta^2}{2\sigma^2}\right)$$

在所有的 $j=1，2，\cdots，n_i$ 上运用联合边界，有，

$$p\left\{\sum_{i=0}^{1}\alpha_i\left(\max_{j=1,2,\cdots,n_i}\left|\left|\frac{1}{n}X_{Gj}^{T}\omega\right|\right|_{(\infty,2)}\right)\geqslant 2\sigma\left(\frac{\sqrt{m}+1}{\sqrt{n}}\right)+\delta\right\}$$

$$2\sigma\left(\frac{\sqrt{m}+1}{\sqrt{n}}\right)+\delta\leqslant 2exp\left(-\frac{n\delta^2}{2\sigma^2}+\log(n_0n_1)\right)$$

其中，$n_0=p$，$n_1=T$。取 $\delta^2=\frac{4\sigma^2\log(pT)}{n}$，结合式（5-3）将 δ 代入上式，则有，

$$p[\lambda_n\geqslant 2r^*(\nabla L(\theta^*;Z_1^n))]\geqslant 1-\frac{2}{pT}$$

由引理 2 可得到：

$$||\widehat{\theta}_{\lambda_n}-\theta^*||_2^2\leqslant\frac{4\lambda_n^2}{k_L^2}s+\frac{2\lambda_n}{k_L}r_{SGL}^{S\perp}(\theta^*)$$

故，在上述定理成立的条件下有下面结果，如果优化参数 θ^* 在子空间 S 中，则有，

$$||\widehat{\theta}_{\lambda_n}-\theta^*||_2^2\leqslant\frac{4\lambda_n^2}{k_L^2}s=O\left(\frac{\log(pT)}{n}\right)$$

5.1.2 稀疏 Group Lasso 方法的适用性

国内外关于稀疏 Group Lasso 的资料较少，2013 年后有极少数学者对 Group Lasso 给予了关注。截至目前，国外密切相关研究成果 4 篇，即 Li 等 (2013)[211]、Xie 等 (2014)[212]、Zou (2015)[213]、Santos 等 (2016)[214]。Li 等 (2013)[211]学者试图将 Group Lasso 的思想融于计算机信息甄选从而能够有效提升人脸识别技术；其他三位学者的关注重点是 Sparse-Group Lasso 的算法或思想与某一领域的技术融合和嫁接，从而将 Sparse-Group Lasso 算法拓展至更多领域。国内学者对于该领域的关注主要在 2014 年后，截至目前，中国知网能够检索到的国内密切相关文献仅有 3 篇，即丁毅涛等 (2014)[215]，张吐辉 (2014)[216]和王小燕等 (2015)[217]，以上研究均为统计学或者数学等相关专业的学者关于该方法原理、性质以及演变等的介绍和推理证明研究，即该方面的研究仍然处于统计或数学意义上的纯理论方法研究阶段，尚未发现该方法的应用研究方面成果，具体见表 5-1。

表 5-1 稀疏 Group Lasso 的相关研究

国别	作者	期刊	题目	主要研究内容
国内文献	丁毅涛等 (2013)	西北大学学报	稀疏 Group Lasso 高维统计分析	原理、算法及拓展、性质
	张吐辉 (2014)	西北大学	基于 Lp 正则化的自适应稀疏 Group Lasso 研究	原理、算法、性质
	王小燕等 (2015)	数理统计与管理	高维数据下群组变量选择的惩罚方法综述	原理、算法
国外文献	Li 等 (2013)	Biometric Recognition.	Learning Symmetry Features for Face Detection Based on Sparse Group Lasso	原理、算法及拓展、应用
	Xie 等 (2014)	International Journal of Machine Learning & Cybernetics	Sparse Group Lasso based uncertain feature selection	原理、算法及拓展
	Zou (2015)	Kluwer Academic Publishers	Split Bregman algorithms for sparse group Lasso with application to MRI recon-struction	原理、算法及拓展、验证
	Santos 等 (2016)	International Workshop on Machine Learning, Optimization and Big Data.	Feature Selection via Co-regularized Sparse-Group Lasso	原理、算法及拓展

根据以上研究成果可以发现，国内外关于 Sparse-Group Lasso 的研究基本属于理论研究和算法完善阶段，关于 Sparse-Group Lasso 的直接运用的成功案例目前并未发现。虽然 Sparse-Group Lasso 在管理学方面的应用尚属空白，但 Sparse-Group Lasso 的相关理论已经比较成熟，其高维性、稀疏性能够有效处理小样本高维数据的降维问题。本研究成果的主要研究内容为创新环境与 R&D 经费配置结构交互作用下的创新绩效测度、时滞分析及关键影响因素的识别等问题，其涉及的指标体系包括创新系统环境、投入产出指标、经费配置结构指标三大类，共 30 个二级指标和 59 个具体指标变量；其中创新系统环境要素 6 大类一级指标，20 个二级指标；涉及创新绩效投入产出共 4 个二级指标；R&D 经费配置结构指标 6 个，具体见表 5-2。

表 5-2 关键变量的选择与度量

指标类型	一级指标	二级指标	指标变量
创新绩效	投入	2	6
	产出	2	6
R&D 经费配置	省域结构	1	1
	产业结构	2	2
	政企结构	3	3
R&D 创新环境	经济基础	4	6
	产业结构	2	4
	市场发育程度	4	10
	研发基础	5	5
	政府支持	2	4
	地理区位优势	3	12
合计	10	30	59

从样本选择看，涉及 1 个高技术产业总体、2 个高技术子产业的 21 个省市 18 年的相关数据，即 59×21×18 个具体变量，是典型的高维数据。同时，由于我国统计数据的局限性，这些指标的数据历时只有 18 年，所以是典型的小样本高维大数据，从目前研究成果看尚未发现有效的数据处理方法。根据前文稀疏 Group Lasso 的原理及性质分析可知，稀疏 Group Lasso 具有组间稀疏性、组内变量选择灵活、高维统计性以及可分解性，对于小样本组间稀疏、

组内具有共线性的高维大数据具有很好的针对性。在本研究成果中，创新环境与 R&D 经费配置结构交互作用下的创新绩效测度、时滞分析及关键影响因素识别等相关变量和数据恰好具有以上特征，稀疏 Group Lasso 对于解决以上问题具有很好的适用性，因此创新性引入此方法，为国内相关高维数据的降维处理提供参考和借鉴。

5.1.3 基于稀疏 Group Lasso 的时滞测度模型

本研究成果选用 Yuan 2006 年提出的 Group Lasso 模型[207]，具体形式如下：

$$\min_{\theta_0 \in \mathbb{R},\ \theta_j \in \mathbb{R}^{p_j}} \left\{ \frac{1}{2} \sum_{i=1}^{N} \left(y_i - \theta_0 - \sum_{j=1}^{J} z_{ij}^T \theta_j \right)^2 + \lambda \sum_{j=1}^{J} ||\theta_j||^2 \right\}$$

针对含有组的回归方程，通过惩罚项来选择适当的正则参数 λ 得到了 Group Lasso 估计的 β 估计系数，以实现变量的选择。

已有研究表明，随着科技经费投入的不断增加，创新产出先上升后下降，整体呈倒 U 型函数关系，即科技经费在一定额度以下，对创新绩效的促进程度随着金额的增大而增大，而超过这一限度后，其促进作用呈现下降趋势。马琳（2014）将论文数量作为创新产出对我国整体 R&D 经费投入效果进行实证研究，发现论文产出确实存在拐点[16]；Ugur 等（2016）使用英国 37930 家 R&D 活动较为活跃公司的 1998—2012 年数据也证明了这种倒 U 型关系的存在[17]。

由此，本研究建立基于稀疏 Group Lasso 的时滞测度和含有配置方案（A）二次项的回归预测模型，其中产出变量（Y）受环境变量（X）和配置方案（A、A^2）及其交互项（$X\times A$ 和 $X\times A^2$）等的共同影响。该模型既能够估计出环境变量对产出变量的影响，又能识别出配置方案与特定环境变量交互效应对产出变量的影响。此外，考虑到个别环境变量对产出的潜在时滞（Delay）影响，本研究引入环境变量的时滞项（time-lag），最终构建基于 Group Lasso 方法的时滞测度模型如下所示：

$$Ln(Y_{it}) = \boldsymbol{\beta}^T \{ (1 \quad A_{it} \quad A_{it}^2) \otimes (1 \quad Z_i \quad X_{i,t-1} \quad \cdots \quad X_{i,t-p}) \} + \varepsilon_{it} \tag{5-5}$$

其中，i 代表 i 省份（$i=1, \cdots, n$），t 代表 t 年（$t=T_0, \cdots, T$），ε_{it}是随机变量。Y_{it}代表 i 省份第 t 年的产出指标，A 是包含人力资本投入及经费投入

和经费配置结构等的配置方案，Z_i是非时滞的环境变量，具体有所属经济区、沿海、沿江等地理区域的非时滞环境变量；$X_{i,t-p}$是 i 省份 p 年前的时滞环境变量，具体有经济基础环境、产业结构、市场发育程度、研发基础环境、政府支持等具有时滞的环境变量。Group Lasso 回归模型估计中采用 10-fold 交叉验证方法选择最优参数；另外，比较时滞期（p）分别为 1-5 的回归模型，并采用 BIC 准则进行最佳时滞期（p^*）模型选择。

5.2 实证变量的选择与度量

5.2.1 绩效测度指标

产出指标主要包括技术开发阶段的专利申请数和技术转化阶段的新产品产值等两个产出指标（肖仁桥，2012[196]），其中专利授权数受国家专利局审查能力的制约和影响，具有极大的不确定性和不稳定性，而专利能够反映技术开发成果的真实情况，因此选择专利申请数作为技术创新的产出指标；相比更易受到当年经济情况和地域等因素影响的新产品销售收入和新产品出口额指标，新产品产值能够反映产业研发创新产生的经济效益，因此选择新产品产值作为技术转化即产品创新的另一个产出指标。R&D 资源作为技术创新活动的基本要素，李邃（2010）[218]、余泳泽（2012）[219]和冯志军（2014）[220]等学者将 R&D 经费投入和 R&D 人员投入等作为其技术创新的投入指标，其中 R&D 经费投入包括 RD 经费内部支出和新产品开发经费，主要反映了技术创新的资金投入情况，R&D 活动人员折合全时当量主要反映 R&D 人员投入的真实情况。本研究成果在进行数据搜集的时候，因为新产品开发经费这一指标数据缺失严重，无法运用现行的插值方法进行补插数据，所以在最终的投入指标体系中将这一指标去除。

以高技术产业总体及医药制造产业和医疗器械产业等高技术子产业为例，选择相应的投入产出指标并进行指标命名，具体如表 5-3 所示。

表 5-3 投入产出指标选择

指标类型	产业	二级指标	指标变量	指标命名
投入指标	高技术产业	R&D 人员	从业人员年	HT. Hr
		R&D 经费	R&D 经费内部支出（万元）	HT. RDin
	医药制造产业	R&D 人员	R&D 人员全时当量（人年）	Med. Hr
		R&D 经费	R&D 经费内部支出（万元）	Med. RDin
	医疗器械产业	R&D 人员	R&D 人员全时当量（人年）	Dev. Hr
		R&D 经费	R&D 经费内部支出（万元）	Dev. RDin
产出指标	高技术产业	创新产品	新产品销售收入（万元）	HT. Npsale
		创新技术	专利申请数（项）	HT. patent
	医药制造产业	创新产品	新产品销售收入（万元）	Med. Npsale
		创新技术	专利申请数（项）	Med. patent
	医疗器械产业	创新产品	新产品销售收入（万元）	Dev. Npsale
		创新技术	专利申请数（项）	Dev. patent

5.2.2 R&D 经费配置结构指标

本研究成果主要研究目标是通过优化 R&D 经费配置结构，即对不同产业以及省域内子产业的 R&D 经费进行优化配置以实现创新绩效的提升。在具体实证中以医药制造产业和医疗器械产业为例，引入 R&D 经费中省域资金配置比例、子产业资金比例和子产业内资金比例等经费配置指标；另外，为清晰认识 R&D 经费中政府资金及其占高技术产业总筹集资金的比例对高技术产业 R&D 创新产出的影响，本研究成果引入高技术产业 R&D 经费中政府资金和企业资金及其结构指标，具体指标、指标命名和指标说明如表 5-4 所示。

表 5-4 R&D 经费配置结构指标

一级指标	二级指标	指标变量及说明	指标命名
政企结构	R&D 政府资金（万元）	高技术产业省内 R&D 政府资金	R&D. Gov
	R&D 企业资金（万元）	高技术产业省内 R&D 企业资金	R&D. Enp
	R&D 政府资金比例	高技术产业总体 R&D 政府资金/（总体 R&D 政府资金+总体 R&D 企业资金）	GovPercent

续表

一级指标	二级指标	指标变量及说明	指标命名
产业结构	医药制造产业 R&D 内部支出资金比例	医药制造产业内部支出/高新技术内部支出	Med. R&DinPercent
	医疗器械产业 R&D 内部支出资金比例	医疗器械产业内部支出/高新技术内部支出	Dev. R&DinPercent
省域结构	R&D 省际资金配置比例	高技术产业省 R&D/高技术产业总体 R&D	ProvPercent

由于 R&D 配置结构指标是笔者根据现有多个统计指标的相关数据汇总计算得到，对其做数据平稳性检验，具体如下：对医药制造和医疗器械产业内部 R&D 经费内部支出占各省高技术产业内部支出总和的比例进行逐年平均，然后对各省份高技术产业政府资金占政府资金与企业资金之和的比例进行逐年平均，整理得出如表 5-5 所示结果。为清晰展示该三项指标时序演变情况，对表 5-5 所示结果作如图 5-2 所示结果。

表 5-5　Med. R&DinPercent、Dev. R&DinPercent、ProvPercent 指标年均值

年份	Med. R&DinPercent 年均值	Dev. R&DinPercent 年均值	GovPercent 年均值
1998	0. 206	0. 093	0. 211
1999	0. 258	0. 106	0. 193
2000	0. 209	0. 066	0. 161
2001	0. 228	0. 068	0. 132
2002	0. 246	0. 072	0. 161
2003	0. 247	0. 095	0. 123
2004	0. 239	0. 082	0. 127
2005	0. 235	0. 071	0. 119
2006	0. 251	0. 092	0. 144
2007	0. 273	0. 092	0. 155
2008	0. 283	0. 095	0. 190
2009	0. 330	0. 126	0. 134
2010	0. 285	0. 102	0. 161
2011	0. 287	0. 115	0. 139
2012	0. 302	0. 093	0. 133
2013	0. 326	0. 098	0. 129

续表

年份	Med. R&DinPercent 年均值	Dev. R&DinPercent 年均值	GovPercent 年均值
2014	0.313	0.101	0.127
2015	0.283	0.101	0.134

注：该结果是依据“本研究首先确定了北京、天津、河北、辽宁、黑龙江、上海、江苏、浙江、安徽、江西、山东、河南、湖北、湖南、广东、广西、重庆、四川、云南、陕西和甘肃21个数据相对完整的省份作为研究对象”的相应数据计算所得。

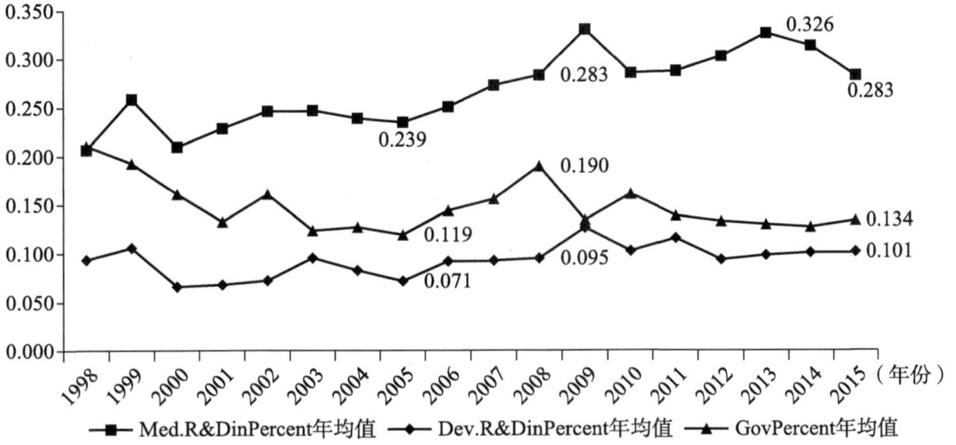

图 5-2 Med. R&DinPercent、Dev. R&DinPercent、ProvPercent 指标年均值

从图5-2可以发现，总体来看，2010年以来高技术产业研发资金筹集中政府资金比例呈现稳定趋势；高技术产业中的医药制造业内部支出占高技术产业总资金比例呈现增长趋势，但在2008年以后存在相对较大的波动；与医药制造产业相比，医疗设备制造业内部资金占高技术产业总内部资金的比例相对较低，且呈现缓慢、小波动的增长趋势。说明政府通过研发资金投入对高技术产业发展的干预趋于稳定。

5.2.3 创新环境指标

经前文梳理，本研究成果提出经济基础环境、产业结构、市场发育程度、研发基础环境、政府支持和地理区位优势6类一级指标共20个二级指标，41个具体变量，由此构建创新系统环境指标体系。其中经济基础、产业结构（经济结构）、产权结构三个一级指标所涉及的经济数据均来自历年《中国统计年鉴》；而研发基础环境、高技术产业相关指标数据则来自历年的《中国科技统计年鉴》《中国高技术统计年鉴》。具体指标集、变量和变量命名如表 5-6所示。

表 5-6　创新环境影响因素指标命名表

一级指标	二级指标	指标变量	变量命名
经济基础环境（6）	经济总量	GDP（亿元）	GDP
	富裕/发达程度	人均 GDP	GDP. Person
	资本密集程度	全社会固定资产投资（亿元）	Fix
		人口（万）	Person
		人均固定资产投资	Fix. Person
	国际竞争力	规模以上工业企业出口交货值（亿元）	IndustryExport
产业结构（4）	工业增加值及贡献率	工业增加值（亿元）	IndustryAddValue
		工业增加值/地区生产总值	IndustryAddValue. GDP
	高技术产值及贡献率	高技术产业主营业务收入（亿元）	HtValue
		高技术产业产值/工业产值	HtValue. IndustryValue
市场发育程度（10）	产权结构	国有控股工业企业产值（亿元）	GovEnpValue
		国有控股工业企业产值/GDP	GovEnpValue. GDP
	现代化程度	第三产业增加值（亿元）	ThirdAddValue
		第三产业增加值/GDP（亿元）	ThirdAddValue. GDP
		第三产业从业人员（万）	ThirdHr
	对外开放度	进出口总额（亿元）	IE
		进出口总额/GDP	IE. GDP
		外商投资企业（数）	ForeignNum
		外商企业投资总额（百万美元）	ForeignInvest
研发基础环境（6）	技术市场发育度	技术市场成交额（亿元）	TechTrade
	研发强度	研发经费/GDP	TechCup. GDP
	研发人才	RD 人员（人）	RDHr
	研发机构	高校数量（所）	ColledgeNum
	研发实力	国内发明专利授权量（项）	Invention
	研发潜能	教育经费（万元）	EduFund
政府影响（4）	经费支出	政府财政科技支出（亿元）	TechGov
		政府财政科技支出/RD 人员（亿元人）	TechGov. Rdunm
		政府财政科技支出/GDP	TechGov. GDP
	政策支持	政府战略政策	GovSupport

续表

一级指标	二级指标	指标变量	变量命名
地理区位优势（12）	交通发达程度	单位面积铁路营运里程（公里平方千米）	RailRoad
		单位面积高速公路里程（公里平方千米）	Road
	所属经济区域	东北地区（A 区）、北部沿海（B 区）、东部沿海（C 区）、南部沿海（D 区）、黄河中游（E 区）、长江中游（F 区）、西南地区（G 区）、大西北地区（H 区）	EA、EB、EC、ED、EE、EF、EG、EH
	区位优势	沿海	YH
		沿江	YJ

5.3 R&D 经费配置结构与创新环境交互作用下的创新绩效时滞测度

5.3.1 时滞测度结果分析

基于创新环境系统指标及 R&D 配置指标和加入时滞项的稀疏 Group Lasso 模型，运用 R 软件、采用 R 语言运行相关代码（附件：代码 1 和代码 3）对创新环境系统下的时滞进行测算并筛选出关键影响因素，运算界面如图 5-3 所示。

图 5-3 时滞测度及关键影响因素识别

本研究成果根据 BIC 准则选择最优时滞期的 Group Lasso（$\hat{p}$）回归模型，具体最优时滞期模型选择结果和关键影响因素分别如表 5-7 和表 5-8 所示。

表 5-7　BIC 准则下的最优时滞期模型选择

产业	产出指标	周期（p）					最优滞后周期（$\hat{p}$）
		1	2	3	4	5	
高技术产业	新产品销售收入	843.62	916.49	842.81	1533.33	1544.97	3
	专利申请数	1593.51	1811.38	1823.53	1037.80	1799.76	4
医药制造产业	新产品销售收入	1700.76	1745.08	1729.78	1876.58	1701.92	1
	专利申请数	1598.31	1773.90	1127.30	1191.01	1875.75	3
医疗器械产业	新产品销售收入	1194.17	1895.56	1190.65	1194.17	1884.63	3
	专利申请数	1848.79	1848.73	1140.47	2003.42	1215.41	3

通过表 5-7 可以发现，在创新环境与 R&D 经费配置结构共同作用下，高技术产业新产品销售收入指标的滞后影响是 3 年，高技术产业专利申请数指标的滞后影响是 4 年；即在创新环境与 R&D 经费配置结构共同作用下我国高技术产业产品创新和技术转化滞后期为 3 年，而技术研发创新研发滞后期为 4 年，表明我国高技术产业在产品创新转化即技术转化阶段和技术创新研发阶段滞后期分别为 3 年和 4 年。从不同高技术子产业内部看，医药制造产业新产品销售收入指标的滞后影响是 1 年，专利申请数指标的滞后影响是 3 年；即在创新环境与 R&D 经费配置结构共同作用下，我国医药制造产业产品创新和技术转化滞后期为 1 年，而技术创新研发滞后期为 3 年，表明我国医药制造产业在技术转化阶段和技术创新研发阶段的滞后期分别为 1 年和 3 年。而医疗器械产业新产品销售收入指标的滞后影响是 3 年，专利申请数指标的滞后影响是 3 年；即在创新环境与 R&D 经费配置结构共同作用下，我国医药制造产业产品创新和技术转化滞后期为 3 年，而技术创新研发滞后期为 3 年，表明我国医疗器械产业在技术转化阶段和技术创新研发阶段的滞后期均为 3 年。

从高技术产业整体和两大子产业医药制造产业、医疗器械产业的滞后期测度看，我国的 R&D 创新专利产出即技术研发阶段滞后期差异不是很大，基本为 3~4 年；明显的差异存在于新产品创新滞后效应，实证测度结果表明我国高技术产业和医疗器械产业的产品创新产出滞后期均为 3 年，而医药制造产业的产品创新产出滞后期为 1 年，与高技术产业整体和医疗器械产业的差异明显。造成以上结果的可能原因有以下几个方面：一是我国的医药制造业主要包括化学药品制造、中成药制造和生物、生化制品制造三大类，其中以化学药、生物及生化制品制造为主，中成药约占 1/4，而化学药和生物及生化制品制造的绝对优势大部分掌控在外资企业，在华多数外资企业的研发中心在欧美发达国家，其国内公司主要作为加工工厂，因此研发经费更多投向新产品转化和应用较多，这就大大缩短了技术转化滞后期；二是医药产品创新从药理研究到最终上市所经历的周期一般要超过 10 年，并且成功率相对较低；国内民族资本的医药制造企业为了规避医药研发的高投入、长周期带来的高风险往往不做原研药品开发，在市场利益驱动下更多关注短平快的仿制药生产和研发；三是国内药品消费的巨大需求以及市场竞争的日趋激烈使得很多医药制造企业更加注重新产品的市场宣传和推广。

5.3.2　关键创新环境要素识别

表 5-8　最优时滞期及关键环境变量识别

产业	产出指标	$\hat{p}$	R^2	关键影响因素	
				所属一级指标	指标
高技术产业	新产品销售收入	3	0.962	市场发育程度、政府支持、地理区位优势	ForeignNum. 1; GovEnpValue. 2; GovSupport. 1; HtValue. IndustryAddValue. 1; RailRoad. 1; R&DHr. 1; Road. 1; Area; YH; YJ
	专利申请数	4	0.953	市场发育程度、政府支持、经济基础环境、研发基础环境、地理区位优势	ForeignNum. 1; GDP. Person. 1; GovEnpValue. 1; GovSupport. 1; GovSupport. 2; Invention. 1; TechGov. 1; TechGov. 4; Area; YH; YJ
医药制造产业	新产品销售收入	1	0.944	研发基础环境、经济基础环境、市场发育程度、政府支持、地理区位优势	ColledgeNum. 1; Fix. 1; ForeignInvest. 1; ForeignNum. 1; GDP. 1; GovSupport. 1; Area; YH; YJ
	专利申请数	3	0.802	市场发育程度、政府支持、产业结构、经济基础环境、地理区位优势	ForeignNum. 1; GovSupport. 1; IndustryAddValue. GDP. 1; Road. 1; TechGov. R&Dunm. 3

续表

产业	产出指标	$\hat{p}$	R^2	关键影响因素	
				所属一级指标	指标
医疗器械产业	新产品销售收入	3	0.838	研发基础环境、经济基础环境、政府支持、市场发育程度、地理区位优势	ColledgeNum. 1；Fix. Person. 1；GovSupport. 1；Road. 1；ThiR&DAddValue. 1
	专利申请数	3	0.855	市场发育程度、经济基础环境	GovEnpValue. 1；IndustryAdd-Value. 1；IndustryExport. 1；ThiR&DAddValue. 1

注：X. q 表示环境变量（X）的时滞期为 q；Area 表示 EA、EB、EC、ED、EE、EF、EG、EH 等八大经济区哑变量。

表 5-9　关键影响因素识别汇总表

产业	产出指标	市场发育程度	经济基础环境	研发基础环境	产业结构	政府支持	地理区位
高技术	新产品	√				√	√
	专利	√	√	√		√	√
医药制造	新产品	√	√	√		√	√
	专利	√	√		√	√	√
医疗器械	新产品	√	√	√		√	√
	专利	√	√				

通过表 5-8 和表 5-9 可以发现，总的来看我国 R&D 经费投入产出滞后的关键环境影响因素依此为市场发育程度和经济基础、政府支持和地理区位优势；其中市场发育程度对高技术产业总体及两大子产业的产品创新和技术创新产出滞后周期都有显著影响；而产业结构除对医药制造产业的专利产出滞后有影响外，对其余产业的两类创新产出滞后周期都没有显著影响，研发基础则对部分产业的创新产出滞后有影响。分产业来看，高技术产业及两大子产业创新产出滞后的关键环境影响因素具有明显差异，市场发育、政府支持、地理区位优势影响高技术产业产品创新滞后的关键因素，而经济基础环境、研发基础环境和产业结构则没有显著影响；两大医药制造和医疗器械产业新产品创新产出指标的影响因素较为接近，但是专利产出指标的关键影响因素差异较大：前者受市场发育、经济基础产业结构、政府支持、地理区位等众多环境因素影响，而后者仅受市场发育程度和经济基础两类环境变量的影响。

表 5-10 新产品销售收入关键影响因素识别结果

产业	P	市场发育	经济基础	研发基础	产业结构	政府支持	地理区位
高技术产业	3	√				√	√
医药制造产业	1	√	√	√		√	√
医疗器械产业	3	√	√	√		√	√

从不同产业新产品销售收入指标即产品创新产出方面的滞后情况看，影响滞后周期的最主要环境因素是市场发育程度、政府支持以及地理区位优势，以上因素对三大产业都有显著影响；经济基础和研发基础则对医药制造产业和医疗器械产业具有明显影响而对高技术产业整体影响不大，产业结构则对以上三大产业的新产品创新产出滞后没有显著影响。

表 5-11 专利产出关键影响因素识别结果

产业	P	市场发育	经济基础	研发基础	产业结构	政府支持	地理区位
高技术产业	4	√	√	√		√	√
医药制造产业	3	√	√	√	√	√	√
医疗器械产业	3	√	√				

从不同产业专利创新产出滞后情况看，影响滞后周期的最主要环境因素是市场发育程度和经济基础，以上因素对三大产业都有显著影响；研发基础、政府支持和地理区位优势则对医药制造产业和高技术产业整体具有明显影响而对医疗器械产业影响不大。从高技术产业内部而言，医药制造产业和医疗器械产业创新产出滞后周期的主要影响因素差异较大：医疗器械产业的专利创新产出滞后周期影响因素仅为市场发育程度和经济基础，而医药制造产业专利创新产出滞后影响因素几乎受到整个创新环境系统的影响，除了市场发育程度和经济基础外，研发基础、产业结构、政府支持和地理区位优势都是显著影响因素。

5.4 R&D 经费配置结构与创新环境对创新绩效影响变化分析：考虑时滞

本节旨在时滞测算及关键变量筛选基础上，以创新产出为因变量，采用

OLS 方法建立回归模型，并采用 R 软件运算相关代码（附录：代码 1、代码 2 和代码 3）对关键创新环境指标和 R&D 经费配置指标及其交互项进行参数估计，得出关键创新环境指标与 R&D 经费配置对创新产出的影响关系系数，最后针对回归结果做关键影响因素归纳、影响关系分析和 R&D 配置临界值分析。

5.4.1 时滞测度及关键变量筛选基础上的最小二乘回归模型

最小二乘法（OLS）是单一方程线性回归模型的基本估计方法。对于 β 的任意假想值 $\hat{\beta}$，记个体 i 的拟合误差（即残差，residual）为 $e_i=y_i-x^{`}\hat{\beta}$；将所有个体参禅叠放，可得残差向量 $e\equiv(e_1 \quad \cdots \quad e_i)=y-X^{`}\hat{\beta}$。最小二乘法寻求能够是残差平方 $\sum_{1}^{I} e_i$ 和最小的 $\hat{\beta}$。几何上，一元回归就是寻找最佳拟合的回归直线；二元回归就是寻找最佳拟合的回归平面；多元回归，则寻找最佳拟合的回归超平面（superplane）。

本研究成果在关键创新环境指标选取基础上，采用最小二乘方法对相关变量及其交互项做最小二乘回归，求解相应变量及其交互项对应的参数 β。具体如下：

第一步，构建残差函数：

$$\beta_{it}=Ln(Y_{it})-\beta^{T}\{(1 \quad A_{it} \quad A_{it}^{2})\otimes(1 \quad Z_i^{*} \quad X*_{i,t-1} \quad \cdots \quad X_{i,t-p}^{*})\}$$

其中，β_{it}代表单个残差，i 代表 i 省份（$i=1$，⋯，n），t 代表 t 年（$t=T_0$，⋯，T）。Y_{it}代表 i 省份第 t 年的产出指标，A 是包含人力资本投入及资金投入和资金配置结构等的配置方案，Z_i^{*} 是筛选后的关键非时滞环境变量，X^{*} 是 i 省份的筛选后的关键时滞环境变量。

第二步，引入残差平方和函数 $S(\beta)=||\beta||^{2}$；第三步，取 S（β）最小值，记作 $\hat{\beta}=argmin(S(\beta))$。具体求解代码见代码 2，如图 5-4 所示计算页面。

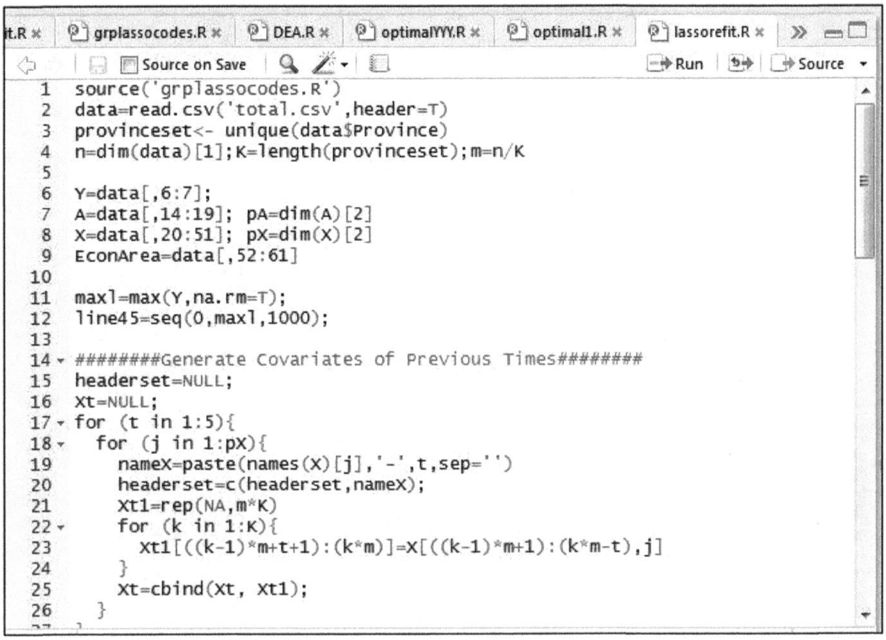

图 5-4 关键创新环境指标与 R&D 经费配置对创新产出的影响关系系数估计

5.4.2 高技术产业的实证分析

(1) 创新环境与 R&D 经费配置对高技术产业新产品销售收入的影响

运用 OLS 法，以高技术产业新产品销售收入为因变量对创新环境指标和 R&D 经费配置指标及其交互项进行参数估计，得出如表 5-12 所示关键创新环境指标与 R&D 经费配置指标及其交互项对创新产出的影响关系系数表如下。

对表 5-12 创新环境与 R&D 经费配置对高技术产业新产品销售收入的影响进行影响因素归纳，得到如表 5-13 所示影响因素归纳总结表。

表 5-12　创新环境与 R&D 经费配置对高技术产业新产品销售收入的影响

指标	常量	政府资金总量		政府资金比例		医药制造产业 R&D 内部支出比例		医疗器械产业 R&D 内部支出比例		省际资金比例		年从业人员量	
变量	常量	一次项	二次项	一次项	二次项	一次项	二次项	一次项	二次项	一次项	二次项	一次项	二次项
常量		-3. 102E-06	5. 389E-11	-3. 290	1. 567	-6. 232	7. 022	1. 663	-8. 709	5. 851E+01	-4. 704E+02	5. 103E-07	1. 997E-12
高技术产业产值占工业产业增加值比例 . 1	2. 847	3. 218E-05	-1. 232E-10	-1. 145E+01	7. 798	9. 863E-01	-8. 508E-01	0	0	-5. 404E-01	9. 594E+01	-8. 089E-06	3. 644E-13
国有企业产值 . 2	1. 071E-04	-1. 383E-09	0	0	0	0	0	0	0	0	0	0	0
外商投资企业 . 1	-4. 549E-05	-5. 701E-10	3. 187E-15	0	0	0	0	3. 737E-04	-1. 015E-03	-5. 609E-04	2. 290E-03	1. 123E-10	-4. 309E-17
研发人员数 . 1	-6. 129E-07	1. 342E-10	-7. 009E-16	0	0	0	0	0	0	-1. 626E-05	-1. 188E-04	0	0
政府区域战略规划政策 . 1	0	-1. 112E-06	4. 383E-12	1. 718E-01	0	2. 017E-01	-1. 733E-01	-1. 018E-01	0	-8. 494E-01	4. 453E-01	9. 993E-08	0
单位面积铁路里程数 . 1	-2. 216E+01	-7. 649E-04	3. 917E-09	1. 348E+02	0	1. 792E+02	-2. 720E+02	0	0	0	0	0	0
单位面积公路里程数 . 1	1. 658E+01	4. 927E-04	-2. 842E-09	0	0	0	0	-1. 357E+02	5. 012E+02	-5. 787	0	-5. 935E-05	7. 615E-11
东北地区	0	0	0	0	0	0	0	0	0	0	0	4. 379E-06	-6. 633E-13
北部沿海	3. 664E-01	0	0	0	0	0	0	0	0	0	0	-3. 530E-06	1. 654E-11
东部沿海	0	0	0	0	0	0	0	0	0	2. 474E+01	-2. 053E+02	-5. 043E-06	1. 671E-11
南部沿海	9. 893	0	0	3. 243E+01	0	-3. 678E+01	0	0	0	0	6. 729E+01	-1. 221E-05	2. 185E-11
黄河中游	0	0	0	0	0	0	0	0	0	0	0	0	0
长江中游	-9. 292E-01	1. 783E-05	0	0	0	0	0	0	0	0	0	0	0
西南地区	-4. 380E-02	0	0	3. 237	0	-1. 189	0	0	-8. 232E-01	0	0	0	0
大西北地区	-2. 306	0	0	9. 603	-1. 616E+01	0	0	0	0	0	0	2. 128E-05	-6. 649E-10
沿海	-3. 817E-01	0	0	0	0	0	0	0	0	-6. 647	1. 686E+02	7. 676E-06	-2. 195E-11
沿江	6. 003E-01	0	0	0	0	1. 168	0	7. 270E-01	2. 847	-2. 972E+01	2. 984E+02	0	2. 001E-12

注：以上参数估计结果均在 5%显著性水平下拒绝原假设，即表明变量间具有显著影响，其影响系数反映在本表中；而参数估计没有显著影响的变量意味着对应的预测模型中该变量系数为零，为使上表更加清晰明朗，本表中除了影响显著的变量将其系数展示，影响不显著的变量系数统一标记为零，如上表所示。

表 5-13 高技术产业新产品销售收入创新环境关键影响因素归纳

一级指标	二级指标	变量
产业结构	高技术产值及贡献率	高技术产业产值/工业产值
市场发育程度	产权结构	国有控股工业企业产值
	对外开放度	外商投资企业数
研发基础环境	研发人才	R&D 人员
政府支持	政策支持	政府区域战略规划政策
地理区位优势	交通发达程度	单位面积铁路营运里程
		单位面积高速公路里程
	所属经济区域	东北地区（A 区）、北部沿海（B 区）、东部沿海（C 区）、南部沿海（D 区）、黄河中游（E 区）、长江中游（F 区）、西南地区（G 区）、大西北地区（H 区）
	区位优势	沿海
		沿江

从表 5-13 影响因素归纳素总结表可以发现：外商投资企业、国有企业产值、政府战略规划及政策、高技术产业产值占工业产业增加值比例、单位面积铁路里程数、研发人员数、单位面积公路里程数、所属经济区（EA、EB、EC、ED、EE、EF、EG、EH）、沿海（YH）、沿江（YJ）等指标是影响高技术产业新产品销售收入的关键环境指标，其中外商企业投资指标隶属于“对外开发度”，国有企业产值指标隶属“产权结构”，政府区域战略规划政策隶属于“政府支持”，高技术产业产值占工业产值比例指标隶属于“产业结构”，单位面积铁路营运里程、单位面积高速公路里程隶属于“交通便利程度”，所属经济区、沿海、沿江隶属于“区位因素”。

对表 5-12 创新环境与 R&D 经费配置对高技术产业新产品销售收入的影响进行影响关系进行归纳整理，得到如表 5-14 所示影响关系归纳总结。

高技术产业 R&D 政府资金、高技术产业从业人员是影响高技术产业新产品销售收入关键影响创新环境指标，并且配置变量对高技术产业新产品销售收入指标具有明显的直接影响。高技术产业 R&D 政府资金、高技术产业从业人员与大多数关键变量对高技术产业新产品销售收入指标产生交互影响，高技术产业 R&D 政府资金比例、医疗器械产业比例与高技术产业产值占工业产值比例、单位面积铁路营运里程、单位面积高速公路里程、个别经济区、沿江对高技术产业新产品销售收入指标产生交互影响，医药制造产业比例与外商投资企业数、国有工业企业产值、政府区域战略规划政策、高技术产业产

表 5-14　创新环境与 R&D 经费配置对高技术产业新产品销售收入的影响关系归纳

一级指标	二级指标	变量	常量	政府资金	政府资金比例	医药制造产业 R&D 内部支出比例	医疗器械产业 R&D 内部支出比例	省际资金比例	年从业人员量
		常量		1	1	1	1	1	1
产业结构	高技术产值及贡献率	高技术产业产值占工业产业增加值比例 .1	+	1	1	1		–	1
市场发育程度	产权结构	国有企业产值 .2	+	–					
	对外开放度	外商投资企业 .1	–	1			1	1	1
研发基础环境	研发人才	研发人员数 .1	–	1				1	
政府支持	政策支持	政府区域战略规划政策 .1		1	+	1	–	1	+
地理区位优势	交通发达程度	单位面积铁路里程数 .1	–	1	+	1			
		单位面积公路里程数 .1	+	1			–	–	1
		常量		1	1	1	1	1	1

续表

一级指标	二级指标	变量	常量	政府资金	政府资金比例	医药制造产业 R&D 内部支出比例	医疗器械产业 R&D 内部支出比例	省际资金比例	年从业人员量
地理区位优势	所属经济区域	东北地区							1
		北部沿海	+						1
		东部沿海						1	1
		南部沿海	+		+	−			1
		黄河中游							
		长江中游	−	+					
		西南地区	−		+	−	−		
		大西北地区	−		1				1
	区位优势	沿海	−					1	1
		沿江	+			+	1	1	+

注：表中“+”代表正向影响，“−”代表负向影响，“0”代表没有影响，“1”代表非单调影响关系。

值占工业产值比例、单位面积铁路营运里程、部分区位因素对高技术产业新产品销售收入指标产生交互影响，R&D 省际资金配置比例与外商企业投资数、政府区域战略规划政策、高技术产业产值占工业产业增加值比例、研发人员数、区位、沿海、沿江等指标对高技术产业新产品销售收入指标产生交互影响。

基于 R&D 经费配置指标对创新产出具有二次影响的研究假设和表 5-12，对 R&D 经费配置指标做影响关系的临界值分析，得到如表 5-15。

表 5-15　R&D 经费配置对高技术产业新产品销售收入的影响

产业	产出指标	配置指标	二次项参数	一次项参数	影响性质及形态	临界值
高技术产业	新产品销售收入	政府资金比例	1.567	-3.290	负向	***
		医药制造产业资金比例	7.022	-6.232	U 型	0.444
		医疗器械产业资金比例	-8.709	1.663	倒 U 型	0.095
		省际资金配置比例	-0.047	0.5851	倒 U 型	0.062

注：*** 虽然该拟合函数为非线性二次函数且存在明显拐点，但因为 R&D 经费配置结构指标的实际取值范围为 [0，1]，若该配置比例指标临界值在 [0，1] 取值范围之外，根据二次函数单侧单调的性质，则该配置比例指标在 [0，1] 区间单调。

从整体来讲，政府资金比例增加对高技术产业新产品销售收入指标产生负向影响；医药制造产业 R&D 经费比例对高技术产业新产品销售收入产生 U 型影响，理论临界值是 0.444，也即医药制造产业 R&D 经费内部支出比例小于 0.444 时，医药制造产业 R&D 内部支出比例对高技术产业新产品销售收入产生负向影响，反之产生正向影响；医疗器械产业 R&D 经费比例对高技术产业新产品销售收入指标产生倒 U 型影响，其理论临界值是 0.095，也即医疗设备产业 R&D 经费比例小于 0.095 时，医疗设备产 R&D 经费比例指标对高技术产业新产品销售收入产生正向影响，反之产生负向影响；省际资金配置比例对高技术产业新产品销售收入产生倒 U 型影响，其理论临界值是 0.062，也即省际资金配置比例小于 0.062 时，其对高技术产业新产品销售收入产生正向影响，反之产生负向影响。

（2）创新环境与 R&D 经费配置对高技术产业专利申请数的影响

以高技术产业专利申请数为因变量对创新环境指标和 R&D 经费配置指标及其交互项进行参数估计，得出如表 5-16 所示关键创新环境指标与 R&D 配置指标及其交互项对高技术产业专利申请数的影响关系系数表。

表 5-16　创新环境与 R&D 经费配置对高技术产业专利申请数的影响关系系数

指标	常量	政府资金总量		政府资金比例		医药制造产业 R&D 内部支出比例		医疗器械产业 R&D 内部支出比例		省际资金比例		年从业人员量	
变量	常量	一次项	二次项	一次项	二次项	一次项	二次项	一次项	二次项	一次项	二次项	一次项	二次项
常量		8. 174E-06	-5. 190E-11	-3. 013E-01	-2. 768E-01	-2. 639E-01	3. 082E-01	6. 929E-02	0	2. 147E+01	-1. 075E+02	3. 125E-06	-4. 938E-12
人均 GDP. 1	1. 339E-05	-7. 881E-11	1. 020E-15	0	0	0	0	0	0	0	0	0	0
国有控股工业企业产值 . 1	8. 328E-05	5. 665E-10	-4. 934E-15	0	0	0	0	0	0	-6. 074E-04	0	0	-2. 657E-17
外商企业投资数 . 1	6. 882E-05	-6. 736E-10	5. 483E-15	-1. 556E-04	5. 624E-05	0	0	1. 234E-04	1. 015E-03	9. 434E-04	-1. 017E-02	-1. 958E-10	9. 925E-17
国内发明专利授权量 . 1	1. 122E-04	4. 332E-09	-1. 465E-14	8. 757E-04	0	0	0	-2. 512E-03	0	-3. 357E-03	3. 007E-02	0	-2. 481E-17
政府财政科技支出 . 1	1. 355E-02	-1. 858E-08	1. 425E-14	0	0	0	0	0	0	-3. 679E-01	2. 243	0	-1. 911E-15
政府财政科技支出 . 4	-7. 835E-03	-4. 672E-07	8. 130E-13	6. 853E-02	0	0	0	1. 135E-01	0	2. 748E-01	0	3. 423E-08	-1. 415E-14
政府区域战略规划政策 . 1	-2. 446E-02	-1. 380E-06	6. 584E-12	0	0	3. 978E-01	-3. 622E-01	0	0	1. 530	-2. 058E+01	0	0
政府区域战略规划政策 . 2	0	3. 735E-07	-2. 587E-12	0	0	0	0	0	0	0	0	0	2. 063E-14
东北地区	0	0	0	-7. 803E-01	0	0	0	0	0	0	0	0	0
北部沿海	-6. 555E-01	-6. 301E-06	0	0	0	0	0	0	0	8. 548	0	8. 343E-06	-2. 790E-11
东部沿海	0	4. 538E-06	1. 339E-10	0	0	0	0	0	0	-3. 192E+01	3. 382E+02	7. 758E-06	-2. 754E-11
南部沿海	0	1. 857E-05	0	4. 394E+01	0	1. 626E+03	-1. 931E+04	-7. 301E+01	0	-6. 077E+02	1. 626E+03	5. 098E-05	-4. 076E-11
黄河中游	0	2. 895E-06	0	0	0	0	0	0	0	0	0	0	0
长江中游	-9. 323E-01	2. 735E-06	0	1. 017E+01	-1. 703E+01	-1. 045	0	0	0	0	0	2. 945E-06	0
西南地区	0	4. 820E-06	2. 495E-10	1. 274	0	0	0	0	0	0	0	0	0
大西北地区	5. 076	0	0	-5. 552	1. 041E+01	-7. 364	7. 655	0	0	-2. 101E+02	0	-1. 321E-04	0
沿海	0	0	0	0	0	0	0	0	0	4. 226	-6. 715E+01	-8. 059E-06	3. 187E-11
沿江	1. 652E-01	2. 491E-05	-3. 743E-10	-7. 132	8. 704	4. 094E-01	0	0	0	0	0	9. 881E-07	-1. 390E-12

注：以上参数估计结果均在5%显著性水平下拒绝原假设，即表明变量间具有显著影响，其影响系数反映在本表中；而参数估计没有显著影响的变量意味着对应的预测模型中该变量系数为零，为使上表更加清晰明朗，本表中除了影响显著的变量将其系数展示，影响不显著的变量系数统一标记为零。

对表 5-16 创新环境与 R&D 经费配置对高技术产业专利申请数的影响进行影响因素归纳，得到如下表 5-17 所示影响因素归纳总结表。

表 5-17　高技术产业专利申请数创新环境关键影响因素归纳

<table>
<tr><th>一级指标</th><th>二级指标</th><th>变量</th></tr>
<tr><td>经济基础环境</td><td>富裕/发达程度</td><td>人均 GDP</td></tr>
<tr><td rowspan="2">市场发育程度</td><td>产权结构</td><td>国有控股工业企业产值</td></tr>
<tr><td>对外开放度</td><td>外商投资企业</td></tr>
<tr><td>研发基础环境</td><td>研发实力</td><td>国内发明专利授权量</td></tr>
<tr><td rowspan="2">政府支持</td><td>财政科技支持</td><td>政府财政科技支出</td></tr>
<tr><td>政策支持</td><td>政府区域战略规划政策</td></tr>
<tr><td rowspan="3">地理区位优势</td><td>所属经济区域</td><td>东北地区（A 区）、北部沿海（B 区）、
东部沿海（C 区）、南部沿海（D 区）、
黄河中游（E 区）、长江中游（F 区）、
西南地区（G 区）、大西北地区（H 区）</td></tr>
<tr><td rowspan="2">区位优势</td><td>沿海</td></tr>
<tr><td>沿江</td></tr>
</table>

通过表 5-17 可以看出，外商企业投资数、人均 GDP、国有控股工业企业产值、政府区域战略规划政策、国内发明专利授权量、政府财政科技支出、区位等是影响高技术产业专利申请数指标的关键因素，其中外商企业投资数隶属于“对外开放程度”，人均 GDP 隶属于“经济基础环境”，国有工业企业产值隶属于“产业结构”，国内发明专利授权数隶属于“研发实力”，政府区域战略规划政策隶属于“政策支持”，政府财政科技支出隶属于“政府支持”，区位等隶属于“地理区位优势”。

对表 5-16 创新环境与 R&D 经费配置对高技术产业新产品销售收入的影响进行影响关系进行归纳整理，得到如表 5-18 所示影响关系归纳总结表。

表 5-18 创新环境与 R&D 经费配置对高技术产业专利申请数的影响关系归纳

一级指标	二级指标	变量	常量	政府资金	医药制造产业 R&D 内部支出比例	医疗器械产业 R&D 内部支出比例	政府资金比例	省际资金比例	年从业人员量
		常量		1	1	+	1	1	1
经济基础环境	富裕/发达程度	人均 GDP.1	+	1					
市场发育程度	产权结构	国有控股工业企业产值.1	+	1				-	-
	对外开放程度	外商企业投资数.1	+	1		+	-	1	1
研发基础环境	研发实力	国内发明专利授权量.1	+	1		-	+	1	-
政府支持	财政科技支持	政府财政科技支出.1	+	1				1	-
		政府财政科技支出.4	-	1		+	+	+	1
	政策支持	政府区域战略规划政策.1	-	1	1				
		政府区域战略规划政策.2		1					+
		常量		1	1	+	1	1	1

续表

一级指标	二级指标	变量	常量	政府资金	医药制造产业 R&D 内部支出比例	医疗器械产业 R&D 内部支出比例	政府资金比例	省际资金比例	年从业人员量
地理区位优势	所属经济区区域	东北地区					–		
		北部沿海	–	–				+	1
		东部沿海		1				1	1
		南部沿海		+	1	–	+	1	1
		黄河中游		+					
		长江中游	–	+	–		1		+
		西南地区		1			+		
		大西北地区	+		1		1	–	–
	区位优势	沿海						1	1
		沿江	+	1	+		1		1

注：表中“+”代表正向影响，“–”代表负向影响，“0”代表没有影响，“1”代表非单调影响关系。

外商企业投资数、政府区域战略规划政策、政府财政支出等是影响高技术产业专利申请数的关键创新环境指标，并且外商企业投资数、政府区域战略规划政策、政府财政科技支出等与高技术产业各项配置指标对高技术产业专利申请指标的交互影响明显，地理区位优势等也存在明显的交互影响。此外，R&D 经费投入及其配置对高技术产业专利申请数指标具有直接影响，但此影响并单纯的正向或负向影响，而是具有拐点的二次影响。

基于 R&D 经费配置指标对创新产出具有二次影响的研究假设和表 5-16，对高技术产业专利申请数指标与 R&D 经费配置指标做影响关系做临界值分析，得到如表 5-19。

表 5-19 R&D 经费配置对高技术产业专利的影响

产业	产出指标	配置指标	二次项参数	一次项参数	配置指标对产出指标的影响	临界值
高技术产业	专利申请数	政府资金比例	-0. 2768	-0. 3013	负向	
		医药制造产业资金比例	0. 3082	-0. 2639	U 型	0. 428
		医疗器械产业资金比例	0	0. 06929	正向	
		省际资金配置比例	-1. 075	0. 2147	倒 U 型	0. 100

从总体上来看，政府资金比例对高技术产业专利申请数指标产生负向影响；医疗器械产业 R&D 经费比例对高技术产业专利申请数指标产生正向影响；医药制造产业 R&D 经费比例对高技术产业专利申请数指标产生 U 型影响，其理论临界值是 0. 428，也即医药制造产业 R&D 经费比例小于 0. 428 时，其对高技术产业专利申请数指标产生负向影响，反之产生正向影响；省际资金分配比例对高技术产业专利申请数指标产生倒 U 型影响，其理论临界值是 0. 100，也即省际资金比例小于 0. 100 时，省际资金比例对高技术产业专利申请数产生正向影响，反之产生负向影响。

5. 4. 3 医药制造产业的实证分析

（1）创新环境与 R&D 经费配置对医药制造产业新产品销售收入的影响

以医药制造业新产品销售收入为因变量对创新环境指标和 R&D 经费配置指标及其交互项进行参数估计，得出如表 5-20 所示关键创新环境指标与 R&D 配置指标及其交互项对创新产出的影响关系系数表。

表 5-20　创新环境与 R&D 经费配置对医药制造产业新产品销售收入的影响关系系数

指标	常量	政府资金总量		政府资金比例		医药制造产业 R&D 内部支出比例		医疗器械产业 R&D 内部支出比例		省际资金比例		年从业人员量	
变量	常量	一次项	二次项	一次项	二次项	一次项	二次项	一次项	二次项	一次项	二次项	一次项	二次项
常量		4. 132E-06	1. 967E-10	-1. 397	2. 087E-02	-0. 069	1. 678	-0. 567	5. 586	16. 647	-2. 904	2. 297E-06	-3. 225E-11
GDP. 1	6. 447E-05	1. 554E-10	4. 745E-15	-2. 366E-05	0	0	0	0	0	2. 735E-05	0	-1. 324E-10	3. 638E-17
全社会固定资产投资 . 1	0	0	0	0	0	0	0	0	0	0	0	0	0
外商投资企业数 . 1	4. 466E-05	-6. 473E-10	4. 081E-15	0. 023E-02	0	0	0	0	0	0. 107E-02	2. 537E-04	-1. 568E-10	3. 822E-17
外商企业投资总额 . 1	-9. 007E-06	2. 017E-10	-1. 039E-15	-1. 336E-05	0	0	0	0	0	-5. 1609E-05	0. 111E-03	1. 994E-11	-6. 819E-18
高校数量 . 1	-0. 005	5. 962E-08	-3. 620E-12	-0. 00493E-02	0	0	0	0	0	-1. 06E-02	0	3. 795E-08	-4. 398E-15
政府区域战略规划政策 . 1	0. 094	-1. 476E-06	6. 616E-12	0	0	0	-0. 199	-0. 086	0	0	0	6. 636E-08	-2. 726E-14
东北地区	65. 196	-5. 790E-05	4. 043E-10	0. 098	0	0	0	0	0	0	0	-2. 267E-06	0
北部沿海	64. 191	0	0	0	0	-3. 903	3. 578	0	0	-8. 968	0	0	1. 790E-11
东部沿海	63. 295	-4. 817E-05	1. 961E-10	0	0	-1. 514	0	0	0	0	0	4. 880E-06	1. 327E-11
南部沿海	72. 889	1. 174E-05	0	0	0	-28. 015	0	0	0	-47. 826	245. 189	-5. 559E-06	2. 230E-11
黄河中游	63. 130	0	0	0	0	0	0	0	0	15. 068	-448. 170	-5. 436E-07	2. 789E-11
长江中游	59. 925	0	0	-0. 616	0	0. 975	0	0	0	0	0	1. 929E-05	-1. 970E-12
西南地区	62. 199	-1. 1E-05	3. 630E-11	-6. 253	14. 283	1. 610	-0. 171	0	-2. 945	0	0	4. 273E-06	2. 501E-11
大西北地区	0	-0. 001	0	-38. 909	155. 855	30. 488	-32. 942	-145. 289	229. 442	-2790. 589	837639. 137	4. 215E-03	-6. 040E-08
沿海	-1. 330	0	-9. 619E-11	0	0	5. 415	-5. 522	0	0	20. 744	-260. 597	2. 373E-06	9. 791E-12
沿江	2. 366	1. 219E-05	-6. 847E-11	0	0	0	0	0	0	-14. 124	158. 204	-1. 028E-05	9. 387E-12

注：以上参数估计结果均在 5%显著性水平下拒绝原假设，即表明变量间具有显著影响，其影响系数反映在本表中；而参数估计没有显著影响的变量意味着对应的预测模型中该变量系数为零，为使上表更加清晰明朗，本表中除了影响显著的变量将其系数展示，影响不显著的变量系数统一标记为零。

对表 5-20 创新环境与 R&D 经费配置对医药制造产业新产品销售收入的影响进行影响因素归纳，得到如表 5-21 所示影响因素归纳总结表。

表 5-21 医药制造产业新产品销售收入创新环境关键影响因素归纳

一级指标	二级指标	变量
经济基础环境	经济总量	GDP
	资本密集程度	全社会固定资产投资
市场发育程度	对外开放度	外商投资企业
		外商企业投资总额
研发基础环境	研发机构	高校数量
政府支持	政策支持	政府区域战略规划政策
地理区位优势	所属经济区域	东北地区（A 区）、北部沿海（B 区）、东部沿海（C 区）、南部沿海（D 区）、黄河中游（E 区）、长江中游（F 区）、西南地区（G 区）、大西北地区（H 区）
	区位优势	沿海
		沿江

通过表 5-21 可以看出，外商企业投资总额、外商投资企业数、GDP、政府区域战略规划政策、高校数量、全社会固定资产投资、地理区位、沿海、沿江等指标是影响医药制造产业新产品销售收入的关键环境指标，其中外商企业投资总额和外商企业投资数指标隶属于“对外开放程度”，GDP 隶属于“经济总量”，全社会固定资产投资隶属于“资本密集程度”，高校数量隶属于“研发机构”，政府区域战略规划政策隶属于“政策支持”，区位、沿海、沿江等隶属于“地理区位优势”。

对表 5-20 创新环境与 R&D 经费配置对医药制造产业新产品销售收入的影响进行影响关系进行归纳整理，得到如表 5-22 所示影响关系归纳总结表。

从表 5-22 可以看出：外商企业投资总额、外商投资企业数、GDP、政府区域战略规划政策、高校数量、全社会固定资产投资、地理区位、沿海、沿江等指标是影响医药制造产业新产品销售收入的关键创新环境指标。并且外商企业投资总额、外商投资企业数、GDP、政府区域战略规划政策、高校数量、全社会固定资产投资、地理区位、沿海、沿江等指标与 R&D 经费中政府资金、政府资金比例、省际资金比例和年从业人员量对医药制造产业的交互

表 5-22　创新环境与 R&D 经费配置对医药制造产业新产品销售收入的影响关系归纳

一级指标	二级指标	变量	常量	政府资金	医药制造产业 R&D 内部支出比例	医疗器械产业 R&D 内部支出比例	政府资金比例	省际资金比例	年从业人员量
		常量		1	1	1	1	1	1
经济基础环境	经济总量	GDP. 1	+	1			-	1	1
	资本密集程度	全社会固定资产投资 . 1							
市场发育程度	对外开放程度	外商投资企业数 . 1	+	1			+	1	1
		外商企业投资总额 . 1	-	1			-	1	1
研发基础环境	研发机构	高校数量 . 1	-	1			-	-	1
政府支持	政策支持	政府区域战略规划政策 . 1	+	1	-	-			1

续表

一级指标	二级指标	变量	常量	政府资金	医药制造产业 R&D 内部支出比例	医疗器械产业 R&D 内部支出比例	政府资金比例	省际资金比例	年从业人员量
地理区位优势	所属经济区域	东北地区	+	1			+		−
		北部沿海	+		1			−	
		东部沿海	+	1	−				1
		南部沿海	+	+	−			1	1
		黄河中游	+					1	1
		长江中游	+		+		−		1
		西南地区	+	1	1	−	1		1
		大西北地区		−	1	1	1	1	1
	区位优势	沿海	−		1			1	1
		沿江	+	1				1	1

注：表中“+”代表正向影响，“−”代表负向影响，“0”代表没有影响，“1”代表非单调影响关系。

影响明显，仅有区位、政府区域战略规划政策等与医药制造产业 R&D 内部支出比例、医疗器械产业 R&D 内部支出比例对医药制造产业新产品销售收入指标的交互影响显著。

基于 R&D 经费配置指标对创新产出具有二次影响的研究假设和表 5-20，对 R&D 经费配置指标做影响关系的临界值分析，得到表 5-23。

表 5-23　R&D 经费配置对医药制造产业新产品销售收入的影响

产业	产出指标	配置指标	二次项参数 a	一次项参数 b	配置指标对产出指标的影响	临界值
医药制造产业	新产品销售收入	政府资金比例	0.021	-1.397	负向	***
		医药制造产业资金比例	1.678	-0.069	U 型	0.021
		医疗器械产业资金比例	5.586	-0.567	U 型	0.051
		省际资金配置比例	-2.904	16.647	正向	

注***：虽然该拟合函数为非线性二次函数且存在明显拐点，但因为 R&D 经费配置结构指标的实际取值范围为［0，1］，若该配置比例指标临界值在［0，1］取值范围之外，根据二次函数单侧单调的性质，则该配置比例指标在［0，1］区间单调。

从总体来看，政府资金比例对医药制造产业新产品销售收入指标产生负向影响；医疗器械产业 R&D 经费比例对医药制造产业新产品销售收入指标产生 U 型影响，其理论临界值是 0.051，也即医疗器械产业 R&D 经费比例小于 0.051，医疗器械产业 R&D 资金比例指标对医药制造产业新产品销售收入指标产生负向影响，反之产生正向影响；医药制造产业 R&D 经费比例对医药制造产业新产品销售收入指标产生 U 型影响，其理论临界值是 0.021，也即医药制造产业 R&D 经费比例小于 0.021 时，其对医药制造产业新产品销售收入指标产生负向影响，反之产生正向影响；省际资金分配比例对医药制造产业新产品销售收入指标产生正向影响。

（2）创新环境与 R&D 经费配置对医药制造产业专利申请数的影响

以医药制造产业专利申请数为因变量对创新环境指标和 R&D 经费配置指标及其交互项进行参数估计，得出如表 5-24 所示关键创新环境指标与 R&D 配置指标及其交互项对创新产出的影响关系系数表。

表 5-24 创新环境与 R&D 经费配置对医药制造产业专利申请数的影响

指标	常量	政府资金总量		政府资金比例		医药制造产业 R&D 内部支出比例		医疗器械产业 R&D 内部支出比例		省际资金比例		年从业人员量	
变量	常量	一次项	二次项	一次项	二次项	一次项	二次项	一次项	二次项	一次项	二次项	一次项	二次项
常量		2.976E-05	-8.079E-11	-2.080	0	5.687	-5.044	-9.067E-01	3.973	9.835	-5.642E+01	1.838E-06	-8.412E-13
工业增加值占 GDP 比重 .1	0	0	0	0	0	0	0	0	0	0	0	0	0
外商投资企业 .1	4.088E-05	-1.495E-10	-2.784E-16	0	0	0	0	-3.366E-04	1.524E-03	3.727E-05	4.702E-04	-1.700E-11	1.560E-18
政府财政科技支出/R&D 人员 .3	2.031E+03	1.648E-03	-5.472E-08	0	0	-5.164E+03	5.655E+03	0	0	0	0	0	3.475E-10
政府区域战略规划政策 .1	2.325E-01	3.683E-08	1.811E-12	-5.609E-01	0	-3.172E-01	4.959E-02	-1.395E-02	0	-1.462	1.159	-8.113E-08	3.110E-14
单位面积公路里程数 .1	-1.231	-3.363E-04	1.782E-09	0	0	1.265E+02	-1.189E+02	0	0	6.966	0	-3.674E-05	1.928E-11

注：以上参数估计结果均在 5%显著性水平下拒绝原假设，即表明变量间具有显著影响，其影响系数反映在本表中；而参数估计没有显著影响的变量意味着对应的预测模型中该变量系数为零，为使上表更加清晰明朗，本表中除了影响显著的变量将其系数展示，影响不显著的变量系数统一标记为零。

对表 5-24 创新环境与 R&D 经费配置对医药制造产业专利申请数的影响做影响因素归纳，得到如表 5-25 所示影响因素归纳总结表。

表 5-25　医药制造产业专利申请数创新环境关键影响因素归纳表

一级指标	二级指标	变量
产业结构	工业增加值及贡献率	工业增加值/地区生产总值
市场发育程度	对外开放度	外商投资企业
政府支持	财政科技支持	政府财政科技支出比 R&D 人员
	政策支持	政府区域战略规划政策
地理区位优势	交通发达程度	单位面积高速公路里程

通过表 5-25 可看出，外商投资企业、政府区域战略规划政策、工业增加值占 GDP 比重、单位面积公路里程数、政府财政科技支出/R&D 人员等指标是影响医药制造产业专利申请数的关键环境指标，其中政府区域战略规划政策隶属于“政府支持”，外商企业投资数隶属于“对外开放程度”，工业增加值占 GDP 比重隶属于“产业结构”，政府财政科技支出/R&D 人员隶属于“政府支持”，单位面积高速公路里程隶属于“交通便利程度”，并且配置变量对医药制造产业新产品专利申请数指标具有明显的直接影响。

对表 5-24 创新环境与 R&D 经费配置对医药制造产业专利申请数的影响进行影响关系进行归纳整理，得到如表 5-26 所示影响关系归纳总结。

外商投资企业、政府区域战略规划政策、工业增加值占 GDP 比重、单位面积公路里程数、政府财政科技支出 R&D 人员等指标是影响医药制造产业专利申请数的关键创新环境指标。外商投资企业、政府区域战略规划政策、工业增加值占 GDP 比重、单位面积公路里程数、政府财政科技支出/R&D 人员等指标与政府资金、医药制造产业 R&D 内部支出比例、医疗器械产业 R&D 内部支出比例、省际资金比例、年从业人员量等配置指标对医药制造产业专利申请数的交互影响明显，而仅有政府区域战略规划政策与政府资金比例对医药制造产业专利申请数产生明显的交互影响。

表 5-26 创新环境与 R&D 经费配置对医药制造产业专利申请数的影响关系归纳

一级指标	二级指标	变量	常量	政府资金	医药制造产业 R&D 内部支出比例	医疗器械产业 R&D 内部支出比例	政府资金比例	省际资金比例	年从业人员量
		常量		1	1	1	–	1	1
产业结构	工业增加值及贡献率	工业增加值占 GDP 比重 . 1							
市场发育程度	对外开放程度	外商投资企业 . 1	+	1		1		+	1
政府支持	财政科技支持	政府财政科技支出比 R&D 人员 . 3	+	1	1				+
	政策支持	政府区域战略规划政策 . 1	+	1	1	–	–	–	1
地理区位优势	交通发达程度	单位面积公路里程数 . 1	–	1	1			+	1

注：表中“+”代表正向影响，“–”代表负向影响，“0”代表没有影响，“1”代表非单调影响关系。

基于 R&D 经费配置指标对创新产出具有二次影响的研究假设和表 5-24，对 R&D 经费配置指标做影响关系的临界值分析，得到如表 5-27。

表 5-27　R&D 经费配置对医药制造产业专利申请数的影响

产业	产出指标	配置指标	二次项参数 a	一次项参数 b	配置指标对产出指标的影响	临界值
医药制造产业	专利申请数	政府资金比例	0	-2.080	负向	
		医药制造产业资金比例	-5.044	5.687	倒 U 型	0.564
		医疗器械产业资金比例	3.973	-0.9067	U 型	0.114
		省际资金配置比例	-0.5642	9.835	倒 U 型	0.087

从总体来讲，政府资金比例对医药制造产业专利申请数指标产生负向影响；医疗器械产业 R&D 经费比例对医药制造产业专利申请数指标产生 U 型影响，其理论临界值是 0.114，也即医疗器械产业 R&D 经费比例小于 0.114，医疗器械产业 R&D 经费比例指标对医药制造产业专利申请数指标产生负向影响，反之产生正向影响；医药制造产业 R&D 经费比例对医药制造产业专利申请数指标产生倒 U 型影响，其理论临界值是 0.564，也即医药制造产业 R&D 经费比例小于 0.564 时，其对医药制造产业专利申请数指标产生正向影响，反之产生负向影响；省际资金分配比例对医药制造产业新产品销售收入指标产生倒 U 型影响，其理论临界值是 0.087，也即医药制造产业 R&D 经费比例小于 0.087 时，其对医药制造产业专利申请数指标产生正向影响，反之产生负向影响。

5.4.4　医疗器械产业的实证分析

（1）创新环境与 R&D 经费配置对医疗器械产业新产品销售收入的影响

以医疗器械产业新产品销售收入为因变量对创新环境指标和 R&D 经费配置指标及其交互项进行参数估计，得出如表 5-28 所示关键创新环境指标与 R&D 配置指标及其交互项对创新产出的影响关系系数表。

对表 5-28 创新环境与 R&D 经费配置对医疗器械产业新产品销售收入的影响进行影响因素归纳，得到如表 5-29 所示影响因素归纳总结表。

表 5-28 创新环境与 R&D 经费配置对医疗器械产业新产品销售收入的影响

指标	常量	政府资金总量		政府资金比例		医药制造产业 R&D 内部支出比例		医疗器械产业 R&D 内部支出比例		省际资金比例		年从业人员量	
变量	常量	一次项	二次项	一次项	二次项	一次项	二次项	一次项	二次项	一次项	二次项	一次项	二次项
常量		4. 106E-05	-1. 061E-10	-3. 240	5. 502	1. 417E+01	-1. 224E+01	8. 144	-3. 333	5. 534E+01	-1. 472E+02	6. 558E-06	-1. 935E-12
人均固定资产投资 . 1	1. 067	-6. 402E-06	1. 793E-11	2. 255	-6. 543	-2. 527	4. 264	0	0	0	8. 072E+01	-1. 368E-06	1. 279E-14
第三产业增加值 . 1	7. 273E-05	-1. 533E-09	2. 351E-15	0	0	4. 000E-04	-1. 263E-03	0	0	-4. 091E-05	-1. 946E-03	5. 370E-10	-1. 446E-16
高校数量 . 1	6. 339E-02	-8. 551E-08	4. 475E-13	1. 519E-02	0	-1. 082E-01	1. 102E-01	0	0	-5. 177E-01	7. 063E-01	-6. 486E-08	2. 364E-14
政府区域战略规划政策 . 1	2. 630E-01	-1. 016E-06	1. 745E-12	-2. 864E-01	-1. 631E-01	-3. 432E-01	0	3. 154E-01	-8. 304E-01	-2. 143	2. 764	-1. 889E-07	8. 076E-14
单位面积公路里程数 . 1	0	5. 157E-05	0	0	0	0	0	0	0	0	0	0	0

注：以上参数估计结果均在 5%显著性水平下拒绝原假设，即表明变量间具有显著影响，其影响系数反映在本表中；而参数估计没有显著影响的变量意味着对应的预测模型中该变量系数为零，为使上表更加清晰明朗，本表中除了影响显著的变量将其系数展示，影响不显著的变量系数统一标记为零。

表 5-29　医疗器械产业新产品销售收入创新环境关键影响因素归纳表

一级指标	二级指标	变量
经济基础环境	资本密集程度	人均固定资产投资
市场发育程度	现代化程度	第三产业增加值
研发基础环境	研发机构	高校数量
政府支持	政策支持	政府区域战略规划政策
地理区位优势	交通发达程度	单位面积高速公路里程

通过表 5-29 可以看出，高校数量、人均固定资产投资、政府区域战略规划政策、单位面积公路里程数、第三产业增加值等指标是影响医疗器械产业新产品销售收入的关键环境指标，其中高校数量隶属于“研发基础环境”，人均固定资产投资隶属于“经济基础环境”，政府区域战略规划政策隶属于“政府支持”、单位面积高速公路里程隶属于“交通便利程度”，第三产业增加值隶属于“产业基础”。

对表 5-28 中创新环境与 R&D 经费配置对医疗器械产业新产品销售收入的影响进行影响关系进行归纳整理，得到如表 5-30 所示的影响关系归纳总结表。

从表 5-30 可以看出，高校数量、人均固定资产投资、政府区域战略规划政策、单位面积公路里程数、第三产业增加值等指标是影响医疗器械产业新产品销售收入的关键创新环境指标，并且配置变量对医疗器械产业新产品销售收入指标具有明显的直接影响。高校数量、人均固定资产投资、政府区域战略规划政策、单位面积公路里程数、第三产业增加值等指标与政府资金、医药制造产业 R&D 经费内部支出比例、政府资金比例、省际资金比例、年从业人员量对医疗器械产业新产品销售收入的交互影响明显，而仅有政府区域战略规划政策与医疗器械产业 R&D 经费内部支出比例的交互效应明显。

表 5-30 创新环境与 R&D 经费配置对医疗器械产业新产品销售收入的影响关系归纳

一级指标	二级指标	变量	常量	政府资金	医药制造产业 R&D 内部支出比例	医疗器械产业 R&D 内部支出比例	政府资金比例	省际资金比例	年从业人员量
		常量		1	1	1	1	1	1
经济基础环境	资本密集程度	人均固定资产投资 . 1	+	1	1		1		1
市场发育程度	现代化程度	第三产业增加值 . 1	+	1	1			1	1
研发基础环境	研发机构	高校数量 . 1	+	1	1		+	1	1
政府支持	政策支持	政府区域战略规划政策 . 1	+	1	-	1	1	1	1
地理区位优势	交通发达程度	单位面积公路里程数 . 1		+					

注：表中“+”代表正向影响，“-”代表负向影响，“0”代表没有影响，“1”代表非单调影响关系。

基于 R&D 经费配置指标对创新产出具有二次影响的研究假设和表 5-22，对 R&D 经费配置指标做影响关系的临界值分析，得到如表 5-31。

表 5-31 R&D 经费配置对医疗器械产业新产品销售收入的影响

产业	产出指标	配置指标	二次项参数 a	一次项参数 b	配置指标对产出指标的影响	临界值
医疗器械产业	新产品销售收入	政府资金比例	5. 502	-3. 240	U 型	0. 294
		医药制造产业资金比例	-0. 1224	0. 1417	倒 U 型	0. 579
		医疗器械产业资金比例	-3. 333	8. 144	正向	***
		省际资金配置比例	-0. 01472	0. 5534	倒 U 型	0. 188

注***：虽然该拟合函数为非线性二次函数且存在明显拐点，但因为 R&D 经费配置结构指标的实际取值范围为 [0, 1]，若该配置比例指标临界值在 [0, 1] 取值范围之外，根据二次函数单侧单调的性质，则该配置比例指标在 [0, 1] 区间单调。

从总体来讲，政府资金相对量对医疗器械产业新产品销售收入指标产生 U 型影响，其理论临界值是 0. 294，也即政府资金比例小于 0. 294 时，其对医疗器械产业新产品销售收入指标产生负向影响，反之产生正向影响；医药制造产业 R&D 经费比例对医疗器械产业新产品销售收入指标产生倒 U 型影响，其理论临界值 0. 579，也即医药制造产业 R&D 经费比例小于 0. 579 时，其对医疗器械产业新产品销售收入指标产生正向影响，反之产生负向影响；医疗器械产业 R&D 经费比例对医疗器械产业新产品销售收入指标产生正向影响；省际资金比例对医疗器械产业新产品销售收入指标产生倒 U 型影响，其理论临界值是 0. 188，也即省际资金比例小于 0. 188 时，其对医疗器械产业新产品销售收入指标产生正向影响，反之产生负向影响。

（2）创新环境与 R&D 经费配置对医疗器械产业专利申请数的影响

以医疗器械产业专利申请数为因变量对创新环境指标和 R&D 经费配置指标及其交互项进行参数估计，得出如表 5-32 所示关键创新环境指标与 R&D 配置指标及其交互项对创新产出的影响关系系数表。

表 5-32 创新环境与 R&D 经费配置对医疗器械产业专利申请数的影响

指标	常量	政府资金总量		政府资金比例		医药制造产业 R&D 内部支出比例		医疗器械产业 R&D 内部支出比例		省际资金比例		年从业人员量	
变量	常量	一次项	二次项	一次项	二次项	一次项	二次项	一次项	二次项	一次项	二次项	一次项	二次项
常量		-5. 360E-06	1. 131E-10	-6. 162E-01	-1. 338	2. 784E-01	-1. 386	1. 036E+01	-1. 626E+01	1. 351E+01	-4. 029E+01	3. 059E-06	-6. 665E-13
规模以上工业企业出口交货值 . 1	1. 160E-04	-2. 274E-09	6. 054E-15	6. 037E-05	0	0	0	7. 278E-04	1. 898E-03	-1. 459E-03	4. 089E-03	-3. 133E-11	3. 149E-17
工业增加值 . 1	1. 603E-04	-2. 437E-10	0	0	0	0	0	0	0	0	0	-4. 355E-10	1. 202E-16
国有控股工业企业产值 . 1	2. 905E-05	7. 378E-10	-1. 213E-14	2. 290E-04	0	0	0	-2. 673E-04	0	0	0	2. 369E-10	-1. 274E-16
第三产业增加值 . 1	0	3. 075E-10	0	0	0	0	0	0	0	0	0	5. 128E-11	0

注：以上参数估计结果均在5%显著性水平下拒绝原假设，即表明变量间具有显著影响，其影响系数反映在本表中；而参数估计没有显著影响的变量意味着对应的预测模型中该变量系数为零，为使上表更加清晰明朗，本表中除了影响显著的变量将其系数展示，影响不显著的变量系数统一标记为零，如上表所示。

对表 5-32 创新环境与 R&D 经费配置对医疗器械产业专利申请数的影响进行影响因素归纳，得到如表 5-33 所示影响因素归纳总结表。

表 5-33 医疗器械产业专利申请数创新环境关键影响因素归纳

一级指标	二级指标	变量
经济基础环境	国际竞争力	规模以上工业企业出口交货值
产业结构	工业增加值及贡献率	工业增加值
	产权结构	国有控股工业企业产值
市场发育程度	现代化程度	第三产业增加值

通过表 5-33 可以看出，国有控股工业企业产值、工业增加值、规模以上工业企业出口交货值、第三产业增加值等指标是影响医疗器械产业专利申请数的关键环境指标，其中第三产业增加值、工业增加值、国有工业企业产值隶属于“产业结构”，规模以上工业企业出口交货值隶属于“经济基础环境”。

对表 5-32 创新环境与 R&D 经费配置对医疗器械产业专利申请数的影响进行影响关系进行归纳整理，得到如表 5-34 所示影响关系归纳总结表。

国有控股工业企业产值、规模以上工业企业出口交货值等指标是影响医疗器械产业专利申请数的关键影响因素指标，并且配置变量对医疗器械产业专利申请数指标具有明显的直接影响。另外，国有控股工业企业产值、规模以上工业企业出口交货值等与 R&D 经费配置指标对医疗器械产业专利申请数的交互影响明显。

基于 R&D 经费配置指标对创新产出具有二次影响的研究假设和表 5-32，对 R&D 经费配置指标做影响关系的临界值分析，得到如表 5-35。

表 5-35 R&D 经费配置对医疗器械产业专利申请数的影响

产业	产出指标	配置指标	二次项参数	一次项参数	配置指标对产出指标的影响	临界值
医疗器械产业	专利申请数	政府资金比例	-1.386	-0.6162	负向	
		医药制造产业资金比例	-1.338	0.2784	倒 U 型	0.104
		医疗器械产业资金比例	-0.1626	0.1036	倒 U 型	0.319
		省际资金配置比例	-0.4029	0.1351	倒 U 型	0.168

表 5-34 创新环境与 R&D 经费配置对医疗器械产业专利申请数的影响关系归纳

一级指标	二级指标	变量	常量	政府资金	医药制造产业 R&D 内部支出比例	医疗器械产业 R&D 内部支出比例	政府资金比例	省际资金比例	年从业人员量
		常量		1	1	1	1	1	1
经济基础环境	国际竞争力	规模以上工业企业出口交货值 .1	+	1		+	+	1	1
产业结构	工业增加值及贡献率	工业增加值 .1	+	−					1
市场发育程度	产权结构	国有控股工业企业产值 .1	+	1		−	+		1
	现代化程度	第三产业增加值 .1		+					+

注：表中“+”代表正向影响，“−”代表负向影响，“0”代表没有影响，“1”代表非单调影响关系。

从总体来讲，R&D 经费中政府资金相对量对医疗器械产业专利申请数指标产生负向影响；医药制造产业经费比例对医疗器械产业专利申请数指标产生倒 U 型影响，其理论临界值是 0. 104，也即医药制造产业经费比例小于 0. 104 时，其对医疗器械产业专利申请数指标产生正向影响，反之产生负向影响；医疗器械产业资金比例对医疗器械产业专利申请数指标产生倒 U 型影响，其理论临界值是 0. 319，也即医疗器械产业经费比例小于 0. 319 时，其对医疗器械产业专利申请数指标产生正向影响，反之产生负向影响；省际资金比例对医疗器械产业专利申请数指标产生倒 U 型影响，其理论临界值是 0. 168，也即省际资金比例小于 0. 168 时，其对医疗器械产业专利申请数指标产生正向影响，反之产生负向影响。

5.5 本章小结

5.5.1 创新产出时滞及关键影响因素识别

基于创新环境系统指标及 R&D 经费配置指标和加入时滞项的 Group Lasso 模型，采用 R 语言运行代码对创新环境系统下的时滞进行测算并筛选出关键影响因素。整理得出如表 5-36 所示结果。

表 5-36 最优滞后周期及关键环境变量

产业	产出指标	$\hat{p}$	R^2	创新环境要素					
				市场发育	经济基础	研发基础	产业结构	政府支持	地理区位
高技术	新产品	3	0. 962	√				√	√
	专利	4	0. 953	√	√	√		√	√
医药制造	新产品	1	0. 944	√	√	√		√	√
	专利	3	0. 802	√	√		√	√	√
医疗器械	新产品	3	0. 838	√	√	√		√	√
	专利	3	0. 855	√	√				

在创新环境与 R&D 经费配置结构共同作用下，高技术产业新产品销售收入指标的滞后影响是 3 年，高技术产业专利申请数指标的滞后影响是 4 年；

即在创新环境与 R&D 经费配置结构共同作用下，我国高技术产业产品创新和技术转化滞后期为 3 年，而技术研发创新研发滞后期为 4 年，表明我国高技术产业在产品创新转化即技术转化阶段和技术创新研发阶段滞后期分别为 3 年和 4 年。从不同高技术子产业内部看，医药制造产业新产品销售收入指标的滞后影响是 1 年，专利申请数指标的滞后影响是 3 年，即在创新环境与 R&D 经费配置结构共同作用下，我国医药制造产业产品创新和技术转化滞后期为 1 年，而技术创新研发滞后期为 3 年，表明我国医药制造产业在技术转化阶段和技术创新研发阶段的滞后期分别为 1 年和 3 年。而医疗器械产业新产品销售收入指标的滞后影响是 3 年，专利申请数指标的滞后影响是 3 年，即在创新环境与 R&D 经费配置结构共同作用下，我国医药制造产业产品创新和技术转化滞后期为 3 年，而技术创新研发滞后期为 3 年，表明我国医疗器械产业在技术转化阶段和技术创新研发阶段的滞后期均为 3 年。

总体而言，我国 R&D 经费投入产出滞后的关键环境主要影响因素依次为市场发育程度、经济基础、政府支持和地理区位优势等。其中市场发育程度对任何产业的产品创新和技术创新产出滞后周期都有显著影响；而产业结构除对医药制造产业的专利产出滞后有影响外，对其余产业的两类创新产出的滞后周期都没有任何影响；研发基础则对部分产业的创新产出滞后有影响。

5.5.2 时滞与 R&D 经费配置结构共同作用的创新绩效影响因素分析与梳理

（1）高技术产业创新绩效关键影响因素分析

根据前文稀疏 Group Lasso 测度结果，高技术创新绩效关键环境影响因素归纳如表 5-37 所示。

表 5-37 高技术产业创新绩效关键环境影响因素

一级指标	二级指标	新产品销售	专利申请
经济基础环境	经济富裕程度		√
市场发育程度	对外开放度	√	√
	产权结构	√	√

续表

一级指标	二级指标	新产品销售	专利申请
研发基础环境	研发实力		√
	研发人才	√	
政府支持	政策支持	√	√
	财政科技支持		√
地理区位优势	所属经济区域	√	√
	区位优势	√	√
	交通发达程度	√	
产业结构	高技术产值及贡献率	√	

如上表所示，市场发育程度、地理区位优势、政府支持以及产业结构等是影响我国高技术产业创新绩效高低的重要环境要素；从具体影响因素看，对外开放程度、企业产权结构、产业所在区域及区位优势、国家级区域战略发展规划政策等对高技术产业的产品创新和技术创新都有非常显著的影响；此外，区域经济富裕程度、研发实力以及政府财政科技支持更有利于高技术产业专利技术创新绩效的提升，而区域交通发达程度和产业结构即高技术产业发达程度更有利于高技术产业产品创新和成果转化。

（2）医药制造业创新绩效关键影响因素分析

医药制造产业创新绩效关键环境影响因素归纳如表 5-38 所示。

表 5-38　医药制造产业创新绩效关键环境影响因素

一级指标	二级指标	新产品销售	专利申请
经济基础环境	经济总量	√	
	资本密集程度	√	
市场发育程度	对外开放度	√	√
研发基础环境	研发机构	√	
政府支持	政策支持	√	√
	财政科技支持		√
地理区位优势	所属经济区域	√	
	区位优势	√	
	交通发达程度		√
产业结构	工业增加值		√

如表 5-38 所示，市场发育程度、政府支持是医药制造产业创新绩效最重要的环境影响因素；此外，地理区位优势、产业结构、经济及研发基础等也是影响我国医药制造产业创新绩效高低的重要环境要素；从具体影响因素看，除区域对外开放程度和国家级区域战略发展规划等政策对产品创新和技术创新均有显著重要影响外，政府财政科技支持、交通发达程度和工业发达程度更有利于医药制造产业专利技术创新绩效的提升，而区域经济富裕程度、研发机构数量质量以及所在区域区位优势则对医药制造产业产品创新和成果转化有明显影响。

（3）医疗器械产业创新绩效关键影响因素分析

医疗器械产业创新绩效关键环境影响因素归纳如表 5-39 所示。

表 5-39　医疗器械产业创新绩效关键环境影响因素

一级指标	二级指标	产品销售	专利申请
经济基础环境	国际竞争力		√
	资本密集程度	√	
市场发育程度	现代化程度	√	√
	产权结构		√
研发基础环境	研发机构	√	
政府支持	政策支持	√	
地理区位优势	交通发达程度	√	
产业结构	工业增加值		√

如表 5-39 所示，医疗器械产业创新绩效影响因素在产品创新和专利方面差异较大，资本密集程度、市场现代化程度、研发机构数量质量、政策支持、交通发达程度等是影响产品创新的重要环境要素，而国际竞争力、市场发育程度以及工业发达程度对技术专利创新影响更大。

（4）三大产业创新绩效关键影响因素分析综合梳理

根据表 5-40，综合我国高技术产业、医药制造产业及医疗器械产业创新绩效的影响因素可知，政府支持、所在区域地理区位优势及市场发育程度是影响产业创新绩效的最重要的三个因素，其次为区域产业结构、经济基础环境和研发基础环境。之所以出现以上结果，可能的原因在于我国政府规划、政策以及各种形式的财政科技支持不但对企业创新研发具有直接的刺激作用，更重要的是国家区域战略规划政策的制定执行一般具有长期时效，也是国家重点支持领域和方向的风向标，意味着未来长期的政府资金、政策和其他技术手段的持续投入，因此，可以刺激企业加大创新研发力度；同时，地理区位优势越明显，意味着各种基础条件达成、资源获取、对外技术交流转化等越便利，为企业技术研发创新到市场转化提供有力保障；更进一步说，地理区位优势明显、交通发达的省域更能有效吸引政府和企业的关注，从而获得更多的政府资源、政策以及研发创新所必需的资金、技术、人才等入驻，形成良性循环。此外，市场发育程度为企业对外技术交流和服务提供了必要的保障，更有利于协同创新。

表 5-40　创新绩效影响因素综合分析表

指标（影响重要性排序）		高技术产业		医药制造		医疗器械	
一级	二级	新产品	专利	新产品	专利	新产品	专利
经济基础环境 6	经济富裕程度		√				
	国际竞争力						√
	经济总量			√			
	资本密集程度			√		√	
市场发育程度 3	对外开放度	√	√	√	√		
	现代化程度					√	√
	产权结构	√	√				√
研发基础环境 5	研发实力		√				
	研发机构			√		√	
	研发人才	√					
政府支持 1	政策支持	√	√	√	√	√	
	财政科技支持		√		√		
地理区位优势 2	所属经济区域	√	√	√			
	区位优势	√	√	√			
	交通发达程度	√			√	√	
产业结构 4	高技术产值及贡献率	√			√		
	工业增加值及贡献率						√

（5）产品创新绩效关键影响因素分析

根据前文 Group Lasso 回归和关键影响因素识别结果，从产业创新类型视角对产业创新绩效关键环境影响因素进行整理分析，产品创新绩效关键环境影响因素归纳如表 5-41 所示。

表 5-41 产品创新绩效（新产品销售）关键环境影响因素

一级指标	二级指标	高技术产业	医药制造	医疗器械
经济基础环境 4	经济总量	√	√	
	资本密集程度		√	√
市场发育程度 4	对外开放度	√	√	
	产权结构	√		
	现代化程度			√
研发基础环境 3	研发机构		√	√
	研发人才	√		
政府支持	政策支持	√	√	√
地理区位优势 6	所属经济区域	√	√	
	区位优势	√	√	
	交通发达程度	√		√

如表 5-41 所示，政府支持、地理区位优势以及市场发育程度是影响新产品销售收入的最重要的三个因素，其次是经济基础及研发基础环境；从具体影响因素看，政府政策支持即国家级区域战略发展规划等政策支持是最显著的影响因素，而所在经济区域及区位优势以及交通发达程度、市场对外开放程度、研发机构及人才、经济及资本富裕程度也是影响高技术产业产品创新和成果转化的重要因素。

（6）技术创新绩效关键影响因素分析

根据前文从产业创新类型视角对技术创新绩效即专利申请量指标的关键环境影响因素归纳如表 5-42 所示。

表 5-42 技术创新绩效（专利申请）关键环境影响因素

一级指标	二级指标	高技术产业	医药制造	医疗器械
经济基础环境	富裕程度	√		
	国际竞争力			√
市场发育程度	对外开放度	√	√	
	产权结构	√		√
	现代化程度			√

续表

一级指标	二级指标	高技术产业	医药制造	医疗器械
研发基础环境	研发实力	√		
政府支持	政策支持	√	√	
	财政科技支持	√	√	
地理区位优势	所属经济区域	√		
	区位优势	√		
	交通发达程度		√	
产业结构	工业增加值		√	√

根据表 5-42，从不同产业专利创新产出绩效看，影响专利创新产出的最主要环境因素是政府支持、市场发育程度和产业结构三大因素；从具体因素看国家级区域战略规划政策、财政科技支持政策、产业结构中的工业发达程度以及市场对外开放程度、产权结构等都是重要影响因素。从高技术产业内部而言，医药制造产业和医疗器械产业专利创新产出主要影响因素差异较大，除工业发达程度对医疗器械产业和医药制造产业都有重要影响外，医疗器械产业的专利创新产出绩效更多依赖于政府支持、市场开放程度及交通发达程度；而医药制造产业专利创新产出绩效更多受产业国际市场竞争能力、市场现代化程度以及产权结构的影响。

5.5.3 R&D 经费配置指标对创新绩效影响梳理

基于稀疏 Group Lasso 和 OLS 回归方法分别对高技术产业新产品销售收入与专利申请数等创新绩效产出指标做回归预测，并进一步就 R&D 经费配置结构各指标对创新绩效产出各指标的影响趋势作出分析。

（1）总体分析

根据表 5-43 显示，从总体上来讲，创新环境和 R&D 经费配置结构共同作用下我国多数经费配置结构指标对新产品销售收入及专利申请数的影响服从边际收益递减的规律；从各经费配置结构指标对创新绩效产出的具体影响性质和形态看，线性单调影响较少，大部分属于非线性影响，对其进一步拟合发现多数呈现 U 型或倒 U 型，且存在拐点临界值。

表 5-43　R&D 经费配置结构指标对创新绩效影响（1）

产业	产出指标	R&D 经费配置具体指标	影响性质及形态	临界值
高技术产业	新产品销售收入	政府资金比例	负向	
		医药制造产业资金比例	U 型	0.444
		医疗器械产业资金比例	倒 U 型	0.095
		省际资金配置比例	倒 U 型	0.062
	专利申请数	政府资金比例	负向	
		医药制造产业资金比例	U 型	0.428
		医疗器械产业资金比例	正向	
		省际资金配置比例	倒 U 型	0.100
医药制造产业	新产品销售收入	政府资金比例	负向	
		医药制造产业资金比例	U 型	0.021
		医疗器械产业资金比例	U 型	0.051
		省际资金配置比例	正向	
	专利申请数	政府资金比例	负向	
		医药制造产业资金比例	倒 U 型	0.564
		医疗器械产业资金比例	U 型	0.114
		省际资金配置比例	倒 U 型	0.087
医疗器械产业	新产品销售收入	政府资金比例	U 型	0.294
		医药制造产业资金比例	倒 U 型	0.579
		医疗器械产业资金比例	正向	
		省际资金配置比例	倒 U 型	0.188
	专利申请数	政府资金比例	负向	
		医药制造产业资金比例	倒 U 型	0.104
		医疗器械产业资金比例	倒 U 型	0.319
		省际资金配置比例	倒 U 型	0.168

（2）R&D 经费中政府资金比例对创新绩效影响分析

表 5-44　R&D 经费配置结构指标对创新绩效影响分析（2）

产业	产出指标	配置指标	影响性质及形态	临界值
高技术产业	新产品销售收入	R&D 经费中政府资金比例	负向	
	专利申请数	R&D 经费中政府资金比例	负向	

续表

产业	产出指标	配置指标	影响性质及形态	临界值
医药制造产业	新产品销售收入	R&D 经费中政府资金比例	负向	
	专利申请数	R&D 经费中政府资金比例	负向	
医疗器械产业	新产品销售收入	R&D 经费中政府资金比例	U 型	0.294
	专利申请数	R&D 经费中政府资金比例	负向	

从 R&D 经费中政府资金比例看，我国 R&D 经费中政府资金比例对高技术产业、医药制造产业和医疗器械产业专利申请数指标的影响均呈现显著的负向影响，也即现行创新环境和 R&D 经费配置结构共同作用下的 R&D 政府资金比例对高技术产业及其子产业研发不但抑制了创新绩效的提升，并且具有显著的负向影响。政府资金低约束性可能是产生如上结果的原因，即相对于企业资金的高激励和高约束特点，政府资金的低约束未能对企业研发起到有效的刺激作用；而 R&D 经费中政府资金比例对三个产业新产品销售收入指标的影响存在些许差异，依次呈现负向、负向和 U 型（临界值 0.294）影响；说明现行 R&D 经费配置结构情境下政府资金投入对高技术产业从创新产出总体服从边际效益递减规律，而具体到医疗器械产业子产业时存在明显的拐点，当政府资金比例小于临界值 0.294 时，其对创新绩效的影响表现具有负向一致性，但在高政府资金比例时（超过 0.294）其影响具有差异性，具体见表 5-44。

整体上 R&D 经费中政府资金比例对创新绩效产生明显负向影响，政府资金的投入并未刺激企业研发创新，预期的创新绩效提升目标并未如期出现，政府资金正被低值消耗。

（3）省际经费配置比例对创新绩效影响分析

如表 5-45 所示，从 R&D 经费中省际经费配置比例看，我国 R&D 经费中不同省际的经费配置比例对高技术产业、医药制造产业和医疗器械产业创新绩效影响较为复杂，大多呈现非线性的倒 U 型影响，存在明显拐点。具体到不同创新绩效指标有些许差异，即专利申请数指标的影响均呈现显著的倒 U 型影响；而对新产品销售收入影响在高技术产业及医疗器械产业均为倒 U 型，但对医药制造产业呈现明显正向影响，说明在我国现行创新环境情境下，提升 R&D 经费中省域结构比例有利于医药制造产业创新绩效的提升。

表 5-45 R&D 经费配置结构指标对创新绩效影响分析（3）

产业	产出指标	配置指标	影响性质及形态	临界值
高技术产业	新产品销售收入	省际经费配置比例	倒 U 型	0. 062
	专利申请数	省际经费配置比例	倒 U 型	0. 100
医药制造产业	新产品销售收入	省际经费配置比例	正向	
	专利申请数	省际经费配置比例	倒 U 型	0. 087
医疗器械产业	新产品销售收入	省际经费配置比例	倒 U 型	0. 188
	专利申请数	省际经费配置比例	倒 U 型	0. 168

（4）产业经费配置比例对创新绩效影响分析

表 5-46 R&D 经费配置结构指标对创新绩效影响分析（4）

产业	产出指标	配置指标	影响性质及形态	临界值
高技术产业	新产品销售收入	医药制造产业资金比例	U 型	0. 444
		医疗器械产业资金比例	倒 U 型	0. 095
	专利申请数	医药制造产业资金比例	U 型	0. 428
		医疗器械产业资金比例	正向	
医药制造产业	新产品销售收入	医药制造产业资金比例	U 型	0. 021
		医疗器械产业资金比例	U 型	0. 051
	专利申请数	医药制造产业资金比例	倒 U 型	0. 564
		医疗器械产业资金比例	U 型	0. 114
医疗器械产业	新产品销售收入	医药制造产业资金比例	倒 U 型	0. 579
		医疗器械产业资金比例	正向	
	专利申请数	医药制造产业资金比例	倒 U 型	0. 104
		医疗器械产业资金比例	倒 U 型	0. 319

如表 5-46 所示，从 R&D 经费中产业经费配置比例看，我国 R&D 经费中不同产业的经费配置比例对高技术产业、医药制造产业和医疗器械产业创新绩效影响较为复杂，大多呈现非线性的倒 U 型影响，存在明显拐点；且子产业资金配置比例较低时，子产业经费比例指标多对产出指标产生正向影响；随着产业经费配置比例的提高，子产业经费比例指标往往对产出产生负向影响。

参考文献

[1] Hastie T, Tibshirani R. Discriminant Analysis by Gaussian Mixtures [J]. Journal of the Royal Statistical Society, 1996, 58 (1): 155-176.

[2] Yuan M, Lin Y. Model selection and estimation in regression with grouped variables [J]. Journal of the Royal Statistical Society: Series B (Statistical Methodology), 2006, 68 (1): 49-67.

[3] Ravikumar P, Ravikumar P, Wainwright M J, et al. A unified framework for high-dimensional analysis of M-estimators with decomposable regularizers [C] //International Conference on Neural Information Processing Systems. Curran Associates Inc. 2009: 1348-1356.

[4] Friedman J, Hastie T, Tibshirani R. A note on the group Lasso and a sparse group Lasso [J]. Statistics, 2010.

[5] Ledoux M, Talagrand M. Probability in Banach spaces : isoperimetry and processes [M]. World Publishing Corp, 1993.

[6] Li Q, Sun Z, He R, et al. Learning Symmetry Features for Face Detection Based on Sparse Group Lasso [M] //Biometric Recognition. Springer International Publishing, 2013: 162-169.

[7] Xie Z, Xu Y. Sparse group LASSO based uncertain feature selection [J]. International Journal of Machine Learning & Cybernetics, 2014, 5 (2): 201-210.

[8] Zou J, Fu Y. Split Bregman algorithms for sparse group Lasso with application to MRI reconstruction [M]. Kluwer Academic Publishers, 2015.

[9] Santos P L A, Imangaliyev S, Schutte K, et al. Feature Selection via Co-regularized Sparse-Group Lasso [C] //International Workshop on Machine Learning, Optimization and Big Data. Springer International Publishing, 2016: 118-131.

[10] 丁毅涛. 稀疏 Group Lasso 高维统计分析 [D]. 重庆：西北大学，2013.

[11] 张吐辉，张海. 基于 Lp 正则化的自适应稀疏 group Lasso 研究 [J]. 纯粹数学与应用数学，2014 (2): 178-185.

[12] 王小燕，谢邦昌，马双鸽，等. 高维数据下群组变量选择的惩罚方法综述 [J]. 数理统计与管理，2015，34 (6): 978-988.

[13] 李邃，江可申，郑兵云，等. 高技术产业研发创新效率与全要素生产率增长 [J]. 科学学与科学技术管理，2010 (11): 169-175.

[14] 余泳泽，张妍. 我国高技术产业地区效率差异与全要素生产率增长率分解——基于三投入随机前沿生产函数分析 [J]. 产业经济研究，2012 (1): 44-53.

[15] 冯志军，陈伟. 中国高技术产业研发创新效率研究——基于资源约束型两阶段 DEA 模型的新视角 [J]. 系统工程理论与实践，2014 (5): 1202-1212.

6 考虑时滞和创新环境的 R&D 经费配置结构优化研究

本章是在前文时滞测度、绩效分析和关键影响变量识别与分析的基础上，构建考虑创新环境系统、时滞影响的 R&D 经费配置结构优化模型，旨在提升我国 R&D 创新绩效。本章主要研究内容分三部分：首先，采用数学建模法从国家整体和省域组合两个视角构建了集绩效测度、预测及优化为一体的 R&D 经费配置结构优化模型；其次，运用 2013—2015 年的历史数据对模型的有效性进行检验，并对检验结果进行分析；最后，在模型检验的基础上，给出模型的具体应用算例，即以 2016 年为例，具体解析 R&D 经费配置结构优化模型的应用过程，并给出优化配置方案。具体研究思路如下：

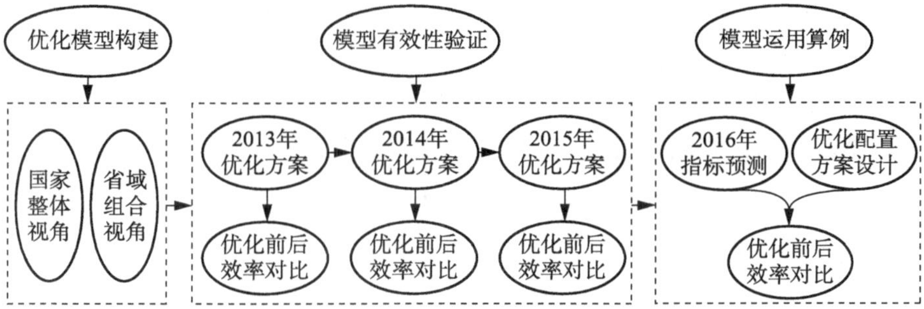

图 6-1　R&D 经费配置结构优化研究思路

6.1 R&D 经费配置结构优化模型构建

6.1.1 国家整体视角配置优化模型

构建 R&D 经费配置结构优化模型的目的是，在 R&D 经费投入约束条件下，通过优化经费配置结构，以实现 R&D 经费投入高效率的转化及创新产出[221]。因此，R&D 经费优化配置模型符合效率提高或技术进步情况下的最大化产出假设。

据此，本研究设定优化配置的目标函数是产出指标的线性组合，也即：

$$\sum_{i=1}^{21}\varphi_i \cdot Y1_{ti}(A) + \pi\sum_{i=1}^{21}\omega_i \cdot Y2_{ti}(A),$$

其中：$Y1$、$Y2$ 分别为高技术产业新产品销售收入和专利申请数，π 是专利申请数与新产品销售收入的相对价值换算系数；约束条件是 R&D 总量、配置结构约束和相比于前一年全要素生产率提高的约束，也即 $M_{ti}\geqslant M_{t-1\cdot i}$，其中，$M_{ti}$是 i 省份 t 年相对于 $t-1$ 年的全要素生产率，$M_{t-1\cdot i}$是 i 省份 $t-1$ 年相对于 $t-2$ 年的全要素生产率。

具体配置优化模型如下：

$$\max\sum_{i=1}^{21}\varphi_i \cdot Y1_{ti}(A) + \pi\sum_{i=1}^{21}\omega_i \cdot Y2_{ti}(A)$$

$$s.t.\begin{cases}\underline{a}_{ij}\leqslant a_{ij}(i=1,\ \cdots,\ 21;\ j=1,\ \cdots,\ 6)\\ a_{ij}\leqslant \bar{a}_{ij}(i=1,\ \cdots,\ 21;\ j=1,\ \cdots,\ 6)\\ M_{ti}\geqslant M_{t-1\cdot i}\end{cases}$$

其中：

$Y1_{ti}(A)$是 A_i配置方案下 i 省份 t 年的新产品销售收入，

φ_i是新产品销售收入目标在 i 省份的权重系数；

$Y2_{ti}(A)$是 A_i配置方案下 i 省份 t 年的专利申请数，

ω_i是专利申请数目标在 i 省份的权重系数，

$$y_i=EXP\{\beta^T[(1\quad A_i\quad A_i^2)\otimes(1\quad Z_i\quad X_{i,t-1}\quad \cdots\quad X_{i,t-p})]+\gamma_1 t+\gamma_2 t^2\}$$

其中：

β 是预测模型对应的系数；π 是专利申请数与新产品销售收入的相对价值换算系数。a_{ij}是 i 省份 j 配置指标，$\underline{a}_{ij}$代表 a_{ij}配置指标的下限，$\bar{a}_{ij}$代表 a_{ij}配置指标的上限。M_{ti}是 i 省份 t 年相对于 $t-1$ 年的全要素生产率，$M_{t-1\cdot i}$是 i 省份 $t-1$年相对于 $t-2$ 年的全要素生产率，具体表达式如下：

$$M_0(\bar{x}^{t+1},\ \bar{y}^{t+1},\ \bar{x}^t,\ \bar{y}^t)=\left[\left(\frac{D_0^t\ (\bar{x}^{t+1},\ \bar{y}^{t+1})}{D_0^t\ (\bar{x}^t,\ \bar{y}^t)}\right)\left(\frac{D_0^{t+1}\ (\bar{x}^{t+1},\ \bar{y}^{t+1})}{D_0^{t+1}\ (\bar{x}^t,\ \bar{y}^t)}\right)\right]^{1/2}\quad(6-1)$$

公式（6-1）刻画的是 t+1 期投入产出组合（$\bar{x}^{t+1}$，$\bar{y}^{t+1}$）相对于 t 其投入产出组合（$\bar{x}^{t}$，$\bar{y}^{t}$）的生产率变化，其中，D_0^t（$\bar{x}^{t}$，$\bar{y}^{t}$）代表 t 期投入产出组合的距离函数，其表达式为：

$$D_0^t(\bar{x}^t,\bar{y}^t)=inf\{\theta:(\bar{x}^t,\bar{y}^t/\theta)\in S^t\}=(\sup\{\theta:(\bar{x}^t,\theta\bar{y}^t)\in S^t\})^{-1} \quad (6-2)$$

其定义是：

t 期技术条件下给定投入向量 $\bar{x}^t$，产出向量 $\bar{y}^t$ 最大可能扩张倍数的倒数。可用如下线性规划求解：

$$D_0^t(\bar{x}^t,\ \bar{y}^t)^{-1}=Max_{\varphi,\lambda}\varphi$$

$$s.t.\begin{cases}-\varphi y_i^t+\bar{y}^t\lambda\geqslant 0\\ x_i^t-\bar{x}^t\lambda\geqslant 0\\ \lambda\geqslant 0\end{cases} \quad (6-3)$$

其中投入要素 x 包含 R&D 人力资本投入和 R&D 经费投入两个指标，产出要素 y 包括新产品销售收入和专利申请数两个指标。公式（6-3）是 DEA 效率指数的求解公式，其他距离函数表达式与（6-3）式类似。

6.1.2　省域组合视角配置优化模型

省域组合配置优化模型主要分为三部分：①基于省域视角配置优化模型，对各个省域逐个配置优化；②配置优化方案和产出组合；③验证组合配置方案优化前后的全要素生产率变化情况，如果全要素生产率整体效率大于 1，接受组合配置方案，则表示省域组合视角配置优化方案是一个相对“优”的方案。具体思路如图 6-2 所示：

省域视角配置优化模型是基于如下假设：以 i 省份为优化对象，其他省份延续前一年的配置方案，实现 i 省份 DEA(CCR)相对效率最大。

$$\max\ h_{i*}(A_{i*})$$

$$s.t.\begin{cases}a_{ij}=a_{ij}^0,\ (i=1,\ \cdots,\ 21,\ 且\ i\neq i^*;\ j=1,\ \cdots,\ 6)\\ \underline{a}_{i*j}\leqslant a_{i*j},\ (i=i^*;\ j=1,\ \cdots,\ 6)\\ a_{i*j}\leqslant \bar{a}_{i*j},\ (i=i^*;\ j=1,\ \cdots,\ 6)\end{cases}$$

其中，h_{i*} 是 i^* 省份在特定优化配置方案（A_{i*}）下的 DEA（CCR）相对

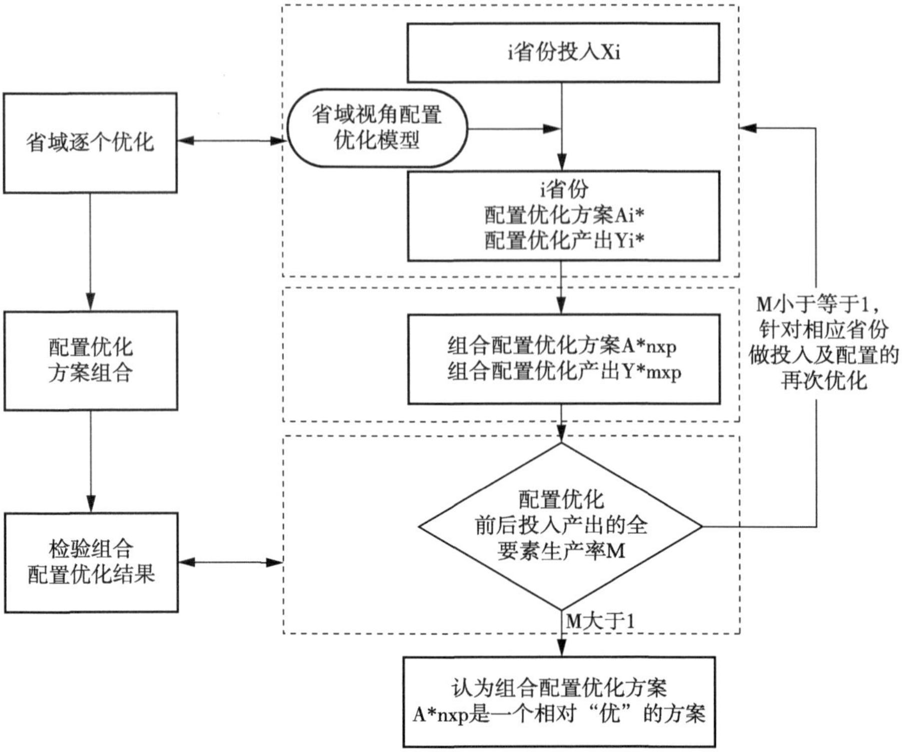

图 6-2　省域组合视角配置优化模型思路

效率，a_{ij}^0是 i 省份 j 配置变量前一年的配置方案，a_{i*j}是 i^* 省份 j 指标的优化配置方案，$\underline{a}_{i*j}$和$\overline{a}_{i*j}$分别是优化配置指标（a_{i*j}）的上限和下限。

$$h_{i*} = max\left(\frac{\sum_{r=1}^{R} u_r\, y_{ri*}}{\sum_{s=1}^{S} v_s\, x_{si*}}\right)$$

$$s.t.\begin{cases}\dfrac{\sum_{r=1}^{R} u_r\, y_{ri}}{\sum_{s=1}^{S} v_s\, x_{si}} \leqslant 1,\ (i=1,\ \cdots,\ 21;\ s=1,\ 2;\ r=1,\ 2)\\ u \geqslant 0,\ v \geqslant 0\end{cases}$$

其中 y_{ri}表示第 i 个决策单元第 r 种产出要素，产出向量是 $Y=[y_1;\ \cdots;\ y_{i*},\ \cdots;\ y_{21}]$，$y_{i*}(A_{i*})=EXP\{\beta^T[(1\quad A_{i*}\quad A_{i*}^2)\otimes(1\quad Z_{i*}\quad X_{i*,t-1}\quad \cdots$

$X_{i*,t-p})]+\gamma_1 t+\gamma_2 t^2\}$，其中 A_{i*} 是 i^* 省份优化配置变量；$y_i(A_i)=\mathrm{EXP}\{\beta^T[(1\quad A_i\quad A_i^2)\otimes(1\quad Z_{i*}\quad X_{i*,t-1}\quad\cdots\quad X_{i*,t-p})]\}$，其中$A_i$是 $i(i\neq i^*)$ 省份延续前一年的配置方案。β 是预测模型对应的回归系数。x_{si}表示第 i 个决策单元第 s 种投入要素，投入向量是 $X=[x_1;\ \cdots;\ x_{i*},\ \cdots;\ x_{21}]$。

6.2　R&D 经费配置结构优化模型有效性验证

21 个省份的相关指标应该存在与该省份发展实际相关的配置比例，为反映相关指标的真实情况，本研究成果以配置优化的年份（T）为基准将相应指标过去四年（T-1，T-2，T-3，T-4）科技经费配置的实际比例的最小值和最大值作为对应配置指标的上下理论临界值，依此对配置优化模型中的配置指标进行约束。

省域组合视角配置优化是基于过去发生年份的投入、前一年的投入产出和相应创新环境对当年投入配置进行优化和验证，并给出一个相对优的配置方案。其中，R&D 经费配置优化结果评价采用曼昆斯特指数方法做出判断。具体曼昆斯特指数表达式见 6. 1. 1。

以 2013 年、2014 年和 2015 年相关指标实际投入数据为例，采用省域组合视角配置优化模型，借助 R 语言运算相关代码（附件：代码 4 和代码 5）对投入及配置进行优化；然后对比优化前后全要素生产率和变化情况，以验证省域组合视角配置优化模型的有效性。

6. 2. 1　基于 2013 年的经验数据验证

基于省域组合视角配置优化模型，依次对 21 个省份分别进行优化；然后采用 DEAP2. 1 软件分别对原始配置方案的实际投入产出与 2013 年优化配置方案的投入产出相对于 2012 年实际投入产出的全要素生产效率进行测算，得到如表 6-1 所示结果。

表 6-1　2013 年实际配置方案与优化配置方案全要素生产率结果比较

省份	2013 年实际配置方案					2013 年优化配置方案				
	技术效率	技术进步	纯技术效率	规模效率	全要素生产率	技术效率	技术进步	纯技术效率	规模效率	全要素生产率
北京	1	0.949	1	1	0.949	1	1.158	1	1	1.158
天津	1	1.362	1	1	1.362	0.895	1.068	0.92	0.973	0.956
河北	0.922	1.071	0.895	1.031	0.988	1.179	1.121	1.155	1.021	1.322
辽宁	1.188	0.926	1.094	1.086	1.101	1.312	1.058	1.267	1.036	1.388
黑龙江	1.227	0.827	1.163	1.055	1.015	0.769	1.123	0.934	0.823	0.864
上海	1.097	0.924	1.087	1.009	1.014	0.448	1.118	0.428	1.046	0.501
江苏	0.878	1.155	1	0.878	1.014	1.294	1.23	1	1.294	1.592
浙江	1.268	0.904	1.205	1.052	1.146	1.181	1.068	1.032	1.144	1.261
安徽	1	0.913	1	1	0.913	0.929	1.099	0.945	0.982	1.021
江西	1.163	1.044	1.108	1.049	1.213	0.499	1.216	0.553	0.902	0.607
山东	0.917	1.097	0.802	1.143	1.006	1.045	1.074	0.87	1.2	1.122
河南	1.26	1.542	1.208	1.043	1.942	1.26	1.363	1.208	1.043	1.716
湖北	1.2	0.899	1.127	1.064	1.078	1.366	1.054	1.328	1.028	1.44
湖南	0.775	1.017	0.771	1.005	0.788	0.792	1.148	0.791	1	0.909
广东	1.025	0.998	1	1.025	1.023	1.217	1.078	1	1.217	1.312
广西	1.347	0.999	1.243	1.084	1.346	1.128	1.206	1.189	0.949	1.36
重庆	2.768	0.902	2.398	1.154	2.497	3.519	1.252	2.877	1.223	4.406
四川	0.713	0.903	0.732	0.974	0.644	0.81	1.177	0.779	1.04	0.953
云南	0.894	0.917	0.949	0.942	0.82	0.749	1.125	0.93	0.805	0.843
陕西	1.631	0.82	1.518	1.074	1.337	1.172	1.067	1.215	0.964	1.25
甘肃	0.974	0.888	1	0.974	0.865	0.766	1.135	1	0.766	0.869
总体	1.104	0.99	1.073	1.029	1.093	1.011	1.137	0.998	1.013	1.15

经对比发现：2013 年实际配置方案总体全要素生产率为 1.093，优化调整后的全要素生产率为 1.15，由此可见，2013 年省域组合视角的优化配置方案是一个相对优的配置方案。根据优化配置方案，相对于 2013 年资金实际投入总量，该 21 个省份资金投入总额应增加 7%，具体优化配置方案如表 6-2 所示。

表 6-2 2013 年组合配置方案 (%)

省份	医药制造产业资金比例	医疗器械产业资金比例	省际资金比例	政府资金比例
北京	0.099	0.180	0.041	0.113
天津	0.203	0.016	0.019	0.025
河北	0.637	0.155	0.011	0.064
辽宁	0.048	0.053	0.043	0.291
黑龙江	0.206	0.020	0.018	0.298
上海	0.097	0.127	0.053	0.069
江苏	0.134	0.177	0.143	0.036
浙江	0.189	0.197	0.069	0.045
安徽	0.208	0.262	0.016	0.082
江西	0.130	0.163	0.013	0.100
山东	0.297	0.042	0.082	0.045
河南	0.360	0.254	0.015	0.061
湖北	0.151	0.036	0.038	0.086
湖南	0.243	0.356	0.023	0.061
广东	0.064	0.031	0.397	0.033
广西	0.515	0.166	0.005	0.060
重庆	0.106	0.356	0.009	0.059
四川	0.049	0.017	0.033	0.083
云南	0.732	0.020	0.003	0.085
陕西	0.045	0.113	0.035	0.284
甘肃	0.695	0.026	0.003	0.110
省际资金比例加和			1.07	

6.2.2 基于 2014 年的经验数据验证

基于省域组合视角配置优化模型，依次对 21 个省份分别进行优化；然后采用 DEAP2.1 软件分别对原始配置方案的实际投入产出与 2014 年优化配置方案的全要素生产效率进行测算，得到如表 6-3 所示结果。

表 6-3　2014 年实际配置方案与优化配置方案全要素生产率结果比较

省份	2014 年实际配置方案					2014 年优化配置方案				
	技术效率	技术进步	纯技术效率	规模效率	全要素生产率	技术效率	技术进步	纯技术效率	规模效率	全要素生产率
北京	1	1.11	1	1	1.11	0.822	1.764	0.84	0.978	1.449
天津	1	0.921	1	1	0.921	1	1.726	1	1	1.726
河北	1.06	1.009	1.041	1.018	1.069	0.545	2.025	0.637	0.856	1.104
辽宁	1.007	1.061	1.012	0.995	1.069	0.424	2.859	0.533	0.796	1.213
黑龙江	1.34	1.06	1.178	1.138	1.421	0.458	3.421	0.757	0.604	1.565
上海	1.027	1.065	1.056	0.973	1.094	1.695	4.358	1.566	1.083	7.39
江苏	1.181	0.986	1	1.181	1.164	0.802	1.71	1	0.802	1.371
浙江	0.857	1.059	0.922	0.929	0.907	0.409	2.862	0.383	1.069	1.171
安徽	1	1.064	1	1	1.064	0.272	2.868	0.321	0.848	0.78
江西	1.051	1.037	1.048	1.002	1.09	0.445	2.044	0.528	0.843	0.91
山东	1.027	1.035	1.061	0.968	1.063	0.633	1.984	0.605	1.046	1.257
河南	1	0.946	1	1	0.946	0.625	1.267	0.668	0.935	0.791
湖北	0.915	1.058	0.915	1	0.968	0.55	2.197	0.604	0.909	1.208
湖南	1.163	0.976	1.16	1.002	1.135	0.54	2.114	0.588	0.918	1.141
广东	1.059	1.027	1	1.059	1.088	0.553	2.305	1	0.553	1.275
广西	0.777	1.028	0.896	0.868	0.799	0.361	2.283	0.786	0.46	0.825
重庆	1	1.032	1.018	0.983	1.032	0.501	2.583	0.595	0.843	1.295
四川	1.253	1.047	1.311	0.956	1.312	0.428	2.301	0.418	1.023	0.985
云南	0.871	1.056	0.807	1.078	0.919	0.3	3.032	0.778	0.385	0.908
陕西	0.774	1.061	0.785	0.985	0.82	0.397	3.287	0.496	0.8	1.303
甘肃	0.995	1.047	1	0.995	1.041	0.873	2.141	1	0.873	1.869
总体	1.008	1.032	1.004	1.004	1.04	0.546	2.344	0.672	0.813	1.28

经对比发现：2014 年实际配置方案总体全要素生产率为 1.04，优化调整后的全要素生产率为 1.28，由此可见，2014 年省域组合视角的优化配置方案是一个相对优的配置方案。根据优化配置方案，相对于 2014 年资金实际投入总量，该 21 个省份资金投入总额应减少 12.7%，具体优化配置方案如表 6-4 所示。

表 6-4 2014 年组合配置方案 (%)

省份	医药制造产业资金比例	医疗器械产业资金比例	省际资金比例	政府资金比例
北京	0.154	0.123	0.055	0.175
天津	0.262	0.015	0.024	0.025
河北	0.613	0.100	0.014	0.064
辽宁	0.128	0.041	0.013	0.265
黑龙江	0.315	0.040	0.017	0.298
上海	0.185	0.048	0.026	0.243
江苏	0.181	0.203	0.073	0.036
浙江	0.238	0.151	0.033	0.045
安徽	0.250	0.067	0.017	0.082
江西	0.258	0.155	0.013	0.100
山东	0.335	0.038	0.038	0.050
河南	0.366	0.162	0.005	0.061
湖北	0.219	0.044	0.038	0.086
湖南	0.271	0.096	0.023	0.073
广东	0.049	0.024	0.397	0.035
广西	0.516	0.132	0.005	0.060
重庆	0.226	0.218	0.011	0.044
四川	0.222	0.032	0.032	0.080
云南	0.743	0.125	0.003	0.085
陕西	0.061	0.140	0.034	0.284
甘肃	0.557	0.008	0.001	0.401
省际资金比例加和			0.873	

6.2.3 基于 2015 年的经验数据验证

基于省域组合视角配置优化模型，依次对 21 个省份分别进行优化；然后采用 DEAP2.1 软件分别对原始配置方案的实际投入产出与 2015 年优化配置方案的投入产出的全要素生产效率进行测算，得到如表 6-5 所示结果。

表 6-5　2015 年实际配置方案与优化配置方案全要素生产率结果比较

省份	2015 年实际配置方案					2015 年优化配置方案				
	技术效率	技术进步	纯技术效率	规模效率	全要素生产率	技术效率	技术进步	纯技术效率	规模效率	全要素生产率
北京	1	0.879	1	1	0.879	1	1.716	1	1	1.716
天津	1	0.897	1	1	0.897	1	2.557	1	1	2.557
河北	0.948	0.938	0.949	0.999	0.889	0.413	1.963	0.49	0.843	0.811
辽宁	1.223	0.967	1.241	0.986	1.182	1.075	1.789	1.176	0.914	1.924
黑龙江	0.991	0.926	1.072	0.925	0.918	0.325	1.763	0.647	0.502	0.572
上海	0.932	0.957	0.92	1.014	0.892	1.314	1.795	1.197	1.098	2.359
江苏	0.927	0.963	1	0.927	0.892	1.248	1.904	1	1.248	2.376
浙江	1.101	0.93	1.084	1.015	1.024	0.918	1.787	0.789	1.164	1.641
安徽	1	0.92	1	1	0.92	0.887	1.819	0.942	0.942	1.613
江西	1.188	0.874	1.158	1.026	1.039	0.534	1.751	0.603	0.886	0.936
山东	1.267	0.901	1.358	0.933	1.141	0.635	1.826	0.592	1.072	1.159
河南	1	0.935	1	1	0.935	0.565	1.153	0.602	0.939	0.652
湖北	1.182	0.917	1.17	1.011	1.084	0.668	1.845	0.726	0.919	1.232
湖南	1.076	0.927	1.069	1.007	0.998	0.409	1.975	0.474	0.863	0.808
广东	0.952	0.951	1	0.952	0.905	0.482	1.984	1	0.482	0.956
广西	1.092	0.874	0.96	1.138	0.954	0.557	1.71	0.745	0.748	0.953
重庆	1.271	0.929	1.179	1.078	1.181	0.622	1.724	0.643	0.966	1.071
四川	0.886	0.898	0.867	1.022	0.796	0.469	1.818	0.431	1.086	0.852
云南	0.817	0.986	0.974	0.839	0.806	0.532	1.899	0.946	0.563	1.011
陕西	1.026	0.911	1.055	0.972	0.934	0.844	1.728	0.926	0.912	1.459
甘肃	1.032	0.912	1	1.032	0.941	0.637	1.834	1	0.637	1.168
总体	1.036	0.923	1.044	0.992	0.957	0.671	1.81	0.773	0.868	1.214

经对比发现：2015 年实际配置方案总体全要素生产率为 0.957，优化调整后的全要素生产率为 1.214，由此可见，2015 年省域组合视角的优化配置方案是一个相对优的配置方案。根据优化配置方案，相对于 2015 年资金实际投入总量，该 21 个省份资金投入总额应减少 2.8%，具体优化配置方案如表 6-6所示。

表 6-6 2015 年组合配置方案 (%)

省份	医药制造产业资金比例	医疗器械产业资金比例	省际资金比例	政府资金比例
北京	0.091	0.123	0.055	0.184
天津	0.366	0.116	0.033	0.256
河北	0.498	0.065	0.016	0.102
辽宁	0.128	0.136	0.042	0.364
黑龙江	0.237	0.108	0.013	0.336
上海	0.185	0.131	0.059	0.243
江苏	0.183	0.203	0.154	0.036
浙江	0.234	0.193	0.033	0.045
安徽	0.250	0.052	0.006	0.159
江西	0.258	0.155	0.013	0.232
山东	0.404	0.060	0.038	0.050
河南	0.434	0.264	0.018	0.066
湖北	0.219	0.034	0.023	0.123
湖南	0.279	0.096	0.026	0.162
广东	0.041	0.031	0.352	0.035
广西	0.516	0.106	0.005	0.094
重庆	0.555	0.063	0.013	0.043
四川	0.222	0.001	0.033	0.194
云南	0.920	0.125	0.003	0.124
陕西	0.098	0.065	0.034	0.434
甘肃	0.747	0.024	0.002	0.242
省际资金比例加和			0.972	

6.2.4 小结

以 2013 年、2014 年和 2015 年实际投入产出为参照，验证省域组合视角的 R&D 经费配置结构优化模型的有效性。验证结果表明：2013 年、2014 年、2015 年优化配置方案调整前后的全要素生产率分别为（1.093，1.15）、（1.04，1.28）、（0.957，1.214）；对比发现：优化前后样本总体全要素生产率普遍得到了较大的提升，说明省域组合视角的 R&D 经费配置结构优化模型具有一定的科学性。另外，省际资金比例之和反映出初始投入有效利用比例，如省际资金比例之和大于 1，说明当年资金投入不足；省际资金比例之和小于 1，说明当年资金投入过剩。根据优化配置方案，2013 年、2014 年、2015 年 R&D 经费投入的科学增量分别为：7%、-12.7%和-2.8%。总体来讲，省域组合视角配置优化模型能够对科技经费投入进行配置，在一定程度上可以将省域组合视角配置优化模型引入到对科技经费配置优化的预测。

6.3 R&D 经费配置结构优化模型应用

预测性配置优化是基于对预测年份投入指标的预测和以往年份数据，采用省域视角组合配置优化模型和 R 语言运行相关代码（附件：代码 4 和代码 5）对预测年份的投入配置做出优化，以给出一个具有参考意义的、预测性的 R&D 经费投入总量及具体配置方案。

6.3.1 投入指标预测

基于 1998—2015 年各省份时间序列数据，对 21 个研究省份 2016 年相关的投入指标进行预测，考虑到 SPSS 软件预测分析的自带功能专家建模器可根据数据类型自动匹配与之相适应的最佳预测模型的特指，本研究成果选用 SPSS22 软件对相应数据进行预测，针对不同省域不同投入指标，SPSS22 软件的专家建模器最终选用的匹配模型如表 6-7 所示。

表 6-7 2016 年投入指标预测模型选择

省份	模型		
	政府资金	高技术产业 R&D 内部经费支出	高技术产业从业人员量
安徽	Holt	Brown	Brown
北京	ARIMA（0，1，0）	ARIMA（0，1，0）	Holt
重庆	Holt	Brown	Brown
广东	Brown	Brown	ARIMA（0，1，0）
甘肃	ARIMA（0，0，0）	Brown	ARIMA（0，1，0）
广西	Holt	Brown	Holt
河北	ARIMA（0，1，0）	ARIMA（0，2，0）	Brown
河南	ARIMA（0，1，0）	ARIMA（1，2，0）	Brown
黑龙江	Holt	ARIMA（0，1，0）	Simple

续表

省份	模型		
	政府资金	高技术产业 R&D 内部经费支出	高技术产业从业人员量
湖北	Simple	Brown	Brown
湖南	Brown	ARIMA（2, 1, 0）	Brown
江苏	ARIMA（0, 1, 0）	Brown	ARIMA（0, 1, 0）
江西	Simple	Holt	Holt
辽宁	ARIMA（2, 1, 0）	Simple	Simple
陕西	ARIMA（0, 1, 0）	Brown	Simple
四川	Holt	Brown	ARIMA（0, 1, 0）
山东	ARIMA（0, 1, 0）	Brown	Holt
上海	Brown	Brown	ARIMA（0, 1, 0）
天津	Brown	Brown	Holt
云南	ARIMA（0, 1, 0）	Brown	Simple
浙江	ARIMA（0, 1, 0）	Brown	Holt

为展示预测效果，本研究成果具体以安徽和广东省 2016 年的 RD. Gov 和 HT. RDin 指标为例，给出 SPSS22 软件的专家建模器的预测结构如图 6-3 所示。

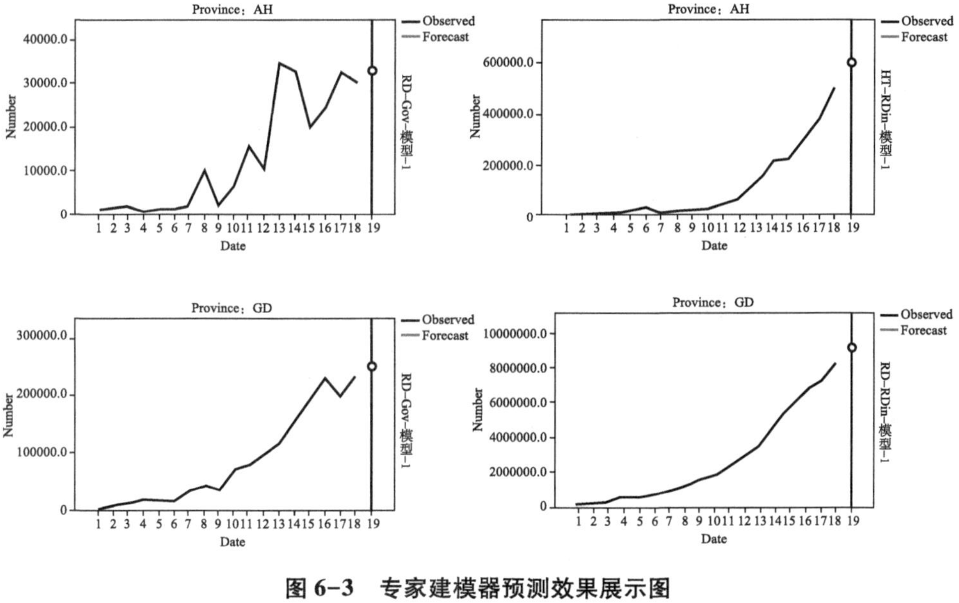

图 6-3　专家建模器预测效果展示图

根据图 6-3 中给出的预测效果图所示，SPSS22.0 专家建模器的预测效果较好，可以满足本研究成果对样本省份 2016 年 RD.Gov、HT.Rdin 和 HT.Hr 等投入指标的预测需求。选择该方法对 21 个省份相关指标进行预测，结果如表 6-8 所示。

表 6-8　2016 年 21 个省份投入指标预测结果

省份	预测值_ RD.Gov	预测值_ HT.Rdin	预测值_ HT.Hr
北京	216878.3	1271437.1	293856
天津	149279.8	943553.3	291777
河北	32696.1	482548.0	223960
辽宁	152358.4	408133.1	200766
黑龙江	89019.9	213367.1	78604
上海	262598.5	1423954.0	592337
江苏	88685.5	3759520.6	2595396
浙江	63734.1	2082570.8	745839
安徽	32921.7	613784.8	297463
江西	24552.9	362304.1	383343
山东	81794.1	2340649.5	762742
河南	22940.5	526380.2	843639
湖北	58330.2	1056410.8	378230
湖南	66445.7	667815.3	352707
广东	252919.2	9188468.3	4080068
广西	5215.3	86724.1	161929
重庆	11046.8	296901.6	302035
四川	89038.1	911261.9	531774
云南	7422.8	89562.1	43255
陕西	350077.1	850905.1	241404
甘肃	3498.0	39551.4	26717

6.3.2　R&D 经费配置结构优化方案

基于投入指标预测结果、2015 年实际配置方案和创新环境系统，采用省域组合配置优化模型，借助 R 语言运行相关代码运算（附录：代码 4 和代码 5）依次对样本 21 个省份分别进行配置优化，如图 6-4 所示：

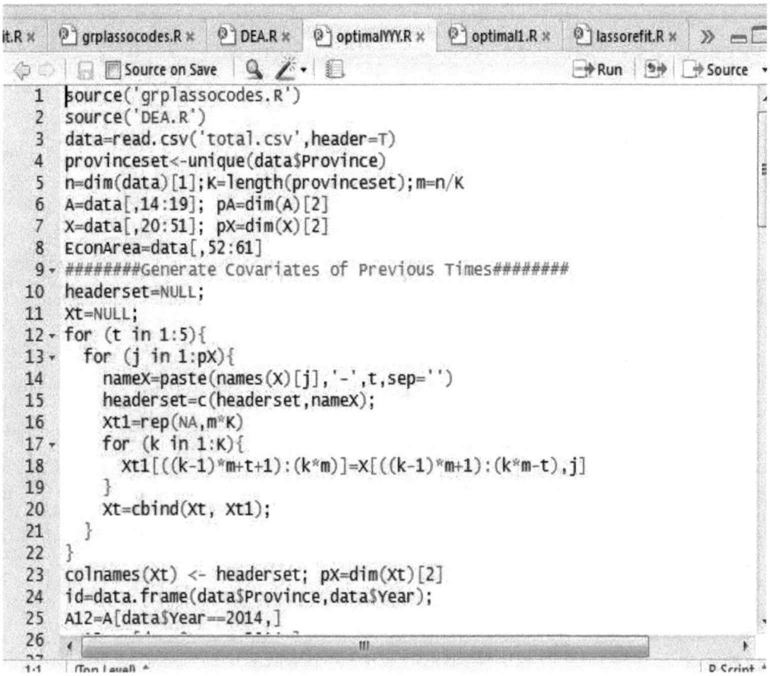

图 6-4　2016 年 R&D 经费配置结构优化计算界面

（1）配置方案优化结果

基于 2016 年投入指标预测结果、创新环境指标和 2015 年实际配置方案，采用省域组合优化模型，依次对 21 个省份分别进行优化，得到如表 6-9 所示 2016 年预测性组合配置方案。

表 6-9　2016 年预测性组合配置方案　（%）

省份	医药制造产业资金比例	医疗器械产业资金比例	省际资金比例	政府资金比例	省际资金比例（归一化）
北京	0.091	0.123	0.026	0.184	0.027
天津	0.366	0.116	0.033	0.256	0.034
河北	0.562	0.065	0.016	0.102	0.016
辽宁	0.128	0.136	0.042	0.364	0.043
黑龙江	0.237	0.034	0.013	0.430	0.013
上海	0.185	0.131	0.059	0.243	0.061
江苏	0.183	0.203	0.154	0.036	0.158
浙江	0.234	0.156	0.033	0.045	0.034

续表

省份	医药制造产业资金比例	医疗器械产业资金比例	省际资金比例	政府资金比例	省际资金比例（归一化）
安徽	0.250	0.052	0.006	0.159	0.007
江西	0.258	0.059	0.005	0.232	0.005
山东	0.404	0.060	0.083	0.050	0.086
河南	0.434	0.264	0.018	0.066	0.018
湖北	0.219	0.034	0.018	0.123	0.018
湖南	0.279	0.096	0.026	0.162	0.026
广东	0.041	0.031	0.352	0.035	0.361
广西	0.569	0.106	0.005	0.094	0.005
重庆	0.555	0.063	0.013	0.043	0.013
四川	0.222	0.001	0.033	0.194	0.034
云南	0.920	0.125	0.003	0.124	0.004
陕西	0.098	0.065	0.034	0.434	0.035
甘肃	0.747	0.016	0.002	0.242	0.002
省际资金比例加和			0.974		

整理2016年预测性组合配置方案对应的高技术产业新产品销售收入和专利申请数指标数据如表6-10所示。可以发现：根据预测结果，在减少R&D经费投入总量2.6%的基础上，2016年的R&D经费配置结构优化方案产出结果在省际存在明显的差异。其中，天津、上海、江苏、浙江、湖北等省份创新产出均出现双增长，这说明北部沿海区域的省市如天津和东部沿海区域的全部省市即上海、江苏、浙江等发达地区R&D经费配置结构存在较大的优化空间；另外，从2016年优化配置的理论产出结果可以发现，专利申请数指标普遍得到了优化，这也从侧面反映出我国技术创新活动中技术研发方面存在优化空间。

（2）创新产出指标预测及优化效果检验

表6-10　2016年高技术产出预测　　单位：元；个

省份	2015年		2016年	
	新产品销售收入	专利申请数	新产品销售收入	专利申请数
北京	15978092	7837	8773753	14726
天津	17467974	3131	27132152	3704
河北	3410594	1172	3836210	935

续表

省份	2015 年		2016 年	
	新产品销售收入	专利申请数	新产品销售收入	专利申请数
辽宁	3712202	2383	6338944	3516
黑龙江	761124	1048	1061922	880
上海	10354216	7229	14981086	16649
江苏	78437606	23157	93489919	273300
浙江	27125363	12938	40318223	22019
安徽	8707151	5722	5975843	15243
江西	4240226	2418	2965692	9369
山东	26901847	11527	21803832	16406
河南	28945135	2174	24627929	2689
湖北	8158763	4232	10776436	12305
湖南	11517073	3614	9693362	4114
广东	123288580	50629	140234879	54659
广西	817294	435	1012998	452
重庆	13105042	2467	9128395	3507
四川	9945653	6739	7417329	8643
云南	487188	337	796714	415
陕西	3556246	2056	4129192	1768
甘肃	496232	202	862898	179

基于 2015 年实际投入产出和 2016 年预测投入及优化产出，采用曼昆斯特指数（malmquist productivity index）方法检验优化配置效果如表 6-11 所示，结果显示：2016 年 21 个样本省份总体全要素生产效率为 1.33，说明 2016 年优化配置理论结果通过检验。

表 6-11　2016 年 R&D 经费配置结构优化方案效果检验

省份	技术效率	技术进步	纯技术效率	规模效率	全要素生产率
北京	0.546	2.085	0.593	0.92	1.137
天津	1	1.416	1	1	1.416
河北	0.726	1.253	0.719	1.011	0.91
辽宁	0.927	1.693	0.906	1.024	1.57
黑龙江	0.343	2.891	0.564	0.608	0.991
上海	0.727	2.442	0.683	1.065	1.776
江苏	1.346	2.67	1	1.346	3.595

续表

省份	技术效率	技术进步	纯技术效率	规模效率	全要素生产率
浙江	0.816	1.727	0.983	0.83	1.41
安徽	0.475	2.932	0.517	0.919	1.393
江西	0.501	3.618	0.619	0.81	1.814
山东	0.526	1.891	0.457	1.151	0.995
河南	1	0.767	1	1	0.767
湖北	0.831	2.302	0.876	0.949	1.912
湖南	0.628	1.345	0.643	0.976	0.844
广东	1.383	2.943	1	1.383	4.071
广西	0.533	1.928	0.748	0.712	1.027
重庆	0.824	1.128	0.852	0.967	0.93
四川	0.386	2.368	0.357	1.082	0.914
云南	0.796	1.718	0.899	0.885	1.367
陕西	0.617	1.625	0.718	0.859	1.003
甘肃	1.088	1.182	1	1.088	1.285
总体	0.713	1.865	0.739	0.964	1.33

6.4 本章小结

基于国家整体和省域组合两个视角构建了 R&D 经费配置结构优化模型，其中国家整体视角的 R&D 经费配置结构优化模型，限于大数据计算能力问题和初始投入配置设定问题，本研究成果并未给出具体算例。重点对省域组合视角 R&D 经费配置结构优化模型进行检验及应用，验证结果表明：2013 年、2014 年、2015 年优化配置方案调整前后的全要素生产率分别为（1.093，1.15）、（1.04，1.28）、（0.957，1.214）；对比发现：优化前后样本总体全要素生产率普遍得到了较大的提升，说明省域组合视角的 R&D 经费配置结构优化模型具有一定的科学性。另外，省际资金比例之和反映出初始投入有效利用比例，如省际资金比例之和大于 1，说明当年资金投入不足；省际资金比例之和小于 1，说明当年资金投入过剩。根据优化配置方案，2013 年、2014 年、2015 年 R&D 经费投入的科学增量分别为：7%、-12.7% 和-2.8%。总体来讲，省域组合视角配置优化模型能够对科技经费投入进行配置，在一定程度上可以将省域组合视角配置优化模型引入到对科技经费配置优化的预测。

后续以 2016 年为例，省域组合视角 R&D 经费配置结构优化模型的具体算例。首先，基于 1998—2015 年各省份时间序列数据，采用 SPSS 软件预测分析的自带功能专家建模器对 21 个研究省份在 2016 年相应的投入指标进行预测；其次，以 2015 年配置方案作为 2016 年配置优化初始方案，经过省域组合视角配置优化后得出 2016 年 R&D 经费配置的预测性方案，检验结果显示该配置方案有效。根据预测结果，2016 年 R&D 经费投入的科学增量为 -2.6%，在减少 R&D 经费投入总量 2.6%的基础上利用优化模型对 2016 年的 R&D 经费配置结构进行优化，优化前后的全要素生产率上升到 1.33，说明优化方案有效。

总体来讲，组合配置优化是在一定程度上对 R&D 经费投入进行配置优化，其配置优化是一个相对“优”的结果，在一定程度上提供了一个 R&D 经费配置的参考依据，对实际工作中的 R&D 经费配置具有一定指导意义。

参考文献

[1] 王雪原，王宏起. 基于科技计划的项目经费优化配置模型设计 [J]. 科学学与科学技术管理，2008，29 (2)：47-50.

7 结论及建议

7.1 研究结论

（1）政府支持、市场发育程度、区位优势、经济基础、产业结构和研发基础构成了我国区域的创新环境系统

本研究成果首次将区域创新环境系统纳入 R&D 经费配置优化的研究中，由于现有相关研究成果较少，并缺乏系统化的区域创新环境系统分析，所以本研究成果基于系统创新理论采用定性与定量研究相结合的方式最终确立了 R&D 区域创新环境指标体系。首先通过 CiteSpace V 可视化工具对现有关于创新环境系统的文献进行深入剖析，总结归纳影响 R&D 创新绩效的主要因素；根据现有文献将影响因素具体化、指标化，结合单位根和格兰杰检验筛选出影响 R&D 创新绩效的关键指标。最终构建了 R&D 区域创新环境指标体系，包括六大维度（政府支持、市场发育程度、区位优势、经济基础、产业结构和研发基础）及 20 个二级指标，具体见表 5-6。

（2）创新环境与 R&D 经费配置结构对创新绩效的影响具有时滞性

利用稀疏 Group Lasso 测度了 R&D 创新环境系统与 R&D 经费配置结构交互影响下的 R&D 创新产出时滞影响，研究结果显示，在 R&D 创新环境和经费配置结构共同作用下，高技术产业领域新产品销售收入的时滞期为 3 年，专利申请数的时滞影响为 4 年。具体到两大高技术子产业领域的时滞测度结果显示，医药制造产业的新产品销售收入和专利申请数的时滞影响其分别为 1 年和 3 年；而医疗器械产业的新产品销售收入和专利申请数的时滞影响均为 3 年。

（3）市场发育程度、经济基础、政府影响和地理区位优势是 R&D 创新投入产出时滞的关键环境影响因素

总体而言，我国 R&D 经费投入产出滞后的关键环境影响因素依此为市场发育程度、经济基础、政府影响和地理区位优势等，其中市场发育程度对所有产业的产品创新和技术创新产出滞后周期都有显著影响。从不同创新产出类型分析，影响新产品销售收入即产品创新时滞的最主要环境因素依此是市场发育程度、政府影响与支持以及地理区位优势；影响专利申请数量即专利创新产出时滞的最主要环境因素依此是市场发育程度和经济基础。

（4）不同创新产出类型的关键环境影响因素不同，总体上政府影响与支持、所在区域的地理区位优势及市场发育程度是影响产业创新绩效的最重要的三个因素

综合我国高技术产业、医药制造产业及医疗器械产业创新绩效的影响因素可知，政府影响与支持、所在区域的地理区位优势及市场发育程度是影响产业创新绩效的最重要的三个因素，其次为区域产业结构、经济基础环境和研发基础环境。从不同创新产出指标看，政府影响与支持、地理区位优势以及市场发育程度是影响新产品销售收入最重要的三个因素，其次是经济基础及研发基础环境；具体表现为：战略发展规划、所在经济区域及区位优势以及交通发达程度、市场对外开放程度、研发机构及人才、经济及资本富裕程度等，其中，国家级区域战略发展规划等政策支持是最显著的影响因素。而专利创新产出的最主要环境因素是政府影响与支持、市场发育程度和产业结构三大因素。

（5）不同 R&D 经费配置结构对创新绩效的影响存在显著差异

整体而言，R&D 经费配置结构对创新绩效产出影响符合边际效益递减规律，从影响性质及形态看大部分属于非线性影响，对其进一步拟合发现多数呈现 U 型或倒 U 型，且存在拐点临界值，具体到不同经费结构类型和创新产出类型则存在明显差异。其中，R&D 经费中政府资金比例对高技术产业、医药制造产业和医疗器械产业的专利申请数指标均呈现显著的负向影响，而 R&D 经费中政府资金比例对三个产业新产品销售收入指标的影响存在些许差异，依次呈现负向、负向和 U 型（临界值 0.294）影响；整体上政府资金对

创新绩效产生明显负向影响，政府资金的投入并未有效刺激企业研发创新，预期的创新绩效提升目标并未如期出现，政府资金正被低值消耗。而政府资金的低约束性可能是产生如上结果的原因，即相对于企业资金的高激励和高约束特点，政府资金的低约束未能对企业研发起到有效的刺激作用。R&D 经费中省际经费配置比例创新绩效影响较为复杂，大多呈现非线性的倒 U 型影响，且存在明显拐点。具体到不同创新绩效指标有些许差异，对专利申请数指标的影响均呈现显著的倒 U 型，其拐点分别为（0.100，0.087，0.168）；而对新产品销售收入影响在高技术产业及医疗器械产业均为倒 U 型，拐点分别为（0.062，0.188），但对医药制造产业呈现明显正向影响，说明在我国现行创新环境情境下，提升 R&D 经费中省域结构比例有利于医药制造产业创新绩效的提升。R&D 经费中产业经费配置比例对创新绩效影响较为复杂，大多呈现非线性的倒 U 型影响，存在明显拐点，具体见表 5-46；且子产业资金配置比例较低时，子产业资金比例指标多对产出指标产生正向影响；随着产业资金比例的提高，子产业资金比例指标往往对产出产生负向影响。

（6）我国 R&D 经费无论是投入总量还是配置结构优化均存在优化空间

本研究成果基于国家整体视角和省域组合优化视角构建了集效率测度、预测及优化为一体的 R&D 经费配置结构优化综合模型，重点对省域组合视角的优化模型进行有效性检验并结合具体算例设计 R&D 经费配置结构优化方案。研究结果表明：我国 2013 年、2014 年和 2015 年的 R&D 经费配置均存在优化空间；从 R&D 经费实际投入总量来讲，相应年份优化后的 R&D 经费理论投入总额与实际投入均有所差异；具体为：2013 年应增加 7%、2014 年应减少 12.7%、2015 年应减少 2.8%；R&D 经费配置结构中产业资金比例及政府资金比例的具体数据参见表 6-2、表 6-4 和表 6-6。

2016 年的算例计算结果表明：R&D 经费投入总量减少 2.6% 的基础上，2016 年 R&D 经费配置结构优化后的全要素生产率相较于 2015 年有了显著的进步，说明 2016 年 R&D 经费配置结构优化方案具有一定参考价值。对比 2016 年优化后产出和 2015 年实际产出发现：天津、上海、江苏、浙江、湖北等省份产出出现双增长，这说明北部沿海省域如天津，东部沿海的全部省市即上海、江苏、浙江等发达地区 R&D 经费配置结构存在较大的优化空间。

7.2 相关建议

7.2.1 R&D 创新环境系统建设方面

根据本研究成果研究结论，R&D 创新环境对 R&D 创新绩效时滞及 R&D 经费配置效率具有重要影响，虽然不同的创新环境维度对不同产业、不同创新类型的影响重要程度有所差异，但是总体来讲，“政府影响与支持”“市场发育程度”以及“地理区位优势”三大维度的创新环境是最关键的创新环境要素；具体而言，区域发展战略规划、经费等政策支持、市场开放程度、市场现代化程度、产权结构以及所在区域的区位优势、交通发达程度等都是重要影响因素。其次是研发基础环境如研发人才、机构以及已有的专利授权情况、经济基础、产业结构等也是重要影响因素。因此，应重视 R&D 创新环境的培育和建设，具体建议如下：

（1）重视市场培育，促进区域市场快速成熟

放宽外资研发单位准入条件，清除外资研发经费准入壁垒，并多方位刺激和吸引外资研发资本的进入，提高外资研发投入水平；积极构建国内企业与外资企业研发交流平台，促成国内研发主体与外资研发单位的协同创新，带动国内研发水平的提升；建立健全科技服务体系，完善现代科技服务功能，提升科技服务水平；将 R&D 经费配置政策适度向非国有企业倾斜，特别是一些具有研发基础和实力的民营企业，调动企业 R&D 研发投入的积极性。

（2）国家区域发展战略规划向不具有沿江沿海优势的省域倾斜

本研究成果研究结果表明，区域发展战略规划尤其是国家级跨区域战略发展规划对于区域 R&D 创新绩效的提升至关重要，区域发展战略规划以及配套的实施政策能为当地研发创新带来多种资源，不但具有直接刺激作用，对企业来说更是国家重点支持领域和方向的风向标，意味着未来长期的政府资金、政策和其他技术手段的持续投入，从一定程度上提升了当地企业的研发信心、降低了研发投入的风险，因而会大大刺激企业加大创新研发力度和研发投入的积极性。我国前期的国家级区域战略发展规划大部分针对东部沿海、

北部沿海等区位优势明显的省市如上海、北京、江苏、浙江等，事实证明这些地区的 R&D 创新绩效水平并不高，各种创新资源投入冗余较为严重。国家重大区域发展战略规划应向区位优势并不突出，但是研发基础和研发创新绩效较好的省域如西南地区倾斜，以吸引各种创新资源的加入，从而提升该区域的创新绩效。

（3）重视区域交通规划和建设

应高度重视交通、地理区位优势的打造。着重在公路及城际铁路建设方面，提高人均拥有量，提升交通便捷性，为吸引 R&D 创新资源和创新成果的转化、转移以及为创新主体间的交流打造便利的交通条件。

（4）根据创新省域区域特征、产业特征，构建适合不同创新类型创新主体的创新环境系统

本研究成果实证结果表明，专利产出和新产品产出所依赖的创新环境有所差异。基于此，建议根据区域环境特征、产业特征等基础环境条件打造适合不同创新类型创新主体的创新环境培育模式。

如在政策环境优越、经济基础较好、区位优势明显、研发环境良好的省域设立产品研发转化基地或中心，重点建设有利于产品创新及成果转化的创新环境系统。如在区域发展规划方面重点搭建区域创新成果转化支撑平台；在提升市场发育程度方面注重吸引外资研发嵌入、优化产权结构；在交通建设方面加强城际交通规划建设；研发条件方面则重点进行研发机构、研发人才队伍建设和储备，具体如图 7-1 所示。

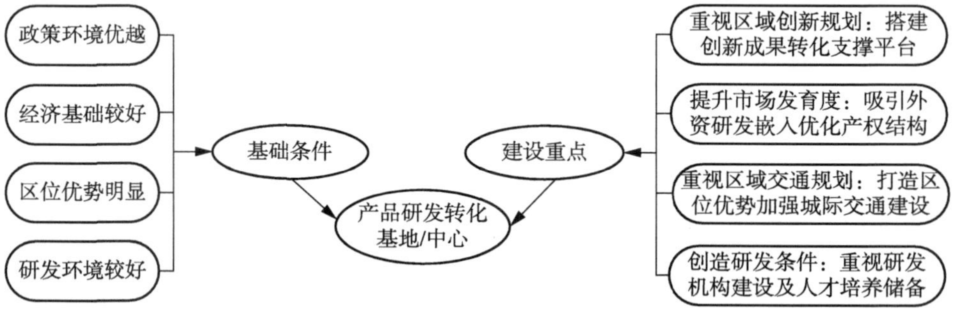

图 7-1　围绕产品创新的环境系统建设

类似地，在政策环境优越、产业结构合理、市场发育良好、区位优势明

显的省域设立技术研发基地或中心，重点建设有利于技术研发的创新环境系统。如在区域战略发展规划方面重点做好产业、研发和经费支持等方面的配套政策；在优化产业结构方面重点支持现代化工业发展及研发技术如专利的积累；在提升市场发育程度方面同样提高外资研发嵌入指数、优化产权结构；在交通建设方面加强城际交通规划建设，具体见图 7-2 所示。

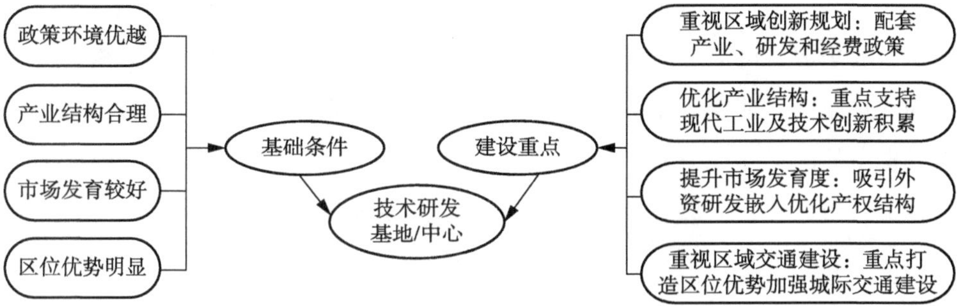

图 7-2　围绕技术研发的环境系统建设

7.2.2　R&D 经费配置结构优化方面

（1）重视 R&D 经费投入的科学增量问题

R&D 经费投入总量并非越多越好，而应该与创新主体的创新能力、创新环境、创新资源等相匹配，单纯追求 R&D 经费投入总量或者研发强度、赶超发达国家而忽视创新环境和创新产出质量，最终只能形成创新资源的浪费和创新行为的低效。本研究成果实证分析结果表明：我国 2013 年、2014 年和 2015 年的 R&D 经费投入总量均存在优化的空间；相应年份优化后的 R&D 经费总量 2013 年应增加 7%、2014 年应减少 12.7%、2015 年应减少 2.8%。因此，应重视 R&D 经费投入的科学增量问题，每年 R&D 经费投入总量应该与创新环境系统、创新行为模式等相匹配，本研究成果提出的 R&D 经费配置结构优化模型在一定程度上可为相关部门提供参考。

（2）减少 R&D 经费配置结构中政府资金的比例

本研究成果实证结果表明，整体上 R&D 经费配置结构中政府资金比例对创新绩效具有明显负向影响，政府资金的投入并未有效刺激企业研发创新，预期的创新绩效提升目标并未如期出现，政府资金正被低值消耗。因此，应减少 R&D 经费中政府资金比例，通过出台相关政策充分刺激企业加大 R&D 经费投入，吸引外资研发嵌入，拓宽 R&D 经费融资渠道，刺激企业研发积极性，从而提升 R&D 创新绩效。

（3）调整区域 R&D 经费配置比例

2016 年的 R&D 经费配置结构优化模型算例计算结果发现：天津、上海、江苏、浙江、湖北等省份产出出现双增长，这说明北部沿海省域如天津，东部沿海的全部省市即上海、江苏、浙江等发达地区 R&D 经费配置结构存在较大的优化空间。建议未来 R&D 经费配置减少北部及东北沿海省份特别是江浙沪等省市的配置比例，而应向创新效率较高的区域如西南地区创新效率较高的相关省市倾斜，以提升我国整体 R&D 创新绩效。

7.3 研究创新点

（1）尝试从系统论视角将创新环境系统纳入国家 R&D 经费配置研究中，即运用创新系统理论梳理影响国家 R&D 经费配置的环境要素，并将其纳入效率分析、时滞测度和 R&D 经费配置结构优化研究的全过程

以往的研究多基于微观视角，对影响企业创新绩效的因素虽有所涉及但大多都是零散的，并没有真正考察企业所面临的整体创新环境；而基于宏观视角对影响国家、省域、行业经费配置的区域创新环境更为缺乏。本研究成果认为不同省域面临不同的创新环境，省域和行业创新环境不同创新绩效则有明显差异，并且区域创新环境是一个系统构成，形成了不同省域特定的创新环境情境。因此，本研究成果首次从系统论角度将影响行业和省域创新绩效的创新环境进行梳理，运用可视化软件 CiteSpace 系统化分析了区域创新环境系统的 6 大维度构成，并结合现有理论研究最终构建了影响 R&D 经费配置效率和创新绩效的区域创新环境指标体系，为后续创新环境的相关研究提供了理论依据和参考。

本研究成果不但系统梳理了区域创新环境，同时将区域创新环境纳入创新绩效、时滞测度以及后续的 R&D 经费配置结构优化的全过程。

（2）创新性引入稀疏 Group Lasso 方法，将稀疏 Group Lasso 方法从纯粹的

理论方法研究拓展至实际运用，实现了其从理论到应用的质的跨越，为小样本高维数据的降维处理提供了借鉴

国内外关于 Sparse-Group Lasso 的资料较少，2013 年后极少数的学者对 Group Lasso 给予了关注，截至目前本研究成果能够搜索到的国外密切相关研究成果 4 篇、国内文献 3 篇。国外学者将关注重点更多地聚焦在 Sparse-Group Lasso 的算法或思想与某一领域的技术融合和嫁接，国内关注该方法的学者均为统计学专业或者数学等相关专业，相关文献主要介绍该方法原理、性质以及推理证明研究，即该方面的研究在国内仍然处于统计或数学意义上的纯理论方法研究阶段，尚未发现该方法的直接应用研究尤其是在管理学方面的直接应用研究。本研究成果首次将稀疏 Group Lasso 引入到我国 R&D 经费配置结构的优化中，利用其稀疏性、高维性以及对小样本高维数据降维的有效性特征对影响 R&D 创新绩效的关键影响因素进行识别。事实证明稀疏 Group Lasso 对于管理类中类似的高维大数据的降维具有很好的适用性，稀疏 Group Lasso 的成功运用实现了该方法从数学论证到实际应用的完美转身，从而将稀疏 Group Lasso 的研究推动一大步，也为后续相关高维数据的降维处理研究提供了思路和方法借鉴。

（3）拓展了现有时滞研究，将时滞研究从单纯的投入产出视角拓展创新环境及创新环境与 R&D 经费配置结构交互作用的时滞效应研究

研发创新从 R&D 经费投入研发试验，到最终的创新产出是一个复杂的过程，R&D 经费的投入产出具有明显的时滞效应。现有少量关于时滞研究的文献基本都是从投入产出的视角进行的定性和定量分析，虽有部分学者涉及，但除个别学者进行了单独研究（王晓珍等，2012[30]），大部分学者基于经验对产出数据进行了 1~2 年的推后处理；最为关键的是现有时滞研究仅仅是考虑投入要素与产出要素的滞后关系，而忽视了创新主体面临的创新环境对创新绩效在时间上的影响；本研究成果基于此将创新环境纳入时滞研究，并用稀疏 Group Lasso 测度了创新环境系统和 R&D 经费配置结构的交互影响下的创新产出的时滞效应，测度结果更为客观真实，也更能体现产业和区域的创新时滞差异。

（4）尝试将国家制定的区域战略发展规划文本量化并纳入区域创新环境

系统中

国家制定的区域战略发展规划对于区域创新具有重大影响，现有相关成果虽有个别学者提到，但因文本搜集以及量化的困难等原因并未真正纳入研究中，系统化的实证研究尚属空白。本研究成果搜集 2005—2015 年中国政府正式批准实施的国家级重大战略规划文件，包括区域发展规划、综合改革实验区、金融试验区、国家级新区四类。并根据政策的具体类型、建设周期、涉及区域、战略地位、建设目标、重点支持产业等信息进行归类梳理和赋值量化，纳入创新环境要素的实证研究中。

以上研究思路将我国发展战略规划等政策对创新绩效的影响研究从定性研究深化到定量分析，弥补了现有实证研究的空白；同时，本研究成果关于区域战略发展规划文本搜集、归类、量化以及实证的系列研究思路为未来相关学者后续研究提供了理论参考和借鉴。

7.4 研究局限

（1）统计数据质量的局限

由于本研究成果实证部分涉及指标较多，实证部分包括创新环境系统、R&D 经费配置结构以及创新绩效三大部分共包括 57 个二级指标，这些指标所用数据除了国家发展战略规划政策数据是笔者通过国家相关政策制定部门官方网站以及借助百度等搜索引擎自行整理量化外，其余数据均来自中国统计数据库官网、中华人民共和国国家统计局官网以及国家正规出版的统计年鉴如《中国统计年鉴》《中国科技统计年鉴》《中国高技术产业统计年鉴》等官方权威统计数据。但在数据搜集过程中发现样本数据的质量严重影响了本研究成果的实证分析，主要有两个方面原因：

其一，样本数据缺失值严重。

本研究成果计划实证对象为中国全部省市自治区、1 个高技术产业总体和 5 个高技术子产业自 1993—2016 年的全部数据；但在后续具体数据搜集过程中发现，从时间上看 1993—1997 年和 2016 年的数据缺失高到 80%以上，因此，最终选取了 1998—2015 年的相关历史数据；从省域和产业上看，部分省域相关缺失值严重，仅有几年的相关统计数据；从产业上看，除了高技术产业整体外，只有医药制造产业、医疗器械两大产业数据相对完整，其他产业数据缺失达到50%以上。因此，考虑到数据的完整性和连续性，本研究成果最终只能选择1998—2015年、部分省域即21个省份、高技术产业总体以及2个高技术子产业医药制造产业、医疗器械的相关数据作为实证数据样本。

其二，统计指标数据质量差。

本研究成果最初的创新环境指标体系共有约50个二级指标，但在具体数据搜集过程中发现由于统计口径的频繁变化和调整、许多指标数据存在断档、数据口径不一致现象，如相关统计部门在数据汇总和分类时不甚严谨，对于数据和指标注解不明确，混淆了统计指标和统计口径，① 使得本研究成果无法获取实证研究的有效数据；此外，从三大统计年鉴看，“同一指标、数据不同”或者“不同指标、同一数据源”的现象时有发生，有的个别省份不同年份数据出现明显异常，大大降低了实证分析质量和结果的可信性。基于以上原因，本研究成果将数据明显异常、数据指标在不同统计来源不一致、统计口径变化较大以及数据异常现象明显的指标剔除，最终保留了20个创新环境二级指标和10个R&D经费配置结构以及创新绩效二级指标，共同构成了本研究成果的指标体系。

由于数据缺失以及数据本身的质量问题，本研究成果最终的实证对象和样本调整为1998—2015的18年、21个省域、1个高技术产业总体以及2个高技术子产业医药制造产业、医疗器械的59个具体指标变量，由于不同省域及行业相关数据的不完整性，数据的实证分析及优化配置方案可能会具有一定的局限性，与实际情况可能会有所差别。

---

① 如国家统计局、国家发改委和科技部编《中国高技术产业统计年鉴2010》第6页“按行业分高技术产业生产经营情况表”中“医药制造业”当年价总产值指标中的数据没有注解，可以理解为整个行业的统计数据，然在国家统计局网站“科技年度统计数据”中高技术产业生产经营情况表中“医药制造业”当年价总产值指标数据相同，但是统计口径标注为，“1995年的数据口径为全部独立核算工业企业，2000—2006年的数据口径为全部国有及年销售收入在500万元以上的非国有工业企业；2009年的数据标注为规模以上工业企业”。这也就意味着有关单位在研究或核算我国高技术产业产值时有可能出现用缩小“行业总产值”或夸大“规模以上企业”总产值的现象，得出的研究结论就会出现不同程度地偏离客观事实。

（2）大数据计算能力的局限

本研究成果基于前期的分析，在考虑时滞和创新环境的基础上，从国家整体和省域组合两个视角构建了 R&D 经费配置结构优化的理论模型。但在具体计算和后期运用中，本研究成果重点介绍了省域组合视角的 R&D 经费配置结构优化理论模型，利用 2013—2015 年的实际数据对该理论模型进行了有效性验证，并根据模型计算了 2016 年的优化配置方案。关于国家整体视角的 R&D 经费配置结构优化理论模型虽然从理论上存在数学解，但实际上并未给出具体算例。因为本研究涉及 59 个具体指标变量、3 个行业、21 个省域、18 年数据样本即 59 * 21 * 18 个样本数据，在以国家整体视角的 R&D 经费配置结构优化方案的具体运算上是一个典型的大数据运算，单机无法运行如此巨大数量的计算，而受现行大数据实验室中心及大数据计算设备的限制，本研究成果关于国家视角的 R&D 经费配置结构优化模型并未给出具体算例，这也是本研究成果的一个缺憾。

附　录

源代码目录

代码 1：时滞测算代码

代码 2：影响关系系数计算代码

代码 3：Group Lasso 源代码

代码 4：省域视角配置优化代码

代码 5：DEA 源代码

代码 1：时滞测算代码

```
data=read.csv('total.csv',header=T)
provinceset<- unique(data$Province)
n=dim(data)[1];K=length(provinceset);m=n/K
Y=data[,4:13];
A=data[,14:19]; pA=dim(A)[2]
X=data[,20:51]; pX=dim(X)[2]
EconArea=data[,52:61]

headerset=NULL;
 Xt=NULL;
 for (t in 1:5){
 for (j in 1:pX){
 nameX=paste(names(X)[j],'-',t,sep='')
 headerset=c(headerset,nameX);
 Xt1=rep(NA,m* K)
for (k in 1:K){
 Xt1[((k-1)* m+t+1):(k* m)]=X[((k-1)* m+1):(k* m-t),j]
 }
 Xt=cbind(Xt,Xt1);
 }
 }
 colnames(Xt) <- headerset; pX=dim(Xt)[2]
 id=data.frame(data$Province,data$Year);
 n=dim(A)[1];m=n/K

 source('grpLassocodes.R')
set.seed(122)
 p=dim(Y)[2];
 BIC=matrix(0,nrow=5,ncol=p);N=matrix(0,nrow=5,ncol=p);
 for (j in 1:p)
 {for (t in 1:5)
 {Yj=log(Y[,j]);
 res=grpLassot5(Yj,A,Xt,EconArea,id,t)
 N[t,j]=res$n
 BIC[t,j]=res$BIC
 }
 }

 np=length(res$beta)
 Tpref=apply(BIC,2,which.min)
```

```
write.table(BIC,'grpBIC13.dat')
#Tpref<-c(4,4,1,2,1,1,2)
set.seed(129)
p=dim(Y)[2];R2=N=NULL;
BETA=NULL

for (j in 1:p)
{Yj=log(Y[,j]);
res=grpLassores(Yj,A,Xt,EconArea,id,Tpref[j],stand=T)
filename=paste('grpLasso13',j,'.dat',sep='')
beta=res$beta
write.table(beta,file = filename,row.names=F,col.names=F)
R2=cbind(R2,res$r2)
N=cbind(N,res$n)
}
write.table(rbind(N,R2),'grplassres13.dat')
```

代码 2：影响关系系数计算代码

```
source('grpLassocodes. R')
data=read. csv('total. csv',header=T)
provinceset<- unique(data $ Province)
n=dim(data)[1];K=length(provinceset);m=n/K

Y=data[,6:7];
A=data[,14:19]; pA=dim(A)[2]
X=data[,20:51]; pX=dim(X)[2]
EconArea=data[,52:61]

maxl=max(Y,na. rm=T);
line45=seq(0,maxl,1000);

########Generate Covariates of Previous Times########
headerset=NULL;
Xt=NULL;
for (t in 1:5){
        for (j in 1:pX){
        nameX=paste(names(X)[j],'-',t,sep='')
        headerset=c(headerset,nameX);
        Xt1=rep(NA,m* K)
        for (k in 1:K){
            Xt1[((k-1)* m+t+1):(k* m)]=X[((k-1)* m+1):(k* m-t),j]
        }
        Xt=cbind(Xt,Xt1);
        }
}
colnames(Xt) <- headerset; pX=dim(Xt)[2]
id=data. frame(data $ Province,data $ Year);
BIC<- read. table('grpBIC13. dat')
Tpref=apply(BIC,2,which. min)

pdf("pred13. pdf",width=6,height=8)
library(plotrix)
par(mfrow=c(3,2))
setnoplot=seq(2)
R2=NULL
for (j in setnoplot){
        filename=paste('grpLasso13',j,'. dat',sep='')
        beta=read. table(filename)
        beta0=beta
        beta0[(abs(beta[,2])<0. 05)&(beta[,2]! =0),2]=0;
        t=Tpref[j]
```

```
        Yj=Y[,j];
        pX=dim(Xt)[2]; X=Xt[,1:(pX* t/5)];n=length(Yj)
        isnadata=rep(0,n)
        data=dataprep(Yj,A,X,EconArea,isnadata,id,t)
        id1=data $ id
        Z=data $ Z
        A1=Z[,1:7]
        Xindex=seq(1,(pX* t/5-1)* (2* pA+1)+1,2* pA+1)
        X1=Z[,Xindex]
        Yj=data $ Y
        Xin=Z[,!(beta0[,2]==0)]
        glmres=lm(log(Yj[Yj>0])~Xin[Yj>0,2:dim(Xin)[2]])
        betaglm=glmres $ coef
        R2=cbind(R2,summary(glmres) $ adj. r. squared)

        beta0=beta0[!(beta[,2]==0),]
        pb=dim(beta0)[1]
        betaglm0=rep(0,pb)
        line=0;
        for (i in 1:pb){
              if (beta0[i,2]! =0){
                    line=line+1
                    betaglm0[i]=betaglm[line]
              }
        }
        beta0[,2]=betaglm0
        filename=paste('beta',j,'. dat',sep='')
        write. table(beta0,filename)
        filename=paste('betarefit',j,'. dat',sep='')
        write. table(betaglm0,filename)
}
dev. off()
R2
```

代码 3：Group Lasso 源代码

```
library('grpreg')

#Y=Yfake;
dataprep <- function(Y,A,X,cat1,isnadata,id,t)
{  n=length(Y);pA=dim(A)[2];pX=dim(X)[2];p1=dim(cat1)[2]
   if (n==1){
          A1=c(1,A,A^2);
          AX=rep(0,(pX+p1+1)* (2* pA+1))
          X1=c(1,X)
          penfac=rep(0,((pX+p1+1)* (2* pA+1)))
          nameXG=c(colnames(X1),colnames(cat1))
          namebeta=NULL
          for (j in 1:(2* pA+1)){
             AX[((pX+p1+1)* (j-1)+1):((pX+p1+1)* j)]=c(X1* A1[j],
          cat1* A1[j])
          }
          for (i in 1:(pX+p1+1)){
             if (i<=pX+1){
             penfac[((pX+p1+1)* (j-1)+i)]=i
          } else{
             penfac[((pX+p1+1)* (j-1)+i)]=pX+2
          }
          }
          isnadata=(isnadata)|(is.na(Y))
          for(j in 1:pA){ isnadata=(isnadata)|(is.na(A[j]))}
          for(j in 1:pX){ isnadata=(isnadata)|(is.na(X[j]))}

          Time=id$data.Year
          id=id[! isnadata];
          Z=c(AX[! isnadata],Time[! isnadata],Time[! isnadata]^2)
          penfac=c(penfac,pX+3,pX+3)
          penfac=penfac-1
          Z=Z[order(penfac)];
          penfac=penfac[order(penfac)]
} else {
       A1=data.frame(cbind(rep(1,n),A,A^2));
nameA2=NULL
for (j in 1:pA){nameA2=c(nameA2,paste(colnames(A)[j],'2',sep=''))}
colA1=c("Intercept",colnames(A),nameA2)
      AX=matrix(0,nrow=n,ncol=((pX+p1+1)* (2* pA+1)))
      X1=data.frame(cbind(rep(1,n),X))
colnames(X1)[1]="Intercept"
penfac=rep(0,((pX+p1+1)* (2* pA+1)))
```

```
    nameXG=c(colnames(X1),colnames(cat1))
    namebeta=NULL
    for (j in 1:(2* pA+1))
    {  AX[,((pX+p1+1)* (j-1)+1):((pX+p1+1)* j)]=as.matrix(cbind(X1,
       cat1)* A1[,j])
       #x=as.matrix(cbind(X1,cat1)* A1[,j])
       #if (sum(is.na(x[! isnadata,]))>0) print(j)
       for (i in 1:(pX+p1+1)){
              if (i<=pX+1){
                 penfac[((pX+p1+1)* (j-1)+i)]=i
              } else{
                 penfac[((pX+p1+1)* (j-1)+i)]=pX+2
              }
              namebeta=c(namebeta,paste(colA1[j],nameXG[i],sep='* '))
              }
    }

    isnadata=(isnadata)|(is.na(Y))
    for(j in 1:pA){ isnadata=(isnadata)|(is.na(A[,j]))}
    for(j in 1:pX){ isnadata=(isnadata)|(is.na(X[,j]))}
    Time=id $ data.Year
    id=id[! isnadata,];
    Z=as.matrix(cbind(AX[! isnadata,],Time[! isnadata],Time[! isna-
data]^2))
    penfac=c(penfac,pX+3,pX+3)
    namebeta=c(namebeta,"TY","TY2")
    penfac=penfac-1
    Z=Z[,order(penfac)];namebeta=namebeta[order(penfac)];penfac=
penfac[order(penfac)]
    }
    return(list(Y=Y[! isnadata],Z=Z,penfac=penfac,id=id,namebeta=
namebeta))
}
#Y=Yj; cat1=EconArea
grpLassot5<-function(Y,A,Xt,cat1,id,t)
{  pA=dim(A)[2];pX=dim(Xt)[2];
   isnadata=is.na(Y)
   for(j in 1:pA){ isnadata=(isnadata)|(is.na(A[,j]))}
   for(j in 1:pX){ isnadata=(isnadata)|(is.na(Xt[,j]))}
   X=Xt[,1:(pX* t/5)];

   data<- dataprep(Y,A,X,cat1,isnadata,id,t)
   Y=data $ Y;Z=data $ Z;penfac=data $ penfac
   Zdim=dim(Z)[2]
```

```
  fit=cv.grpreg(Z[,2:Zdim],Y,group=penfac[2:Zdim],penalty="grLas-
  so")
  k=sum(fit $ lambda>=fit $ lambda.min)
  fitsum=summary(fit)
  r2=fitsum $ r.squared[k]
  fit=fit $ fit
  beta=fit $ beta[,k]
  n=length(Y)
  BIC=-2* logLik(fit)[k]+sum(abs(beta)>0)* log(n)
  return(list(n=n,r2=r2,BIC=BIC))
}

grpLassores<-function(Y,A,Xt,cat1,id,t,stand)
{ pX=dim(Xt)[2]; X=Xt[,1:(pX* t/5)];n=length(Y)
  isnadata=rep(0,n)
  data<- dataprep(Y,A,X,cat1,isnadata,id,t)
  Y=data $ Y; Z=data $ Z;penfac=data $ penfac; id=data $ id; namebeta=
  data $ namebeta
  Zdim=dim(Z)[2]

  fit=cv.grpreg(Z[,2:Zdim],Y,group=penfac[2:Zdim],penalty="grLas-
  so")
  k=sum(fit $ lambda>=fit $ lambda.min)
  fitsum=summary(fit)
  fit=fit $ fit
  SSE=fit $ loss[k]
  SST=sum(Y^2)
  r2=1-SSE/SST
  beta=fit $ beta[,k]
  n=length(Y)
  BIC=-2* logLik(fit)[k]+sum(abs(beta)>0)* log(n)
  resd=rep(0,n)
  for (i in 1:n){resd[i]=Y[i]-Z[i,2:Zdim]% * % beta[2:Zdim]-beta[1]}
  fit=grpreg(scale(Z[,2:Zdim]),Y,group=penfac[2:Zdim],penalty="
  grLasso")
  if (stand){beta=fit $ beta[,k]}
   return(list(n=n,beta=data.frame(namebeta,beta),r2=r2,residual=
data.frame(id,resd),BIC=BIC,scalefit=fit,penfac=penfac,namebeta=
namebeta))
   }


   plotresidual<- function(residual,provinceset,maintitle)
   {  Province = residual $ data.Province; Year = residual $ data.Year;
```

```
resd=residual$resd;
    plot(Year[Province==provinceset[1]],resd[Province==provinc-
eset[1]],type="o",pch='.',col=1,xlim=c(min(Year),max(Year)+2),ylim=
range(resd),xlab='Year',ylab='Residual',main=maintitle)
    Leg=paste(provinceset[1]); legcol=1;
    for (j in 2:length(provinceset))
    {if  (sum(Province==provinceset[j])>0)
        {lines(Year[Province==provinceset[j]],resd[Province==
        provinceset[j]],type="o",pch='.',col=j)
          Leg=c(Leg,paste(provinceset[j]));legcol=c(legcol,j)
          }
    }
    legend("topright",legend=Leg,col = legcol,lty=1)
}
```

代码 4：省域视角配置优化代码

```
source('grpLassocodes.R')
source('DEA.R')
data=read.csv('total.csv',header=T)
provinceset<-unique(data$Province)
n=dim(data)[1];K=length(provinceset);m=n/K
A=data[,14:19]; pA=dim(A)[2]
X=data[,20:51]; pX=dim(X)[2]
EconArea=data[,52:61]
########Generate Covariates of Previous Times########
headerset=NULL;
Xt=NULL;
for (t in 1:5){
      for (j in 1:pX){
            nameX=paste(names(X)[j],'-',t,sep='')
            headerset=c(headerset,nameX);
            Xt1=rep(NA,m* K)
            for (k in 1:K){
                Xt1[((k-1)* m+t+1):(k* m)]=X[((k-1)* m+1):(k* m-
            t),j]
            }
            Xt=cbind(Xt,Xt1);
      }
}
colnames(Xt) <- headerset; pX=dim(Xt)[2]
id=data.frame(data$Province,data$Year);
A12=A[data$Year==2014,]
Xt12=Xt[data$Year==2014,]
EconArea12=EconArea[data$Year==2014,]
id12=id[data$Year==2014,]
id13=id12;
id13[,2]=2015

input13=read.table('input.csv')
input13=cbind(input13,A12[,6])

BIC<- read.table('grpBIC13.dat')
Tpref=apply(BIC,2,which.min)

ngrid=4;
sol=matrix(nrow=K,ncol=4)
YYY=matrix(nrow=K,ncol=2)
Yinit=calY(A12,Xt12,EconArea12,Tpref,id13)
for (i in 1:K){
```

```
DEAmax=-10000;
Y=Yinit; A0=A12
Ai=as.matrix(A12[i,])
Aiall=A[(i* m-4):(i* m),]
Arange=apply(Aiall,2,range,na.rm=T)
Agrid=matrix(0,nrow=ngrid,ncol=4)
for (j in 1:4){
    Agrid[,j]=exp(seq(log(Arange[1,(j+1)]),log(Arange[2,(j
+1)]),length.out=ngrid))
}
for (a1 in 1:ngrid){
       for (a2 in 1:ngrid){
             for (a3 in 1:ngrid){
               for (a4 in 1:ngrid){

                   A0[i,2]=Agrid[a1,1]
                   A0[i,3]=Agrid[a2,2]
                   A0[i,4]=Agrid[a3,3]
                   A0[i,5]=Agrid[a4,4]

                   if (i<K){
                     Ain=A0[i:(i+1),]
                     Xin=Xt12[i:(i+1),]
                     catin=EconArea12[i:(i+1),]
                     idin=id13[i:(i+1),]
                     x=calY(Ain,Xin,catin,Tpref,idin)
                     Y[i,]=x[1,1:2]
                   } else{
                     Ain=A0[(i-1):i,]
                     Xin=Xt12[(i-1):i,]
                     catin=EconArea12[(i-1):i,]
                     idin=id13[(i-1):i,]
                     x=calY(Ain,Xin,catin,Tpref,idin)
                     Y[i,]=x[2,1:2]
                   }
                   isnadata=apply(! is.finite(Y),1,sum)
                   input0=input13[isnadata==0,]
                   Y0=Y[isnadata==0,]
                   DEAY=DEA(input0,log(Y0),i)
                   if (DEAY>DEAmax){
                     DEAmax=DEAY;
                     sol[i,1]=Agrid[a1,1]
                     sol[i,2]=Agrid[a2,2]
                     sol[i,3]=Agrid[a3,3]
```

```
                    sol[i,4]=Agrid[a4,4]
                    YYY[i,]=Y[i,]
                  }
                }
              }
            }
          }
          write.table(sol,file='sol4.dat')
}
write.table(YYY,file='YYY.dat')
```

代码5：DEA源代码

```
library('lpSolve')
#X=c(X,geo);beta=beta0[,2];time=2012
predY <-function(A,X,beta,time){
      A1=as.numeric(c(1,A,A^2))
      X1=as.numeric(c(1,X))
      AX=c(kronecker(X1,A1),time,time^2)
      return(exp(sum(AX* beta)))
}
#X=input0;Y=Y0
DEA <-function(X,Y,i){
    N=dim(X)[1];K=dim(X)[2];M=dim(Y)[2]
    f.obj<-c(1,rep(0,N))
    f.con=matrix(0,nrow=M+K+N,ncol=N+1)
    f.con[1:M,2:(N+1)]=t(Y)
    f.con[(M+1):(M+K),1]=as.numeric(X[i,])
    f.con[(M+1):(M+K),2:(N+1)]=-t(X)
    f.con[(M+K+1):(M+K+N),2:(N+1)]=diag(1,nrow=N,ncol=N)
    f.dir=rep('>=',(M+K+N))
    f.rhs=c(Y[i,],rep(0,K+N))
    res=lp('min',f.obj,f.con,f.dir,f.rhs)
    if (res$objval>1-1E-6){
          f.con[1:(M+K),(i+1)]=0
          res=lp('min',f.obj,f.con,f.dir,f.rhs)
    }
    return(res$objval)
}
#A=A12;Xt=Xt12;cat1=EconArea12;id=id13;
#A=Ai;Xt=t(as.matrix(Xt12[i,]));cat1=as.matrix(EconArea12[i,]);
id=id13[i,]
calY<-function(A,Xt,cat1,Tpref,id){
      p=2;n=dim(A)[1]
      Y=matrix(0,nrow=n,ncol=p)
      for (j in 1:p){
          filename=paste('grpLasso13',j,'.dat',sep='')
          beta=read.table(filename)
          filename=paste('betarefit',j,'.dat',sep='')
          betaglm=read.table(filename)
          betaglm=betaglm$x
          pX=dim(Xt)[2]; t=Tpref[j]
          if (n==1){X=as.matrix(t(Xt[,1:(pX* t/5)]));} else{X=Xt
      [,1:(pX* t/5)];}
          pA=dim(A)[2];pX=dim(X)[2];
          isnadata=Yfake=matrix(0,nrow=n,ncol=1)
```

```
        data=dataprep(Yfake,A,X,cat1,isnadata,id,t)
        id1=data$id
        Z=data$Z
        if (n==1){
                Xin=Z[!(beta[,2]==0)]
                Y[j]=exp(sum(Xin* betaglm))
            }
            else{
                Xin=Z[,!(beta[,2]==0)]
                Y[,j]=exp(Xin%*%betaglm)
            }
        }
        return(Y)
    }
```

参 考 文 献

[1] Chandler A D. The visible hand: the managerial revolution in American Business [M]. Cambridge Mass: The Belknap Press of Harvard University Press. 1977.

[2] Shefer D, Frenkel A. R&D, firm size and innovation: an empirical analysis [J]. Technovation, 2005, 25 (1): 25-32.

[3] Stokey N L. R&D and economic growth [J]. The Review of Economic Studies, 1995, 62 (3): 469-489.

[4] Griliches Z. R&D and productivity: econometric results and measurement issues [J]. P. Hand-book of the Econometric of Innovation and Technological Change, 1995.

[5] Hall B H. The private and social returns to research and development [J]. Technology, R&D, and the Economy, 1996, 140: 162.

[6] Bayoumi T, Coe D T, Helpman E. R&D spillovers and global growth [J]. Journal of International Economics, 1999, 47 (2): 399-428.

[7] Hall B, Van Reenen J. How effective are fiscal incentives for R&D? A review of the evidence [J]. Research Policy, 2000, 29 (4): 449-469.

[8] 刘顺忠，官建成．区域创新系统创新绩效的评估 [J]. 中国管理科学，2002 (1): 75-78.

[9] 官建成，何颖．基于 DEA 方法的区域创新系统评价 [J]. 科学学研究，2005 (2) 265-272.

[10] 杨勇松，吴和成．基于改进 DEA 的我国各地区大中型工业企业 R&D 效率实证分析 [J]. 科学学与科学技术管理. 2008 (7): 34-38.

［11］方福前，张平．我国高技术产业的投入产出效率分析［J］．中软科学，2009（7）：48-55.

［12］Zhang A，Zhang Y，Zhao R. A study of the R&D efficiency and productivity of Chinese firms［J］. Journal of Comparative Economics，2003，31（3）：444-464.

［13］程时雄，柳剑平．中国工业行业 R&D 投入的产出效率与影响因素［J］．数量经济技术经济研究，2014（2）：36-51.

［14］蒋殿春，王晓娆．中国 R&D 结构对生产率影响的比较分析［J］．南开经济研究，2015（2）：59-73.

［15］李燕萍，许颖，吴绍棠．不同省域科研投入产出效率及其影响因素的实证研究［J］．经济管理，2011，33（2）：23-30.

［16］马琳．中国研发投入及其产出效率省际比较研究［D］．长春：吉林大学，2014.

［17］Ugur M，Trushin E，Solomon E，et al. Inverted-U relationship between R&D intensity and survival：Evidence on scale and complementarity effects in UK data［J］. Research Policy，2016，45（7）：1474-1492.

［18］Han C，Thomas S R，Yang M，et al. Evaluating R&D investment efficiency in China's high-tech industry［J］. Journal of High Technology Management Research，2017.

［19］白云朴，朱承亮．R&D 创新效率偏低的原因：投入不足抑或配置不当［J］．科技与经济，2014，27（5）：15-19.

［20］焦翠红，孙海波，董直庆．R&D 资源配置效率演化及研发补贴效应——来自制造业的经验证据［J/OL］．山西财经大学学报，2017，39（2）：58-71.

［21］王楚鸿，杨干生．全国高校科技经费投入产出效率分析——基于1992—2007 年面板数据的研究［J］．科技管理研究，2010，30（13）：125-129.

［22］王俊．政府 R&D 资助与企业 R&D 投入的产出效率比较［J］．数量经济技术经济研究，2011（6）：93-106.

［23］Klette T J，Moen J. R&D investment responses to R&D subsidies：A theoretical analysis and a microeconometric study ［J］. World Review of Science，Technology and Sustainable Development，2012，9（2-4）：169-203.

［24］白俊红，蒋伏心．协同创新、空间关联与区域创新绩效［J］. 经济研究，2015（7）：174-187.

［25］孙晓华，王昀．何种类型的研发投资更有利于提高一国生产率——来自 OECD 国家的经验证据［J］. 科学学研究，2014，32（2）：203-210.

［26］黄苹．不同活动类型技术创新单要素效率研究［J］. 科研管理，2015，36（11）：64-70.

［27］周正，尹玲娜，蔡兵．我国产学研协同创新动力机制研究［J］. 软科学，2013，27（7）：52-56.

［28］Soh P H，Subramanian A M. When do firms benefit from university-industry R&D collaborations? The implications of firm R&D focus on scientific research and technological recombination ［J］. Journal of Business Venturing，2014，29（6）：807 - 821.

［29］Scandura A. University - industry collaboration and firms' R&D effort ［J］. Research Policy，2016，45（9）：1907-1922.

［30］王晓珍．科技经费配置对市场创新绩效影响测度及结构优化研究［D］. 徐州：中国矿业大学，2012.

［31］曹霞，于娟．创新驱动视角下中国省域研发创新效率研究——基于投影寻踪和随机前沿的实证分析［J］. 科学学与科学技术管理，2015，36（4）：124-132.

［32］曹贤忠，曾刚，邹琳．长三角城市群 R&D 资源投入产出效率分析及空间分异［J］. 经济地理，2015，35（1）：104-111.

［33］韩东林，徐晓艳．长江经济带高技术产业 R&D 投入产出效率评价［J］. 南都学坛，2015，35（6）：95-100.

［34］韩东林，陈晓芳．中国大型制造业企业 R&D 投入产出效率行业差异分析［J/OL］. 安庆师范学院学报（社会科学版），2015，34（6）：68-73.

［35］Sher P J，Yang P Y. The effects of innovative capabilities and R&D clustering on firm performance: the evidence of Taiwan's semiconductor industry [J]. Technovation, 2005, 25 (1): 33-43.

[36] 杨俊，李晓羽，杨尘．技术模仿、人力资本积累与自主创新——基于中国省际面板数据的实证分析 [J]. 财经研究，2007，33 (5)：18-28.

[37] Hsu F M, Hsueh C C. Measuring relative efficiency of government-sponsored R&D projects: A three - stage approach [J]. Evaluation and program planning, 2009, 32 (2): 178-186.

[38] 吴中伦．中国工业企业产品创新效率的综合评价与分析 [J]. 工业技术经济，2016，35 (10)：102-108.

[39] Branstetter L, Nakamura Y. Is Japan's innovative capacity in decline? [R]. National Bureau of Economic Research, 2003.

[40] Bakay A, Elkassabgi A, Moqbel M. Resource Allocation, Level of International Diversification and Firm Performance [J]. Level of International Diversification and Firm Performance (January 20, 2011), 2011.

[41] 彭宇文．基于资金投入和资源配置的中国农业科技发展研究 [D]. 无锡：江南大学，2009. 12.

[42] Hamberg D. R&D: Essays on the Economics of Research and Development [M]. New York: Random House. 1966, 9.

[43] Feldman M P, Kelley M R. The ex ante assessment of knowledge spillovers: Government R&D policy, economic incentives and private firm behavior [J]. Research Policy, 2006, 35 (10): 1509-1521.

[44] Mowery D C, Rosenberg N. Technology and the Pursuit of Economic Growth [M]. Cambridge Univ. Press: New York. 1989: 57-58.

[45] Leyden D P, Link A N, Bozeman B. The effects of governmental financing on firms' R&D activities: a theoretical and empirical investigation [J]. Technovation, 1989, 9 (7): 561-575.

[46] Higgins R S. Federal support of technological growth in industry: Some evidence of crowding out [J]. IEEE Transactions on Engineering Management, 1981, EM-28 (4): 86-88.

[47] Busom L. An Empirical Evacuation of the Effects of R&D Subsidies [J]. Working Paper, Universitat Autonomy de Barcelona, 1999 No. B99-05.

[48] Goldfarb B. The effect of government contracting on academic research: Does the source of funding affect scientific output? [J]. Research Policy, 2008, 37 (1): 41-58.

[49] Wallsten S J. Do Government-industry R&D Programs Increase Private R&D? The Case of the Small Business Innovation Research Program [J]. Department of Economics Working Paper. Stanford University 1999: 82-100.

[50] Catozzella A, Vivarelli M. The possible adverse impact of innovation subsidies: some evidence from Italy [J]. International Entrepreneurship & Management Journal, 2014: 1-18.

[51] Montmartin B, Herrera M. Internal and external effects of R&D subsidies and fiscal incentives: Empirical evidence using spatial dynamic panel models [J]. Research Policy, 2015, 44 (5): 1065-1079.

[52] Dominique Guellec. The impact of public R&D expenditure on business R&D [J]. Economics of Innovation & New Technology, 2000, 12 (3): 225-243.

[53] 姜宁，黄万. 政府补贴对企业 R&D 投入的影响——基于我国高技术产业的实证研究 [J]. 科学学与科学技术管理，2010，31 (7): 28-33.

[54] 肖丁丁，朱桂龙，王静. 政府科技投入对企业 R&D 支出影响的再审视——基于分位数回归的实证研究 [J]. 研究与发展管理，2013，25 (3): 25-32.

[55] Cerulli G, Potì B. The differential impact of privately and publicly funded R&D on R&D investment and innovation: the Italian case [J]. Prometheus, 2012, 30 (1): 113-149.

[56] Meuleman M, Maeseneire W D. Do R&D subsidies affect SMEs' access to external financing? [J]. Research Policy, 2012, 41 (3): 580-591.

[57] 李成刚，吴涛. 技术创新投入结构与创新绩效的关系研究 [J]. 技术经济，2007，26 (12): 23-27.

[58] Huang H, Xu C. Soft Budget Constraint and the Optimal Choices of

Research and Development Projects Financing [J]. Journal of Comparative Economics, 1998.

[59] Huang Y, Wang Q, Liu Z. Comparison on the Impact of Two Types of R&D Funds on Innovative Outputs in the Industry-University System [J]. 2014, 2 (1): 96-101.

[60] 梁莱歆，马如飞，田元飞，等. 科技经费投入结构与企业技术创新——基于我国大中型工业企业的实证研究 [J]. 科学学与科学技术管理, 2009, 27 (7): 89-93.

[61] Rajan R G. Insiders and Outsiders: The Choice Between Informed and Arm's-Length Debt [J]. The Journal of Finance, 1992, 47 (4): 1367-400.

[62] 郑军，翟华云. 企业、政府、金融机构科技投入与高校科技产出的关系研究 [J]. 科技进步与对策, 2012, 29 (6): 18-21.

[63] 约瑟夫·熊彼特. 何畏，译. 经济发展理论：对于利润资本信贷利息和经济周期的考察 [M]. 北京：商务印书馆, 1990.

[64] Michèle S M. Goldsmith (R.) - Financial Structure and Development. [J]. Revue Économique, 1970, 21: 491-492.

[65] King R G, Levine R. Finance, entrepreneurship and growth: Theory and evidence [J]. Journal of Monetary Economics, 1993, 32 (3): 513-542.

[66] Kortum S, Lerner J. Assessing the Contribution of Venture Capital to Innovation [J]. Rand Journal of Economics, 2000, 31 (4): 674-692.

[67] George G, Prabhu G N. Developmental financial institutions as technology policy instruments: implications for innovation and entrepreneurship in emerging economies [J]. Research Policy, 2003, 32 (1): 89-108.

[68] David P A, Hall B H, Toole A A. Is public R&D a complement or substitute for private R&D? A review of the econometric evidence [J]. Research Policy, 2000, 29 (4): 497-529.

[69] 刘顺忠. 各类区域创新系统科技经费投资来源差异化的研究 [J]. 中国科技论坛, 2004 (2): 42-44.

[70] 刘俊杰，刘家铭. 科技经费投入结构对区域创新能力的影响——基

于全国30省市区面板数据的实证检验［J］. 广西师范大学学报（哲学社会科学版），2011，47（5）：18-23.

［71］Griliches Z. Research Costs and Social Returns：Hybrid Com and Related Innovations［J］. Journal of Political Economy，1958，66（5）：419-419.

［72］Evenson R E，Waggoner P E，Ruttan V W. Economic benefits from research：an example from agriculture.［J］. Science，1979，205（4411）：1101-7.

［73］Norton G W，Davis J S. Evaluating Returns to Agricultural Research：A Review［J］. American Journal of Agricultural Economics，1981，63（4）：685-699.

［74］Huffman W E，Just R E. Funding，Structure，and Management of Public Agricultural Research in the United States［J］. American Journal of Agricultural Economics，1994，4（4）：669-675.

［75］Toole A A. The impact of public basic research on industrial innovation：Evidence from the pharmaceutical industry［J］. Research Policy，2012，41（1）：1-12.

［76］Guellec D，Van Pottelsberghe De La Potterie B. The impact of public R&D expenditure on business R&D［J］. Economics of innovation and new technology，2003，12（3）：225-243.

［77］温珂，李乐旋. 从提升自主创新能力视角分析国内企业基础研究现状［J］. 科学学与科学技术管理，2007，28（2）：5-9.

［78］李宾. 国内研发阻碍了我国全要素生产率的提高吗？［J］. 科学学研究，2010，28（7）：1035-1042.

［79］柳卸林，何郁冰. 基础研究是中国产业核心技术创新的源泉［J］. 中国软科学，2011（4）：104-117.

［80］杨立岩，潘慧峰. 人力资本、基础研究与经济增长［J］. 经济研究，2003（4）：72-78.

［81］肖广岭. 中国基础研究经费占R&D经费的比例多大为宜［J］. 科学学研究，2005，23（2）：197-203.

［82］Czarnitzki D，Hottenrott H，Thorwarth S. Industrial research versus development investment：the implications of financial constraints［J］. Cambridge

Journal of Economics，2011，35（3）：527-544.

［83］Clausen T H. Do subsidies have positive impacts on R&D and innovation activities at the firm level?［J］. Structural Change and Economic Dynamics，2009，20（4）：239-253.

［84］王金妹，黄敬前，刘欢．福建省科技经费配置结构优化的多元回归分析［J］. 福州大学学报（哲学社会科学版），2011，25（3）：27-32.

［85］严成樑，龚六堂．R&D 规模、R&D 结构与经济增长［J］. 南开经济研究，2013（2）：3-19.

［86］孙晓华，王昀，郑辉．R&D 影响全要素生产率的行业异质性——来自中国制造业的经验证据［J］. 管理工程学报，2014，28（3）：33-41.

［87］张浩，孟宪忠．不同机构类型的 R&D 效率 DEA 评价与比较［J］. 科学学与科学技术管理，2005，26（12）：78-82.

［88］余晓，王晓军，王虹．浙江省 R&D 投入现状及不同机构类型 R&D 产出效率评价［J］. 工业技术经济，2010（11）：117-121.

［89］樊维，王新红，冯套柱．三大研发主体 R&D 投资结构效率比较分析［J］. 西安科技大学学报，2011，31（2）：241-247.

［90］吴玉鸣．空间计量经济模型在省域研发与创新中的应用研究［J］. 数量经济技术经济研究，2006，23（5）：74-85.

［91］王晓红，陈浩，孙玮．“十五”期间我国 R&D 效率省域差异的实证研究［J］. 评价与管理，2009，7（4）：21-26.

［92］宗声．中国省域工业企业 R&D 效率测度及评价［J］. 商业时代，2014，（11）：119-120.

［93］肖泽磊，封思贤，韩顺法．我国高技术产业两阶段效率的测算及其提升路径分析——基于改进 SBM 方向性距离函数的实证［J］. 产业经济研究，2012，（4）：10-18.

［94］王晓珍，吉生保，党建民．基于改进网络 DEA 的战略性新兴产业再审视——以医疗器械产业和医药产业为例［J］. 山西财经大学学报，2013，35（5）：69-80.

［95］吴瑛，杨宏进．基于 R&D 存量的高技术产业科技资源配置效率

DEA 度量模型 [J]. 科学学与科学技术管理，2006，(9)：28-32.

[96] 孟卫东，孙广绪. 中国高技术产业各行业资源配置效率研究——基于 R&D 存量 Malmquist 指数方法 [J]. 科技管理研究，2014，34 (4)：38-42，79.

[97] 曹勇，苏凤娇. 高技术产业技术创新投入对创新绩效影响的实证研究——基于全产业及其下属五大行业面板数据的比较分析 [J]. 科研管理，2012，33 (9)：22-31.

[98] 单春霞. 基于 DEA-Malmquist 指数方法的高新技术产业 R&D 绩效评价 [J]. 统计与决策，2011，(2)：70-74.

[99] 谢强华. R&D 绩效的度量与评价：国外相关领域的研究进展 [J]. 科研管理，1998 (3)：18-23.

[100] 蔡虹，高杰，许晓雯. R&D 投资经济效果的实证研究 [J]. 科学学研究，2004，22 (1)：53-58.

[101] 姚佐文，陈信伟. 滞后效应视角下的 FDI、R&D 对我国技术创新能力的影响及演变 [J]. 预测，2012，31 (2)：44-49.

[102] 陈劲，梁靓，吴航. 开放式创新背景下产业集聚与创新绩效关系研究——以中国高技术产业为例 [J]. 科学学研究，2013 (4)：623-629.

[103] 白云飞，潘忠志. 我国 R&D 投入对于科技创新的时滞效应研究 [J]. 科技管理研究，2015 (4)：1-5.

[104] 曾春媛，范奇伟，单鹏飞，等. 基于知识溢出的 R&D 时滞性理论及实证研究——以北京地区为例 [J]. 北京理工大学学报：社会科学版，2014，16 (2)：47-52.

[105] 方文中，罗守贵. 自主研发与技术引进对全要素生产率的影响——来自上海高新技术企业的实证 [J]. 研究与发展管理，2016，28 (1)：1-9.

[106] 孟庆祥. 研发投入提升企业盈利能力的滞后期研究 [D]. 成都：西南财经大学，2009.

[107] 梁莱歆，张焕凤. 高科技上市公司 R&D 投入绩效的实证研究 [J]. 湖南医科大学学报：社会科学版，2005，11 (2)：232-236.

[108] 郭研，刘一博. 高新技术企业研发投入与研发绩效的实证分析——

来自中关村的证据［J］. 经济科学，2011（2）：117-128.

［109］何玮．我国大中型工业企业研究与开发费用支出对产出的影响——1990—2000 年大中型工业企业数据的实证分析［J］. 经济科学，2003（3）：5-11.

［110］Vol. N. R&D Capital，Rate of Return on R&D Investment and Spillover of R&D in Japanese Manufacturing Industries［J］. Review of Economics & Statistics，1989，71（4）：555-564.

［111］徐冬林，郭云南．R&D 投入对中国经济增长的动态时滞效应分析［J］. 中南财经政法大学学报，2007，No. 165（6）：36-43.

［112］李培楠，赵兰香，万劲波，等．创新要素对产业创新绩效的影响——基于中国制造业和高技术产业数据的实证分析［J］. 科学学研究，2014，32（4）：604-612.

［113］Calomiris C W，Fisman R，Wang Y. Profiting from government stakes in a command economy：Evidence from Chinese asset sales ☆［J］. Journal of Financial Economics，2010，96（3）：399-412.

［114］刘焕鹏，严太华．我国高技术产业 R&D 能力、技术引进与创新绩效——基于省际动态面板数据模型的实证分析［J］. 山西财经大学学报，2014（8）：42-49.

［115］綦良群，王成东，蔡渊渊．中国装备制造业 R&D 效率评价及其影响因素研究［J］. 研究与发展管理，2014，26（1）：111-118.

［116］Wang E C，Huang W. Relative efficiency of R&D activities：A cross-country study accounting for environmental factors in the DEA approach［J］. Research Policy，2007，36（2）：260-273.

［117］Wang E C. R&D efficiency and economic performance：A cross-country analysis using the stochastic frontier approach［J］. Journal of Policy Modeling，2007，29（2）：345-360.

［118］Etzkowitz H，Leydesdorff L. Universities and the Global Knowledge Economy：A Triple Helix of University-Industry- Government Relations［M］. London：Pinter，1997.

［119］左铠瑞，宫建成．中国区域 R&D 效率变化测度及其影响因素研究

[J]. 科学学与科学技术管理，2016，37（4）：79-88.

[120] 邱建华. 企业技术协同创新的运行机制及绩效研究 [D]. 长沙：中南大学，2013.

[121] 周青，刘志高，朱华友，等. 创新系统理论演进及其理论体系关系研究 [J]. 科学学与科学技术管理，2012，33（2）：50-55.

[122] 徐晓雯. 政府科技投入对企业科技投入的政策效果研究——基于国家创新体系视角 [J]. 财政研究，2010（10）：23-26.

[123] 田军伟. 我国区域 R&D 效率差异及其影响因素分析 [D]. 南京：南京财经大学，2012.

[124] 孙绪华. 我国科技资源配置的实证分析与效率评价 [D]. 武汉：华中农业大学，2011.

[125] 刘玲利. 科技资源配置理论与配置效率研究 [D]. 长春：吉林大学，2007.

[126] 万威武，陈伟忠. 可行性研究与项目评价 [M]. 西安：西安交通大学出版社，1998：46-48.

[127] 王世豪. 不平衡增长理论的资源配置效率实证分析 [J]. 经济体制改革，2005（1）：121-125.

[128] 夏锦文，王波. 国外产业平衡增长和不平衡增长理论综述 [J]. 经济纵横，2005（9）：74-76.

[129] 杨龙岗. 中国非均衡经济研究 [D]. 厦门：厦门大学，2014.

[130] 李晨光，张永安. 区域创新政策对企业创新效率影响的实证研究 [J]. 科研管理，2014，35（9）：25-35.

[131] 刘小元，林嵩. 地方政府行为对创业企业技术创新的影响——基于技术创新资源配置与创新产出的双重视角 [J]. 研究与发展管理，2013，25（5）：12-25.

[132] 朱建新，冯志军. 高新技术企业自主创新环境要素构成及测度研究 [J]. 科学学与科学技术管理，2009，30（8）：65-71.

[133] 郭迎锋，顾炜宇，乌天玥，等. 政府资助对企业 R&D 投入的影响——来自我国大中型工业企业的证据 [J]. 中国软科学，2016（3）：162-174.

［134］樊琦，韩民春．政府 R&D 补贴对国家及区域自主创新产出影响绩效研究——基于中国 28 个省域面板数据的实证分析［J］．管理工程学报，2011，25（3）：183-188.

［135］刘虹，肖美凤，唐清泉．R&D 补贴对企业 R&D 支出的激励与挤出效应——基于中国上市公司数据的实证分析［J］．经济管理，2012（4）.

［136］成力为，孙玮．市场化程度对自主创新配置效率的影响——基于 Cost-Malmquist 指数的高技术产业行业面板数据分析［J］．中国软科学，2012（5）：128-137.

［137］郝颖，刘星．市场化进程与上市公司 R&D 投资：基于产权特征视角［J］．科研管理，2010，31（4）：81-90.

［138］张宗和，彭昌奇．区域技术创新能力影响因素的实证分析——基于全国 30 个省市区的面板数据［J］．中国工业经济，2009（11）：35-44.

［139］党文娟，张宗益，康继军．创新环境对促进我国区域创新能力的影响［J］．中国软科学，2008（3）：52-57.

［140］周景坤，段忠贤．区域创新环境与创新绩效的互动关系研究［J］．科技管理研究，2013，v.33；No.296（22）：9-13.

［141］丁生喜，王晓鹏．青海省区域创新环境对科技创新绩效影响的实证分析［J］．科技管理研究，2016，36（5）：71-75.

［142］吴玉鸣．大学知识创新与区域创新环境的空间变系数计量分析［J］．科研管理，2010，31（5）：116-123.

［143］薛捷．区域创新环境对科技型小微企业创新的影响——基于双元学习的中介作用［J］．科学学研究，2015，33（5）：782-791.

［144］张莹，张宗益．区域创新环境对创新绩效影响的实证研究——以重庆市为例［J］．科技管理研究，2009，29（2）：104-106.

［145］黄攸立，李强，李政．基于因子分析的省级区域创新环境比较研究［J］．北京邮电大学学报（社会科学版），2011，13（1）：86-92.

［146］关皓元，梁勤儒，谷雨．区域创新环境对广东工业专业镇创新绩效影响实证研究［J］．科技管理研究，2016，36（9）：94-99.

［147］赵惠芳，李伟卫，徐晟，等．我国东中西部地区专利创新效率差

异研究 [J]. 中国管理科学, 2008 (s1): 387-392.

[148] 申菊梅, 赵建斌. 基于DEA的我国区域R&D效率比较研究 [J]. 科技管理研究, 2009 (10): 92-94.

[149] Romer P M. Increasing Returns and Long-Run Growth [J]. Journal of Political Economy, 1986 (10): 1002-1037.

[150] 谢兰云, 曲永义. 我国区域R&D强度与产业结构的灰色关联分析 [J]. 中国人口: 资源与环境, 2010, 20 (1): 118-123.

[151] Almus M, Czarnitzki D. The effects of public R&D subsidies on firms´ innovation activities: the case of Eastern Germany [J]. Journal of Business & Economic Statistics, 2003, 21 (2): 226-236.

[152] Blanes J V, Busom I. Who participates in R&D subsidy programs?: The case of Spanish manufacturing firms [J]. Research policy, 2004, 33 (10): 1459-1476.

[153] 蔡树堂, 吕自圆. 研发人员激励制度对企业技术创新能力影响程度的实证研究——以科技型中小企业为例 [J]. 工业技术经济, 2015 (5): 144-149.

[154] 韩先锋, 惠宁, 宋文飞. 环境规制对研发技术进步的影响效应研究 [J]. 中国科技论坛, 2014 (12): 75-79.

[155] 陈建武, 张向前. 我国"十三五"期间科技人才创新驱动保障机制研究 [J]. 科技进步与对策, 2015, 32 (10): 138-144.

[156] 李欣, 李娜. 我国高端人才发展状况与创新能力评估研究 [J]. 科学管理研究, 2015 (6): 81-84.

[157] 刘贵芹. 创新高校人才培养机制的探索与思考 [J]. 中国大学教学, 2014 (10).

[158] 徐新洲, 薛建辉, 勇强. 协同创新视角下的卓越林业人才培养机制探索 [J]. 高校教育管理, 2014, 8 (4): 92-96.

[159] 周绪红. 中国工程教育人才培养模式改革创新的现状与展望——在2015国际工程教育论坛上的专题报告 [J]. 高等工程教育研究, 2016 (1): 1-4.

[160] 刘扬，孔繁士. 高校创新人才评价机制探索 [J]. 科技管理研究，2013 (15)：76-79.

[161] 兰玉杰，刘义鹃，卞振平. 上市公司创新型人才评价研究 [J]. 管理评论，2011，23 (12)：133-138.

[162] 沈春光，陈万明，裴玲玲. 区域科技人才创新能力评价指标体系与方法研究 [J]. 科学学与科学技术管理，2010，31 (2)：196-199.

[163] 盛楠，孟凡祥，姜滨，等. 创新驱动战略下科技人才评价体系建设研究 [C] // 全国科技评价学术研讨会. 2015.

[164] Hyytinen A, Toivanen O. Do financial constraints hold back innovation and growth: Evidence on the role of public policy [J]. Research Policy, 2005, 34 (9): 1385-1403.

[165] Czarnitzki D, Hottenrott H. Financing constraints for industrial innovation: What do we know? [J]. Available at SSRN 1621683, 2010.

[166] 刘胜强，林志军，孙芳城，等. 融资约束、代理成本对企业 R&D 投资的影响——基于我国上市公司的经验证据 [J]. 会计研究，2015 (11)：62-68.

[167] Lee C Y. The differential effects of public R&D support on firm R&D: Theory and evidence from multi-country data [J]. Technovation, 2011, 31 (5): 256-269.

[168] Arqué-Castells P. Persistence in R&D Performance and its Implications for the Granting of Subsidies [J]. Review of Industrial Organization, 2013, 43 (3): 193-220.

[169] 周海涛，张振刚. 政府研发资助方式对企业创新投入与创新绩效的影响研究 [J]. 管理学报，2015，12 (12)：1797-1804.

[170] Guo D, Guo Y, Jiang K. Government-subsidized R&D and firm innovation: Evidence from China [J]. Research Policy, 2016, 45 (6): 1129-1144.

[171] Zúñiga Vicente J Á, Alonso Borrego C, Forcadell F J, et al. Assessing the effect of public subsidies on firm R&D investment: a survey [J]. Journal of Economic Surveys, 2014, 28 (1): 36-67.

［172］张继良，李琳琳．R&D 资助差异与企业技术创新阶段的关系研究［J］．科学学研究，2014，32（11）：1740-1746.

［173］纪晓丽．市场化进程、法制环境与技术创新［J］．科研管理，2011，32（5）：8-16.

［174］王丽霞．家族企业所有权程度、国际化程度、研发投入和创新绩效［D］．北京：北京邮电大学，2015.

［175］廖中举．企业规模、股权集中度与 R&D 投入——一个非线性关系的研究［J］．未来与发展，2011，12：94-97+106.

［176］王一卉．政府补贴、研发投入与企业创新绩效——基于所有制、企业经验与地区差异的研究［J］．经济问题探索，2013（7）：138-143.

［177］张小红，逯宇铎．政府补贴对企业 R&D 投资影响的实证研究［J］．科技管理研究，2014，15：204-209.

［178］王俊．R&D 补贴对企业 R&D 投入及创新产出影响的实证研究［J］．科学学研究，2010，28（9）：1368-1374.

［179］吴延兵．中国哪种所有制类型企业最具创新性？［J］．世界经济，2012（6）：3-29.

［180］唐清泉，李海威．我国产业结构转型升级的内在机制研究——基于广东 R&D 投入与产业结构的实证分析［J］．中山大学学报社会科学版，2011，51（5）：191-199.

［181］许晓雯，蔡虹．区域 R&D 投入绩效评价测度体系研究［J］．科学学与科学技术管理，2003，24（12）：5-8.

［182］张宗益，周勇，钱灿，等．基于 SFA 模型的我国区域技术创新效率的实证研究［J］．软科学，2006，20（2）：125-128.

［183］蔡翔，崔晓兰，熊静，等．我国地区 R&D 效率及其影响因素探究——基于“科研产出—成果转化”视角［J］．软科学，2013，27（3）：80-84.

［184］翟琼，宋正一，张哲，等．R&D 投入对区域高新技术产业发展的影响［J］．经济地理，2015，35（8）：129-134.

［185］莫燕．区域 R&D 绩效评价［J］．科研管理，2004，25（1）：114-117.

［186］Cohen W M，Levinthal D A. Innovation and Learning：The Two Faces of R&D [J]. Economic Journal, 1989, 99 (397): 569-96.

[187] Iorwerth A A. Canada's Low Business R&D Intensity: the Role of Industry Composition [J]. Working Papers-Department of Finance Canada, 2005.

[188] 张海英，周志刚．中国 R&D 强度与经济增长、产业结构调整的动态关系研究 [J]. 经济问题探索，2014 (6): 18-22.

[189] 姜南．专利密集型产业的 R&D 绩效评价研究——基于 DEA-Malmquist 指数法的检验 [J]. 科学学与科学技术管理，2014，35 (3): 99-107.

[190] König M D, Lorenz J, Zilibotti F. Innovation vs. imitation and the evolution of productivity distributions [J]. Theoretical Economics, 2016, 11 (3): 1053-1102.

[191] 邹彩芬，刘双，王丽，等．政府 R&D 补贴、企业研发实力及其行为效果研究 [J]. 工业技术经济，2013 (10): 117-125.

[192] 廖信林，顾炜宇，王立勇．政府 R&D 资助效果，影响因素与资助对象选择——基于促进企业 R&D 投入的视角 [J]. 中国工业经济，2013 (11): 148-160.

[193] 吴素春．创新型城市内部企业 R&D 模式与创新绩效研究 [J]. 科研管理，2014，35 (1): 33-40.

[194] 李苗苗，肖洪钧，傅吉新．财政政策、企业 R&D 投入与技术创新能力——基于战略性新兴产业上市公司的实证研究 [J]. 管理评论，2014，26 (8): 135-144.

[195] Cuntz A. Do public R&D funds affect the location choices of elite scientists in Europe? [J]. Research Evaluation, 2016.

[196] 肖仁桥，钱丽，陈忠卫．中国高技术产业创新效率及其影响因素研究 [J]. 管学，2012 (5): 85-98.

[197] Levin A, Lin C F, Chu C S J. Unit root tests in panel data: asymptotic and finite-sample properties [J]. Journal of Econometrics, 2002, 108 (1): 1-24.

[198] Im K S, Pesaran M H, Shin Y. Testing for unit roots in heterogeneous panels [J]. Journal of econometrics, 2003, 115 (1): 53-74.

[199] Maddala G S, Wu S. A Comparative Study of Unit Root Tests with

Panel Data and a New Simple Test [J]. Oxford Bulletin of Economics & Statistics, 1999, 61 (S1): 631-652.

[200] Pedroni P. Critical values for cointegration tests in heterogeneous panels with multiple regressors [J]. Oxford Bulletin of Economics and statistics, 1999, 61: 653-670.

[201] 杜沔，顾亮．大股东持股比例和公司绩效的因果关系研究——基于我国上市公司面板数据的格兰杰因果检验 [J]. 预测，2010，29 (3)：50-54.

[202] Hurlin C, Venet B. Granger Causality Tests in Panel Data Models with Fixed Coefficients [J]. Document De Recherche Leo, 2001.

[203] Hurlin C. Testing Granger causality in heterogeneous panel data models with fixed coefficients [J]. Document de recherche LEO, 2004, 5.

[204] 马兹晖．中国地方财政收入与支出——面板数据因果性与协整研究 [J]. 管理世界，2008 (3)：40-48.

[205] 陆静．金融发展与经济增长关系的理论与实证研究——基于中国省际面板数据的协整分析 [J]. 中国管理科学，2012，20 (1)：177-184.

[206] Hastie T, Tibshirani R. Discriminant Analysis by Gaussian Mixtures [J]. Journal of the Royal Statistical Society, 1996, 58 (1): 155-176.

[207] Yuan M, Lin Y. Model selection and estimation in regression with grouped variables [J]. Journal of the Royal Statistical Society: Series B (Statistical Methodology), 2006, 68 (1): 49-67.

[208] Ravikumar P, Ravikumar P, Wainwright M J, et al. A unified framework for high-dimensional analysis of M -estimators with decomposable regularizers [C] // International Conference on Neural Information Processing Systems. Curran Associates Inc. 2009: 1348-1356.

[209] Friedman J, Hastie T, Tibshirani R. A note on the group Lasso and a sparse group Lasso [J]. Statistics, 2010.

[210] Ledoux M, Talagrand M. Probability in Banach spaces : isoperimetry and processes [M]. World Publishing Corp, 1993.

[211] Li Q, Sun Z, He R, et al. Learning Symmetry Features for Face

Detection Based on Sparse Group Lasso [M] // Biometric Recognition. Springer International Publishing, 2013: 162-169.

[212] Xie Z, Xu Y. Sparse group LASSO based uncertain feature selection [J]. International Journal of Machine Learning & Cybernetics, 2014, 5 (2): 201-210.

[213] Zou J, Fu Y. Split Bregman algorithms for sparse group Lasso with application to MRI reconstruction [M]. Kluwer Academic Publishers, 2015.

[214] Santos P L A, Imangaliyev S, Schutte K, et al. Feature Selection via Co-regularized Sparse-Group Lasso [C] // International Workshop on Machine Learning, Optimization and Big Data. Springer International Publishing, 2016: 118-131.

[215] 丁毅涛．稀疏 Group Lasso 高维统计分析 [D]. 西安：西北大学，2013.

[216] 张吐辉，张海．基于 Lp 正则化的自适应稀疏 group Lasso 研究 [J]. 纯粹数学与应用数学，2014 (2): 178-185.

[217] 王小燕，谢邦昌，马双鸽，等．高维数据下群组变量选择的惩罚方法综述 [J]. 数理统计与管理，2015，34 (6): 978-988.

[218] 李邃，江可申，郑兵云，白俊红．高技术产业研发创新效率与全要素生产率增长 [J]. 科学学与科学技术管理，2010，11: 169-175.

[219] 余泳泽，张妍．我国高技术产业地区效率差异与全要素生产率增长率分解——基于三投入随机前沿生产函数分析 [J]. 产业经济研究，2012 (1): 44-53.

[220] 冯志军，陈伟．中国高技术产业研发创新效率研究——基于资源约束型两阶段 DEA 模型的新视角 [J]. 系统工程理论与实践，2014 (5): 1202-1212.

[221] 王雪原，王宏起．基于科技计划的项目经费优化配置模型设计 [J]. 科学学与科学技术管理，2008，29 (2): 47-50.